白山秘境

——吉林舒兰完颜希尹家族墓地研究

尹国兴 著

齊魯書社

前 言

公元1206年，蒙古族首领铁木真统一了蒙古诸部落，在斡难河源头即位，建立了蒙古政权，史称“成吉思汗”。然而，早在此几十年以前，就有人预见到了蒙古的崛起，他把这个部族称为“萌古斯”。他是中国北方金代(1115—1234)女真族的一位大萨满，名叫完颜希尹。

完颜希尹(约1075—1140)，女真完颜部人，完颜欢都之子，生于上京纳里浑庄(今吉林省舒兰市小城镇)，金代学者、思想家、政治家、军事家，女真小名“谷神”，又作“兀室”“悟室”“悟失”“骨舍”“固新”“古新”“胡舍”“乌舍”等，为音译名，“希尹”为其汉名，“完颜”为女真语，汉译为“王”或“汪”。完颜希尹早年跟随金太祖完颜阿骨打起兵伐辽，后又与完颜宗翰攻宋，担任过金国西南西北两路都统、先锋经略史、元帅右监军、兴中尹等职，最后官至尚书左丞相兼侍中，生前曾有陈王、许国公等封赠，死后又先后封赠为豫王、金源郡王。他一生文韬武略、刚毅正直，而且恃才傲物，是一位极具性情的历史人物。他曾自比于西汉开国时的张良、陈平，是金朝的开国元勋之一，为配享于太庙衍庆宫的一代名臣。

作为学者和政治家，完颜希尹吸取了唐、宋、辽优秀的文化营养，完成了金代社会框架的构建，建立了金代的社会建制、礼仪和法律体系，影响了后世数百年。他爱护知识分子，广募英才，大力发展科学技术，深入挖掘民间传统工艺，天下艺能之士多归之。他发明了史称“女真大字”的女真文字，被后人称为“再世仓颉”。他改进了车船，改变了东北地区交通落后的面貌。作为军事家，他有大无畏的勇气和卓越的牺牲精神，曾多次亲临作战第一线，指挥部队出生入死，浴血作战。在伐辽作战中，他率八骑追击逃亡的辽天祚帝，“一日三败之”，是一次以少胜多的经典战例。他参与指挥了灭北宋的作战，和完颜宗翰等人共同攻陷北宋都城汴京，俘虏徽宗和钦宗二帝北归。历史是由胜利者书写的。完颜希尹的作战技术和思想，大大充实和丰富了中国古代战争的理论和实践，书写了中国战争史的传奇，是一笔极为宝贵的历史文化遗产。

吉林舒兰是完颜希尹的出生地和埋葬之所，也是完颜希尹思想文化的发源地。完颜希尹家族墓地位于舒兰市小城镇东北的群山之中，距榆江公路2公里，距镇政府2.5公里，距舒兰市城区30公里，保护区面积2200公顷。其中保存的《完颜希尹神道碑》记录了完颜希尹的生平和业绩，主要是伐辽、灭北宋和发明女真文字。据碑文考证，完颜希尹墓应修建于金皇统三年（1143），《完颜希尹神道碑》应修建于大定二十一年（1181）七月到大定二十二年（1182）四月之间。完颜希尹站在时代的最前沿，勇立潮头之上，力挽狂澜，深刻改变了女真族的面貌，当时皇帝的诏书《陈王悟室加恩制》中对他曾有“德业并茂，古今罕伦”的赞誉。

完颜希尹是中华民族一位卓有成就的先贤，他和女真族的后人已融入中华民族之内，成为中华民族的一员。完颜希尹的一生，与辽、金、北宋、南宋、西夏、萌古斯、鞑靼、高丽等国家、民族有深刻的联系，与女真族首领阿骨打、吴乞买、撒改、宗翰、娄室、宗干、宗弼等重要人物有深刻的联系，与辽天祚帝、宋徽宗、宋钦宗、宋高宗、张邦昌、刘豫、洪皓、张继先等历史人物有深刻的联系。这些昭示了一代贤哲的人生轨迹，不啻是一幅壮美的人生画卷。

金熙宗天眷三年（1140）九月，完颜希尹蒙冤受戮。之后，他的功名流传于世，一直深深牵动着有识之士的心。金代统治者为了纪念完颜希尹的功德，在他死后在舒兰小城为他选定了墓地，营建了墓穴，树立了《完颜希尹神道碑》，又建立了贞宪郡王庙，供后世瞻仰和凭吊。历史上对完颜希尹的祭祀和纪念，元、明时期虽一度衰落，然终未断绝。墓地至今保存着清末吉林将军长顺亲自撰写的碑文。到了民国时期，舒兰县知事高汝清十分重视完颜希尹家族墓地的研究和保护。其后，舒兰县长袁庆清也十分重视完颜希尹的遗存，他捶拓了《完颜希尹神道碑》碑文，亲自作解，印行于世。如今，完颜希尹墓地青山翠柏，英魂宛在，松涛阵阵，仿佛是他从天际传来的爽朗的笑声，不时唤起人们的遐思迩想。

完颜希尹墓的挖掘始于数十年前。1980年7月，吉林省文物工作队在完颜希尹家族墓地第二墓区第二组石雕群体正北十余米处发掘了一座用花岗岩石条垒砌的石室墓，即完颜希尹墓。墓中发现铁券、瓷瓶、铁灯、石函等文物。2001年，作为一处极其重要的金代历史文化遗址，完颜希尹家族墓地被列为第五批全国重点文物保护单位，纳入国家管理。关于完颜希尹的研究是一项功在当代、利在千秋的事业，不仅是为往圣继绝学，亦是为万世开太平。参与其中的人，无不怀着对先贤的无比崇敬和仰慕，为其行迹所激动和鼓舞。

《白山秘境——吉林舒兰完颜希尹家族墓地研究》一书从多个角度叙述完颜希尹家族墓地和完颜希尹的生平业绩，深入到完颜希尹和女真族生产、生活、围猎、作战、治国的每一个细节，以白描的手法对完颜希尹的思想文化和历史遗存进行了全景式的展现。因为研究角度不同，书中很多史料反复使用，不避重复。全书分为五个篇章、两个附录，包括《墓地的地象》《文物和遗存》《碑文考释》《完颜希尹其人其事》《完颜希尹的传统文化基因》《完颜希尹问答》《完颜希尹家族史料》。其中，《文物和遗存》《完颜希尹的传统文化基因》两篇以汉语拼音为顺序排列。《完颜希尹问答》一篇囊括了与完颜希尹有关的历史和地理问题及其解答。

完颜希尹的思想文化根植于金源文化，也是中国传统文化一个必要的组成部分。完颜希尹家族墓地的地象为古代典籍《山海经》中所记载的“长臂国”和“狍鸮之兽”，其附近还有“孰湖”（“英招”）、“龙首人身”“麒麟”“刑天舞干戚”“奢比之尸”“蜼”等地象。这些地象的存在和发现印证了《山海经》记载的相关地理信息的真实性，突出了完颜希尹家族墓地的历史文化内涵，显示了完颜希尹家族与中华民族远古祖先的亲密关系。

完颜希尹是吉林省地缘文化的核心人物，已经走进了人类的文明历史，其行迹为历代所推重。如今世道重兴，正逢其时，故此为颂，辞曰：

舒兰小城，完颜故乡，
希尹曾封，金源郡王。
墓于青山，莽莽苍苍，
神归之处，矫矫堂堂。
追随太祖，拓土开疆，
伐辽灭宋，布制建纲。
和于西夏，萌古斯邦，
女真大字，颇费思量。
指点江山，言辞激扬，
不惧权贵，敢于担当。
汉族士子，常为榜样，
每每自谓，再世张良。
虽遭构陷，忠骨流芳，
文化巨子，举世瞻仰！

全真度师尹胜祈

写于二〇一五年四月十五日

目　录

第一篇 墓地的地象

001 墓地俯瞰：疑是天神降人间

吉林舒兰完颜希尹家族墓地兆域广阔，地象活泼。其整体位于新石器时代王磨坊遗址之内，墓葬布局与其远古祖先的山水地理相得益彰，完整显示了“天人合一”的建筑格局。完颜希尹家族墓地是中国传统地学思想的一次具体展示，体现了墓地主人对中国传统文化的熟识和皈依，历史文化底蕴极其深厚。

完颜希尹家族墓地的当代石碑

完颜希尹家族墓地在吉林省舒兰市小城镇东村大松树屯北乾山南坡，处于长白山余脉之一张广才岭西向延伸的群山之中，地理坐标为东经127°09′04.30″，北纬44°16′34.90″。墓地内多条小溪向南汇聚，流入距墓地约4公里的细鳞河。墓地卫星地图显示了一个长袖善舞的男子的形象，占地面积约

完颜希尹家族墓地卫星地图（上南下北）及其线图(赵咪雪绘)

100平方公里，应是《山海经》中所称的“长臂国”。此即完颜希尹家族墓地的地象。男子头朝南，脸朝东，呈跪坐位，为侧脸半身像；头顶圆形发髻，五官清晰完整，浓眉大眼，双唇紧闭，短须，大耳。怀中抱着一条大鱼，鱼头向上，鱼身弯曲，鱼尾与男子的双脚重合。左臂长袖，甩动之状，形象清晰。右臂长袖，挥舞于额前，形象模糊。男子的整体形象与《山海经》所述的长臂国相吻合。

山西吉县卦甲山史前岩画上的长臂人和长袖之舞

长臂国，《山海经》中也作“奇肱国”“张弘国”“长肱国”“一臂国”。一臂，就是一只胳臂。国，通域，茔域、地域。长臂国的衣袖很长，是一个能歌善舞的部族，

《山海经》中记载,长臂国是海边捕鱼的部落。《山海经·海外南经》:"长臂国在其(周饶国)东,捕鱼水中,两手保操一鱼。一曰在周饶东,捕鱼海中。"周饶,即侏儒,音近通假。保操一鱼,怀里抱着一条鱼。保操,抱也,环抱之状①。长臂,晋代郭璞(276—324)注为长袖,是说长臂人衣袖很长。山西吉县卦甲山出土了一幅一万多年前的岩画,上有长臂人的画像,为一男子,衣袖很长,作跳舞之状。男子头顶的发髻,是一个疙瘩鬏,与辽宁朝阳红山文化积石冢出土的陶塑人头像盘起的发髻十分相似。②

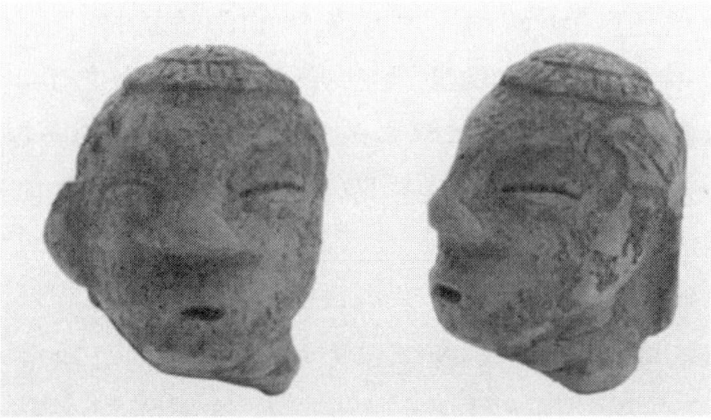

辽宁朝阳半拉山遗址出土的红山文化陶塑人头

《山海经·大荒南经》:"有人名曰张弘,在海上捕鱼。海中有张弘之国,食鱼,使四鸟。"张弘,即长肱,音近通假,长臂之意。食鱼,鱼崇拜,崇奉鱼。食,音嗣,通祠,崇奉、供养之意。《山海经·大荒西经》:"有一臂民。"《山海经·海外西经》:"奇肱之国在其北,其人一臂三目,有阴有阳,乘文马。有鸟焉,两头,赤黄色,在其旁。"奇肱,即长臂。奇,通畸,异常。《尸子》(逸文):"四夷之民,有贯匈(胸)者,有深目者,有长肱者,黄帝之德尝致之。"长臂国是黄帝时期的打鱼部落,是轩辕黄帝之妻彤鱼氏的老家,应是后来的朝鲜。《山海经·海内经》:"东海之内北海之隅有国,名曰朝鲜、天毒,其人水居,偎人爱之。"

5000多年前,黄帝之妻嫘祖发明了养蚕和缫丝,有了丝绸,人们穿上了华丽的绫罗。长臂国地象是一个长袖善舞的男子,有特征性的衣着服饰,反映了古代中国纺织的历史。

另外,此处地象还似与儋耳国有关。儋耳国是以嫘祖为图腾的

①保操,即抱,"抱"的缓读。一本作"各操",应误。"保操"连读叠音为"抱",符合古代反切注音的原理。如《山海经》中提及的胡不与国,即扶余国,是语音连读的结果。"附禺""胡不与""扶余""胡余",皆同音同义。"肃慎""女真""朱理真",三者亦同音同义。《三朝北盟会编》卷三:"辽主道宗朝,避兴宗之讳,改曰女直。"又说:"女真,古肃慎国也。本名朱理真,番语讹为女真。"辽兴宗,即耶律宗真。

②男子的发髻或为椎髻。北宋高承《事物纪原》引《二仪实录》载:"燧人氏妇人束发为髻。髻,继也,言女子必有继于人也。但以发相缠,而无物系缚。"髻,应是中国古代真正意义上的最早的发型。

部族。儋耳，即大耳。《山海经·大荒北经》："有儋耳之国，任姓，禺号子，食谷。"《山海经·大荒东经》："有波谷山者，有大人之国。有大人之市，名曰大人之堂。有一大人踆其上，张其两耳。"《山海经·海外东经》："奢比尸国在其北，兽身、人面、大耳，珥两青蛇。一曰肝榆之尸，在大人北。"奢比尸国，地象在完颜希尹家族墓地东北方向，位于黑龙江省尚志市亚布力镇西南。

完颜希尹家族墓地的所在，是新石器时代晚期一处极其重要的文化遗址，有深远的历史文化内涵，应是《山海经》中所提及的一臂国（长臂国）的所在，是《山海经》中一处重要的遗址建筑群。从高空俯瞰，舒兰小城地区连绵起伏的山岭构成了一个男子的半身像，完颜希尹家族墓地就位于男子耳部的群山之上。如果把完颜希尹家族墓地比作是一本厚重的历史书，男子的图像就是这本书的封面。完颜希尹家族墓地中隐含的各种历史文化信息，便是这本书的丰富内容。

显然，地象中的男子年代要远早于完颜希尹，虽不是完颜希尹本人的雕像，但他是完颜希尹远古祖先。完颜希尹世居于此，葬于此，必然要受到这种历史文化氛围的熏陶和渲染。另一方面，研究完颜希尹的思想文化，逐本溯源，寻其根骨，不可避免地要与当地保留的传统文化基因相联系。

002 墓地俯瞰：狍鸮之兽

俯瞰之下，在完颜希尹家族墓地的西北方，大山组成了怪兽之形，似一只巨大的恐龙，《山海经》称之为"狍鸮"。《山海经·北山经》："又北三百五十里，曰钩吾之山。其上多金玉，其下多铜。有兽焉，其状如羊身人面，其目在腋下，虎齿人爪，其音如婴儿，名曰狍鸮，是食人。"清毕沅《山海经图》："狍鸮，羊身人面，目在腋下，虎齿人爪，是食人，出钩吾山。"

四方村在"怪兽"的头顶的位置。其头部是一张人脸的侧面，

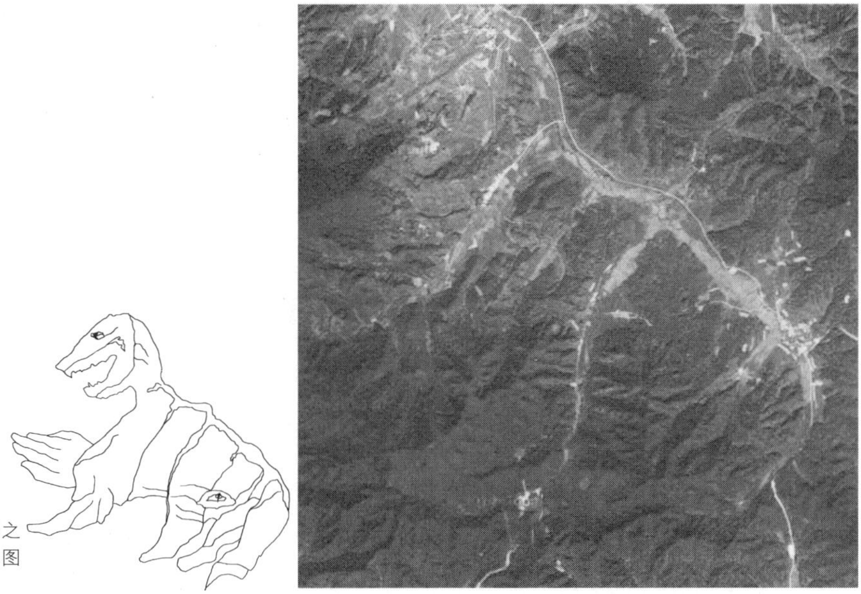

舒兰小城“狍鸮之兽”地象及其线图（赵咪雪绘）

张着大嘴，露出虎齿；两只前爪置于胸前，爪子是一双人手的样子。瑞兽的身体是羊的身体，腹股沟是一只眼睛的造型，尾巴下垂，在季长村以南。腹股沟的眼睛，也就是男子怀中抱着的大鱼的眼睛。怀抱大鱼男子的身体部分与“狍鸮之兽”的后半个身体是重合的。

完颜希尹家族墓地以怪兽为形胜，其整体形象与《山海经》记载的“狍鸮”各项特征符合。据此可知，舒兰小城是《山海经》记载的“狍鸮”地象所在。完颜希尹家族墓地所在的大山，对应的是《山海经·北山经》所记载的“钩吾之山”。

狍鸮，一说似怪羊，但长着人的面孔，眼睛长在腹股沟，牙齿跟老虎一样，爪子跟人手一样。晋代郭璞注：“为物贪惏，食人未尽，还害其身，像在夏鼎，《左传》所谓饕餮是也。”郭璞《山海经图赞·狍鸮》：“狍鸮贪婪,其目在腋。食人未尽,还自龈割。图形妙鼎,是谓不若。”《神异经·西荒经》：“饕餮，兽名，身如牛，人面，目在腋下，食人。”

狍鸮，一说即后世的饕餮，性情贪婪，食人未半而死。在夏商周时期，饕餮变成了特怖符号，常刻于祭器上，以示饮食之戒。饕餮，为龙生九子之一，其贪残多欲，食人未半而身死，周人遂以此为戒。《说文》："贪财为饕，贪食为餮。"《吕氏春秋·先识》中说："周鼎著饕餮，有首无身，食人未咽，害及其身，以言报更也。"北宋《宣和博古图》亦称饕餮鼎"以示饮食之戒"。

003 墓地远眺：对枕而眠的夫妻

完颜希尹家族墓地为远古时期的"长臂国"地象。所谓"地象"，为天文术语，指星宿在大地表面的投影，也就是古代星象在大地表面的反映。中国上古时代的天文学，是天文与地象相互映射的信息系统。地象是大山的语言，读懂了大山的语言，就是破解了远古时期的文明密码。

据文献所述，"长臂国"应是黄帝之妻彤鱼氏的故乡，因而舒兰小城应与彤鱼氏有直接的渊源关系。据笔者考证，在河北省承德县上谷村南，有一座彤鱼氏之山，是彤鱼氏的巨大的遗像，陪祀于轩辕黄帝之旁。她的双脚之处是一条鱼的尾巴，故知彤鱼氏的神界形象为美人鱼，为《山海经》中所说的"鱼妇"之神。因为人们要祭祀她，因而在神像附近还建有一座祭坛，古称"望山"，以满足山川望祭的需要。

传说，黄帝之妻彤鱼氏发明了筷子，古称"箸"，又改进了烹调术，有了后世所谓的煎、炒、烹、炸、炖，中国人的饮食面貌由此大为改观。传说，上古女神弇兹发明了钻木取火，结束了茹毛饮血的时

鱼妇之神·彤鱼氏之山及其祭坛（河北省承德县）

完颜希尹家族墓地人形山（吉林李士军摄）

代，有了烧烤的熟食。到黄帝时期，彤鱼氏改进烹调术，食品的制作多样化，有了现代意义的中餐。她是中餐的实际发明人，因此被后世尊为烹饪业的始祖。

从地面远眺，完颜希尹家族墓地的群山是远古人形山，是一男一女头顶头仰卧的模样。女子只有头像，为人头山。男子为全身像，为人形山。男女高度相当，地位平等，应是镇守田园的山神夫妻。

004 墓地：与青山相伴

完颜希尹家族墓地占地面积约150万平方米，1979—1980年清理墓葬14座。现共发现5个墓区。各墓区均依山势而建，每个墓区设有神道，两侧有石刻陈列，包括成对的石望柱、石虎、石羊和石人，有石棺墓、石函墓、石室墓和砖室石椁木棺墓。出土器物包括铁器、铜器、瓷器、石函、丝织品及墓志等。完颜希尹家族墓地是完颜欢都、完颜希尹、完颜守道、完颜守贞（左靥）、完颜守宁及完毅守道长子完颜珪、次子完颜璋等直系亲属的葬地。

中国古代地理学的调查方法称“堪舆术”。堪，考察；舆，车也。以中国传统的地学观念，大地环绕天宇如同车轮在转动，故古时称这一方法为“堪舆术”。东汉时期，张道陵提出了天毂学说。天是大地运行的轴心，即天轴，大地绕着天在转。毂，车轴，为车轮的构件。张道陵以车轮（轱辘）设喻，用以揭示日、月、星的运行规律，解释天文现象。《老子河上公注》:“就车数之,为辐、为轮、为毂、为衡、为舆,无有名为车者,故成为车。”毂、舆、辐、衡、轱辘,为车部件,也为古代中国重要的天文学概念。

金代的堪舆学十分发达,在舒兰小城有具体的反映。墓地是地理的概念,是山水地理的反映,而墓是名物观念,所以墓地和墓是完全不同的事物,需区别对待之。古人选择墓地,相山川冈陵形胜,考岁月日时干支,并以此为入葬的依据。完颜希尹家族墓地与青山相伴,与远古祖先的山水地理浑然一体,体现了完颜希尹对中国传统文化的认可和皈依。

据文献记载,悟室聚落称“冷山”,即应为现在的乾山,为完颜希尹家族墓地的所在。冷山,或为乾山之讹。究其原因,或许是因为“乾”字草书体与“冷”字近似,故讹也。墓地中有一座山当时名曰“乾山”,墓址是堪舆术士精心选定的。墓区出土“昭勇大将军同知雄州永定军节度使墓碑”的碑文,中有“命术人田煦选到乾山……依礼合葬”一事。术人,指堪舆术士。田煦,为堪舆术士之名。

005 第一墓区

第一墓区在大松树屯东北约400米处,小城镇通往柳树河村的乡路右侧。《舒兰县文物志》载:有石望柱两对、石羊两对、石人三对、石供桌二对。此墓区在民国时期被盗掘。从暴露的墓室看,均为青灰色板石立砌, 呈长方形。吉林省博物院将这个墓区完整的石人、石羊、石虎运至吉林省博物院陈列。现原址尚存残石人一个(无头)、残石羊一个、残石望柱一个。

在距石人4米处还有被盗掘的石棺墓一座,墓室东西长约4米,南北宽约2米。1969年,当地农民在墓地附近拣到“金紫光禄……”残墓碣石一块;1979年,研究人员又在此墓东南50米处采集到“吵看郎君之墓”石碑一块,落款为大定十年(1170)。在墓前数十米处,还有两个青花岗岩柱座,间距为11.75米,象限角为南偏东60度。

此墓区石雕刻物较其他墓区都要高大，文、武石人的身高分别达到1.9米和1.97米。在柱座西有一残碣，长0.95米，宽0.66米，额宽1.25米，高0.84米，厚0.3米。残碣风化严重，已看不到字痕。[①]墓主人可能是完颜希尹的嫡孙完颜守贞，《金史》中有传。1983年5月，小城林场不顾国家古文物保护的有关规定，在一墓区正中开辟出一条林道，将一墓区完全破坏了。

①翰煊、志国：《吉林省舒兰县完颜希尹家族墓地复查及试掘简讯》，载吉林省文物工作队编《文物工作通讯》第1期，1979年7月10日油印。

006 第二墓区

第二墓区在第一墓区西北约250米处，从岗梁向南伸出的一个平坦的山包上，原有碑亭，立有《完颜希尹神道碑》一统。此碑高一丈，幅四尺五寸，厚一尺三寸五，龟趺高0.43米，首尾长2.3米，碑额为立体透雕的四龙互相缠绕，龙头向下。中部阴刻“大金故尚书左丞相金源郡贞宪王完颜公神道碑”二十个大字。碑身正面阴刻汉字二十七行，碑身背面阴刻汉字二十四行，计两千八百余字，详细地记述了完颜希尹的生平事迹。字属颜体，为金代著名文人王彦潜撰

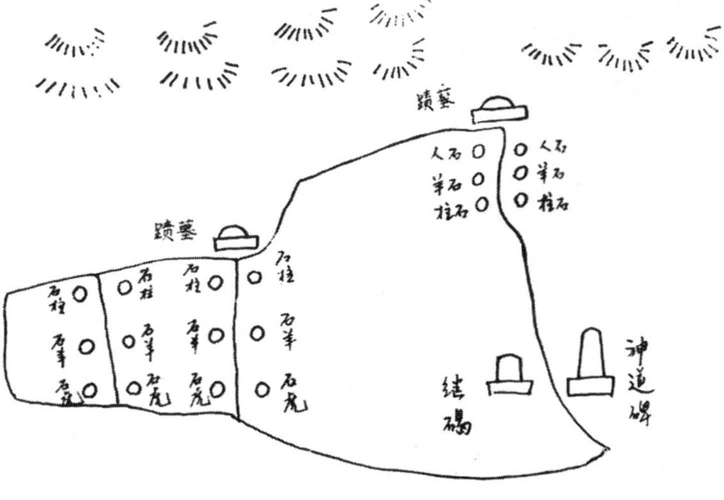

1937年第二墓区实地记录图（见《吉林省舒兰县古迹古物名胜天然纪念物》，1937年油印本）。图中石雕刻物标记的位置不对，应为墓地的示意图。

文，大名府路兵马都管判官任询书丹。据民国二十六年（1937）《吉林省舒兰县古迹古物名胜天然纪念物》记载："据传二十年前，墓尚可辨，前有石桌，周有土垣高三尺许，垣外小碑数十，今觅不见。"

第二墓区有三组石雕刻物。在"神道碑"西偏北50度，距"神道碑"遗址约30米处，现存石人、石羊、石虎各一对，石望柱一个。石人为文武各一，文东武西，身高均在1.45米左右。石虎高1.15米，底宽0.54米。石羊一完整，一残断，完整者长0.98米，高0.72米，尾高0.48米。石望柱高1.78米。两行石雕刻物间距仅3米。在《完颜希尹神道碑》西30~40米处原来也有完整的石人、石羊、石虎和石望柱。其位置是从南至北石望柱一对（现在有三个，其一应是前组所缺那个）、石虎一对、石羊一对、文东武西石人一对，尺寸与前处基本相同。从此处再往西20~30米处还有一组石刻物，现仅存石人一对（已无头）和石望柱的底座。

1980年7月，吉林省文物工作队在该墓区第二组石雕群体正北十余米处发掘了一座用花岗岩石条垒砌的石室墓。墓葬由墓道、天井和墓室三部分组成。墓道辟于东壁正中，土筑，呈斜坡状，后接横向长方形天井，墓门用硕大厚重的石板封堵。墓室近方形，南北长2.45米，东西宽2.4米，高2.4米，四壁用规整的花岗岩石条砌筑而成。

完颜希尹墓室和墓葬线图

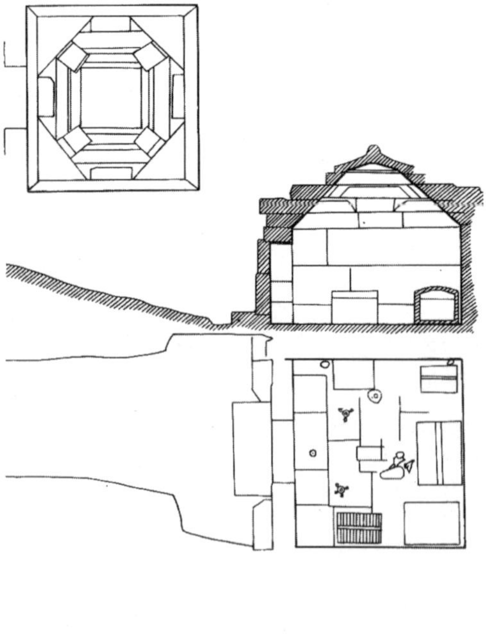

四壁上以石条仿作梁枋，上置三重顶石，墓室顶部呈锥形内收，石制屋顶式顶盖，上刻瓦楞。墓底由石板铺就而成。

该墓室结构严整，规模宏大，犹如一间地下房屋。墓室内，靠墙排列着五具装有骨灰的石函，中间一个石函比左右的四个石函略大。从墓室中出土的器物有长方形铁券一方。从墓室中出土的器物还有莲瓣竹节形铜蜡台一对、未燃尽的蜡烛一截、白瓷瓶一对、白瓷碗四个。在石函中还出土了包骨灰用的残丝织品数块。

1992年，小城镇农民在希尹家族墓地第二墓区附近发现一块残碣，上面刻有“太子少傅之墓”的字样，旁刻小字“大定十年(1170)岁次庚午……谨记”。因完颜希尹之弟完颜谋演死后被追赠太子少傅之爵位，可以判定这里埋葬着完颜谋演。在二墓区《完颜希尹神道碑》原址尚有光绪二十年(1894)吉林将军长顺在“神道碑”东侧所立的碣石，即长顺碑。

确定该墓墓主为完颜希尹的理由主要如下：

一是传世神道碑。墓葬一旁原立有神道碑，现存碑亭基址。碑文详细记录了墓主的生平，三次提到了墓主的名字为完颜希尹，如述“希尹自祖宗世服劳”等，其中所述历史事迹与《金史·完颜希尹传》相吻合。墓旁还有清代吉林将军长顺碑为辅证。以墓碑而言，宋代规定：五品以上立碑，螭首龟趺，趺上高不得过九尺；七品以上立碣，圭首方趺，趺上高四尺。金代墓碑参考唐、宋、辽制，可知墓主身份等级之高。

二是礼制和出土文物。墓主的神道是礼制的体现，与完颜希尹的身份相符。《宋史》中对于勋戚大臣墓前的石象生数量有明确规定，诸臣丧葬，“坟所有石羊虎、望柱各二，三品以上加石人二人”。金代礼制参照唐、宋、辽制。出土文物与完颜希尹的年代和生平经历吻合。其中出土铁券，一说为金太宗吴乞买所赐铁券，可与历史记载相对应。

三是墓葬的地象和规模等级。墓葬气势庄严，地象活泼，占地规模宏大，也与完颜希尹的身份和文化品位相符合。

007 第三墓区

第三墓区在完颜希尹墓西北1公里的沟谷之中，墓区的主人是完颜希尹的嫡孙完颜守道。墓前是一对文官，相对而立，其高度为1.5米。文官南5.4米左右是一对武将，身高1.78米左右，亦相对而立，其中一件断头。再往南5.6米左右是一对石羊，石羊身长约1.12米，保存完整。石羊前3.8米是一对石虎，石虎高1.2米，保存完整。石虎前应该有一对石望柱，现已不见。两列石雕刻物的距离为5.7米左右。现仅存东侧一排石刻物即文、武官员各一，石羊、石虎各一，另一侧石雕刻物已不见。

1979年，在石人北侧曾发现墓碣座五个，清理发掘墓葬一座。研究人员在墓顶东南边缘挖开表土层25厘米，在此处发现一块“阿里郎君墓”碣石和一些碣石碎片。清理中发现盗洞一个，可知此墓已被盗掘。墓室距地表1.7米，墓室方向为北偏东20度，墓室为砖砌，内有石椁，上用两块长2.4米、宽1.3米、厚0.12米的大石板覆盖。砖室与石椁之间填有0.1米厚的木炭，椁盖顶部和石椁底部也铺有一层木炭。因在石椁内发现铁棺钉，可知椁内有木棺。在石椁盖石上发现“太尉……濮国公……”“公讳守道”的墓碣残段，由此可知，第三墓区是完颜希尹孙子墓地。①

①翰煊、志国:《吉林省舒兰县完颜希尹家族墓地复查及试掘简讯》，载吉林省文物工作队编《文物工作通讯》第1期，1979年7月10日油印。除完颜守道的墓碣外，此墓区尚见有“男金省奴郎君之墓”“金源县君乌古论氏墓”“南撒马通进之墓”“广威将军翰林修撰墓”等碑碣。“男金省奴郎君”应是完颜守道长子，“金源县君乌古论氏”应是完颜守道妻子，“南撒马”一说是完颜希尹第六子，“广威将军翰林修撰”应是完颜守道次子完颜璋。

008 第四墓区

第四墓区在第三墓区南约1.5公里的一条南北走向的峡谷中。有成对的石人（一文一武）、石虎、石羊等雕刻物。石人，文官身高

1.47米，武官身高1.74米，石虎、石羊皆完整，形制与前同。1979年，研究人员在这里清理了一座已被盗掘的残墓。在距地表1.6米深处发现石函一个，系长方形，方向是北偏东20度。石函长1.48米，宽1.05米，高0.76米，分盖、身两部分，用火成岩石料凿刻而成，形制规整，素面雅致。

在石函内出土两方字迹清晰、完整的墓志碣。一面为“昭勇大将军同知雄州节度使墓”（右首边有汉文与女真文两种文字），另一面是完颜璹为其父昭勇大将军与其母乌古论氏以礼合葬的墓志，共110余字。

前一墓碑为青花岗岩质料，高68厘米，宽27厘米，额宽32厘米，碑额突出呈半圆形，其上阴刻竖排大小不等的女真文和汉文楷字六行。其二亦为花岗岩质料，高51厘米，宽26厘米，碑额亦突出呈半圆形，其上阴刻竖排汉文楷书八行，计111字，这两块碑石均在吉林省博物院保存。[①]

①翰煊、志国：《吉林省舒兰县完颜希尹家族墓地复查及试掘简讯》，载吉林省文物工作队编《文物工作通讯》第1期，1979年7月10日油印。

009 第五墓区

第五墓区在第四墓区西南约2公里的山谷坡地上。由于这里地处西沟，距居民区较远，人迹罕至，石雕刻物保存较好。从南向北竖立的石柱、石虎、石羊、石人各一对基本完好，形制与尺寸大体同前。以石人为例，文官身高（包括底座）1.8米，冠宽0.24米，面宽0.22米，肩宽0.3米，底宽0.62米。

1978年，当地农民在石人南侧约50米处的耕地里，发现已残的“招讨……奉斜……”残墓碑一块。1979年，研究人员又在石人北侧5米左右的表土中采集到刻有“……司代国公之”残墓碑一块。完颜希尹的父亲叫完颜欢都，死后被追封为开府仪同三司、代国公，可知这里是完颜希尹的父亲的墓葬。[②]另外，据《完颜希尹神道碑》记载，完颜希尹的祖父完颜劾逊也有“代国公”的封赠，故也可能为完颜希尹祖父的墓葬。

②翰煊、志国：《吉林省舒兰县完颜希尹家族墓地复查及试掘简讯》，载吉林省文物工作队编《文物工作通讯》第1期，1979年7月10日油印。

第二篇　文物和遗存

010 “阿里郎君墓”残碑

完颜希尹家族墓地第三墓区扰土中发现一块“阿里郎君墓”碣石和一些碣石碎片，碑碣上还有“年九月初六生”“六月初六日”字样，应是墓主的生日和死亡日期。郎君，完颜宗室之称。

“阿里郎君墓”残碑

《三朝北盟会编》多次提到“兀室郎君”，如卷二有“兀室皆呼郎君”之语，卷二〇有“行二十里，至兀室郎君宅，接伴使、副具状辞”之句，卷二五有“金国相与兀室郎君必欲臣之”之语，卷一一〇有“第一人是左监军兀室郎君，权元帅”之语，等等。完颜守道墓区“阿里郎君墓”残碑、完颜守贞墓区“吵看郎君之墓”残碑，说明完颜希尹的孙子完颜守道、完颜守贞皆被称为“郎君”，与完颜宗室的称呼相同。

南宋洪皓《赠彦清》诗中有：“门下栖迟近一年，郎君高义薄云天。傥能一语宁三国，应有嘉名万古传。"其另一首《彦清生辰》中也有:"息肩弛担未多时,便祝郎君愿德弥。"洪皓《鄱阳集》卷一《彦清弹琵琶有感》一诗题下原注:"彦清者,金相陈王悟室长子。"

011 白瓷梅瓶

完颜希尹墓出土一对定窑梅瓶,白瓷素面,形体硕大,置于完颜希尹石棺两侧,为供器,相当于汉唐时期的魂瓶或谷仓。梅瓶可能用来插花,作为花瓶,表示祭奠。其中一只打破,后修复完整。发掘报告称此梅瓶为"仿定窑"。以白瓷为葬,是完颜宗室"色尚白"之事的体现。

白瓷梅瓶

梅瓶,是一种小口、短颈、溜肩、瘦底、圈足的瓶式,以口小只能插梅枝而得名。瓶体修长,造型挺秀、俏丽。梅瓶最早出现于唐代,宋辽时期较为流行。定窑、邢窑都出产白瓷,其质地细腻,轻盈美观。

012 白瓷碗

完颜希尹墓中出土白瓷碗4件,发掘报告称"仿定窑"。定窑窑址位于河北曲阳涧磁村。定窑白瓷的驰名始于北宋,烧造则始于唐代。唐代的定窑白瓷具有与邢窑白瓷相似的特征,器形有碗、盘、托盘、注、壶、盆、三足炉和玩具等。

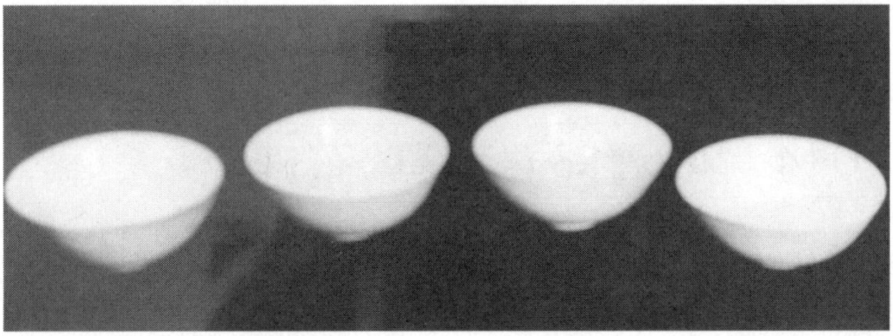

白瓷碗

定窑的胎质薄而轻，胎色白色微黄，较坚致，不太透明，釉呈米色，施釉极薄，可以见胎。釉色洁白晶莹，隐有黄绿颜色。北宋早期定窑产品口沿有釉，到了晚期器物口沿多不施釉，体现了道家"见素抱朴"的思想特色。

013 碑亭基址

完颜希尹神道碑被置于墓葬一侧，曾建有碑亭保护。碑亭圮废已久，如今只有石砌的基址尚存。神道碑所在的高台，即碑亭，略呈方形，南北长11米，东西宽12米，高处地表1.5~2米。方台四周围砌方整的石条，方台东面有砖砌的台阶。在此附近发现了大量的建筑材料，如青砖、筒瓦和瓦当等。

1980年，吉林省文物工作队对碑亭遗址进行了发掘，清理出边长约12米的方形夯土台基，台基上存有础石、砖墙、踏道等遗迹。出土了大量石条、青砖、瓦、瓦当、滴水、鸱尾、凤鸟等建筑构件。

清光绪二十年(1894)，吉林将军长顺命工匠将破损成五块的碑身钳立在一起，修复了破损的神道碑，立于原位。1966年"文化大革命"开始之时，"造反派"以"除四旧"为名炸毁了完颜希尹神道碑，如今只剩部分残段，保存于吉林省博物院。

据文献记载，民国时期舒兰县长袁庆清曾集资修建碑亭。今所见碑亭基址，或为民国时期的遗留。

014 “吵看郎君之墓”石碑

1979年，在第一墓区完颜守贞墓东南50米处采集到“吵看郎君之墓”石碑一块，落款为大定十年(1170)。《大金国志》:“宗室皆谓之郎君，事无大小皆属焉。”郎君，在此处是对完颜宗室的称谓，属武职，与汉族女子称丈夫为“郎君”不同。

“吵看郎君之墓”墓碣

除了吉林省文物工作队发现的碑碣，过去在完颜希尹家族墓地发现的碑碣还有一些，其中有“太子少保之墓”“奴哥马郎之墓”“畏合裴羊吉之墓”“悟辇明威之墓”“阿尹太夫人之墓”。这些小碣“首作圭形，面云水纹，高一尺七寸至一尺五寸不等，广皆八寸，字大二寸许”。每碣之石皆书“大定十年(1170)岁次庚寅十一月丁丑朔初八日甲申谨记”年款。[1]

①吉林省文物志编修委员会:《舒兰县文物志》(内部资料)，1985年。

015“金紫光禄”石碑残件

完颜希尹家族墓地第一墓区在民国时期被盗掘，随葬品不详。1969年，研究人员搜集到一块残碣，有“金紫光禄……”的铭文，推知该墓碣上刻字全文应为“金紫光禄大夫之墓”。

残碑拓片

据《金史·百官一》记载:“文官……正二品上曰金紫光禄大夫,下曰银青荣禄大夫。”又参照《完颜娄室神道碑》:“(完颜娄室)父白答,赠金紫光禄大夫,事世祖,为七水部长。”可知墓主人为正二品官员,与部族的酋长同级,应是完颜希尹的嫡孙完颜守贞。据《金史·完颜守贞传》,完颜守贞曾官拜尚书左丞、平章政事。

016 蜡烛

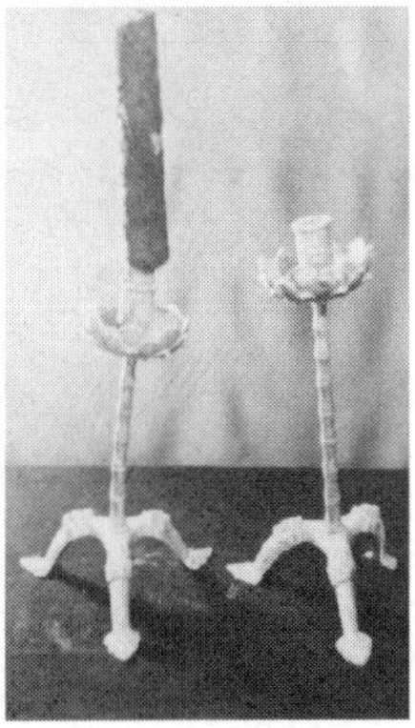

完颜希尹墓中的蜡台和蜡烛

完颜希尹墓中铜蜡台上残留着半根蜡烛,是中国现存最早的蜡烛实物之一。1358年,在英国伦敦,人们开始用蜂蜡来制造蜡烛,是西方制造蜡烛的开始。据碑文所述,完颜希尹墓修建于皇统三年(1143),此墓中蜡烛的参考年代,比西方制蜡早215年。《大金国志》卷三九载:“女真在契丹东北隅,地饶山林,田宜麻谷,土产人参、蜜蜡、北珠、生金、细布、松实、白附子。”其中所说“蜜蜡”,即蜂蜜和蜡烛,一说为蜂蜡。金代元好问《同儿辈赋未开海棠》诗有“翠叶轻笼豆颗均,胭脂浓抹蜡痕新”之句,说明金代蜡烛已是很重要的生活用具。

中国制蜡的历史十分久远,最初是用蜂蜡来制造蜡烛。距今约7000年,中国人发明了养蜂,由此科学认识和使用了蜂蜡。蜜蜂是华夏部族的早期图腾,如同蚕神之制。黄帝时期,畜牧业已经很是发达,其中就可能有养蜂。《史记·五帝本纪》说:"(轩辕黄帝)淳化鸟兽虫蛾。"虫,一说指养蜂;蛾,蚕蛾,指养蚕。

蜡的另一个来源是尸蜡,是动物的脂肪组织对潮湿起反应而形成。据《史记·秦始皇本纪》记载,秦始皇陵地宫内"以人鱼膏为烛,度不灭者久之"。秦始皇陵以人鱼(鲸)膏作为燃料,即早期的蜡。蜡除了照明之外,还用于制造模具。用失蜡法铸造青铜器始于商代,将蜡制成模子,用于造型和装饰工艺都十分复杂的青铜器的铸造。

完颜希尹墓出土的蜡烛中空,应是以芦苇草为灯芯,所以灯芯显得很粗。芦苇中空,制成蜡烛,便于插在烛台上面。作为灯芯的芦苇草如今早已腐朽,只剩下中空的半截蜡烛。

017 莲瓣竹节形铜蜡台

墓室中出土莲瓣竹节形铜蜡台一对,形制高大,其中一盏蜡台上还保存未燃尽的蜡烛一截。莲瓣形的蜡台,即灯台,源自于道教,民间称为"宝莲灯",类似剑称"宝剑"、塔称"宝塔"、马称"宝马"、卷称"宝卷"、刹称"宝刹"之事。河北邯郸张庄桥汉墓(笔者考定为张鲁墓)出土两件莲瓣形的铜灯,是"宝莲灯"的早期形制,灯身为莲

完颜希尹墓室内景

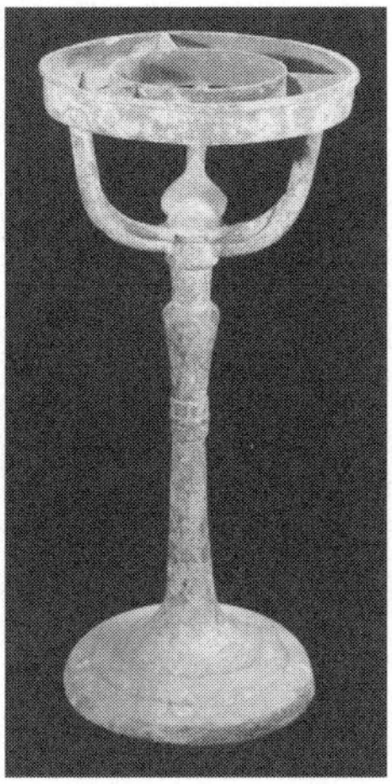

邯郸张庄桥汉墓出土的莲瓣形铜灯（“宝莲灯”）

瓣之形，现藏于邯郸市博物馆。

“宝莲灯”是民间的说法，以示其尊贵，由战国至东汉时期的连枝灯发展演变而来。东晋陆翙《邺中记》：“石虎正会殿前设百二十枝灯，以铁为之。”连枝灯最早出现于战国，汉时为道教供器。汉传佛教确立后，宝莲灯被吸纳到了佛教之中，成为佛教供器。完颜希尹墓中的莲瓣竹节形铜蜡台为供器，应是受到了中原地区道教和佛教文化的影响。

018 莲花纹石座

完颜希尹墓出土莲纹石雕础座，长60厘米，宽30厘米，四周装饰莲花纹，一说是佛像的底座，说明完颜希尹墓中随葬有佛像。莲花是中国传统的民俗题材，道教和佛教也多有涉及。

莲花深得世俗喜爱。据笔者考证，武威雷台汉墓为道教祖师张道陵墓，墓室顶部装饰着莲花。莲花后来为佛教吸纳，成为佛教的象征物。唐黄檗希运：“心如大海无边际，广植静莲养身心。自有一双无事手，为作世间慈悲人。”北宋周敦颐有《爱莲说》：“出淤泥而不染，濯清涟而不妖。”

莲花纹石座

019 清吉林将军长顺碑

清光绪十七年(1891),吉林将军长顺主持编写《吉林通志》(碑文中称《吉林有事通志》),在普查文物遗存过程中发现了位于舒兰小城的《完颜希尹神道碑》。吉林将军,即清代吉林地区的最高军政首长。清光绪二十年(1894)三月,长顺撰写碑文,立碑于完颜希尹神道碑原址南侧约2.4米处。碑为石灰岩质地,碑座长方体,长1.24米,宽0.66米,高0.62米。座上正中有一长方形凹槽,借以承碑。碑高1.42米、宽0.8米、厚0.25米。上方抹角,碑身由大小相同的石材上下组成,两侧有细腰的鸠尾榫槽,据说原以铸铅衔接。碑正面真书十一行,行二十字,皆顶格。背面为阴刻"五品衔候选州同马世烈建修"字样,是立碑者的官职和名字。

清吉林将军郭博勒长顺像

碑文记录了《完颜希尹神道碑》的发现者为杨同桂,为军司马,一说为吉林候补同知。他熟悉东北舆地，被任命为《吉林通志》总提调。杨同桂，字伯馨，顺天通州（今北京市通州区）人，曾在吉林、奉天及黑龙江各地充任郊办、发审、营务总办等职。光绪二十年(1894)任长春府知府，曾任《吉林通志》分纂，负责《大事记》《沿革史》《舆地志》部分撰写，逝于光绪二十二年(1896)。郭博勒长顺(1839—1904)，字鹤汀，达斡尔族，光绪十四年(1888)出任吉林将军，镇守东北。

《吉林将军长顺碑文》全文如下：

《吉林有事通志》甄及金石，杨司马同桂物色得此，盖故金源郡王《完颜希尹神道碑》。中断矣，拓以视余，漫灭十二三。顾其事，有史传未及者。史言熙宗以诏赐死，碑述所由，则言尝以礼裁抑，后大忤后旨，其死后谮之。夫彼妇之口之可以出走也，圣人且歌焉[①]，何有于希尹也哉！而世谓金石可补史缺，以此。抑今去碑所自立八百年有奇耳，漫灭若是，则以貌石质沙易泐，又考古所宜知也。以古迹之不可听其湮也，命锻人钳而立焉，因题以识。

光绪二十年岁次甲午春三月郭博勒长顺识

①夫彼妇之口之可以出走也，圣人且歌：此为《东周列国志》中的一个历史典故。孔子歌曰："彼妇之口，可以出走。彼女之谒，可以死败。"意思是说，女人的话是听不得的；如果你听了妇人的话，你身边的人就会离你而去；如果你采纳了女人的意见，你的事业就一定会失败。

清吉林将军长顺碑

020 神道

完颜希尹墓前由石望柱、石人、石羊、石虎组成神道，是墓主完颜希尹升仙进入天国的通道。所谓“神道”，就是古人死后成神成仙通往天国的通道，功能大体如同现在飞机起飞时的跑道。神道汉代以前也称“天路”，东汉张衡《灵宪》：“昔在先王，将步天路，用定灵轨，寻绪本元。”

神道，谓神行之道，是墓主死后升仙的通道，语出《周易·观卦·彖传》：“观天之神道，而四时不忒，圣人以神道设教，而天下服矣。”《汉书·霍光传》：“太夫人显改光时所自造茔制而侈大之。起三出阙，筑神道。”《后汉书·中山简王焉传》：“大为修冢茔，开神道，平夷吏人冢墓以千数。”李贤注：“墓前开道，建石柱以为标，谓之神道。”

神道两侧的石刻，即石象生，又称“石翁仲”，始于秦汉，兴于唐宋，盛于明清，是中原汉人王朝帝王陵墓前主要的供祭仪物之一。主要为石雕人物、生肖动物成对立于两侧，按照一定的规则和次序排列。

完颜希尹墓的神道

021 石棺和石椁

完颜希尹墓位于第二墓区，墓室里边靠墙排列着五具石函。石函素面，没有装饰，内未见遗骨，是放置骨灰的用具。中间一个石函比左右的四个石函略大，应是完颜希尹的骨灰所在。据此可知，完颜希尹死后，依俗火化，骨灰置于石函之内。

1979年，第四墓区清理了一座已被盗掘的残墓。在距地表1.6米深处发现石函一个，系长方形，方向是北偏东20度。石函长1.48米，宽1.05米，高0.76米，分盖、身两部分。石函用火成岩石料凿刻而成，随葬品已经被取走，石函弃于山间，没有回填。

出土石函

火化是佛教的葬制，这表明墓主皈依佛教。女真人灭宋，入主中原，佛教对女真贵族葬俗的影响也随之加深。完颜希尹家族用石函盛敛骨灰，显然是受到了佛教的影响。

022 石虎

墓前石虎起着镇墓兽的作用。第二墓区石虎高1.15米，底宽0.54米；第四墓区有石虎一对，高约1米，底宽0.6米；第五墓区石虎高1.4米左右。石虎嘴角翘起，呈大乐之貌，即道教所说的“安平大乐”。墓

墓地石虎

葬之前的石虎，塑造的并不是自然界的虎，而是虎神。在中国传统文化中，虎为战神，为瑞兽图腾，是勇敢的象征。

虎神，即白虎，崇拜由来已久。白虎，史前瑞兽，为地理名词，“四象”之一，最初指虎形的大山，也是西方星宿白虎座在大地表面的投射点，从虎尾到虎头、虎爪依次为奎、娄、胃、昴、毕、觜、参七宿。人面虎身，即白虎，四象之一，代表西方，又名“驺吾”“驺虞”，为远古图腾。①《山海经·海内北经》：“林氏国有珍兽，大若虎，五采毕具，尾长于身，名曰驺吾，乘之日行千里。”内蒙古自治区赤峰市翁牛特旗北部的大山，卫星地图清晰显示出了两只白虎的图案，一雌一雄，呈交尾之状。虎的尾巴在沙漠之中，比身子还要长，与《山海经》的记述吻合。

河南偃师二里头遗址出土的绿松石镶嵌驺吾之兽

①驺吾、驺虞是“虎”的缓读，连读为“虎”，义同。

1981年，河南偃师二里头文化二期遗址出土了三件绿松石

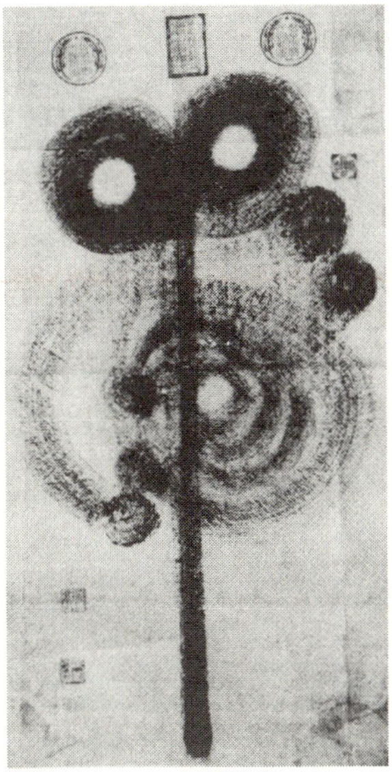
清代刘永福书“虎”字中堂

镶嵌青铜牌饰，长14.2厘米，宽9.8厘米，上宽下窄，圆角束腰，弧面，整体呈盾牌状。两侧有圆鼻各二。表面用许多形状大小不同的绿松石片镶嵌，是一只趴在地上的白虎形象，反映了上古时期一脉相承的虎文化，是驺吾之兽的艺术表达，其原型应是翁牛特旗北部的白虎地象。

同时，这也是中国早期的“虎”字，是一个象形文字。后世的“虎”字继承了这一传统，书法常以此为蓝本。清代刘永福存世有“虎”字中堂，气势磅礴，可供比较。

023 石望柱

完颜希尹家族墓地的石望柱

石望柱，是完颜希尹家族墓地的一种地面标志物，五个墓区均有发现。石望柱成对出现，形制相同，立于神道的尽头，高1.78米，两行间距3米。但第五墓区是两个形状不同的石望柱。西边石望柱与其他墓区基本相同，底面为六角形，高1.84米，底直径0.33米，顶为球形。东边石望柱的柱顶似类人猿的头，柱底面为八角形，高1.94米，底长0.41米，宽0.32米。第二墓区石望柱高1.78米。第四墓区现在石望柱只剩一根，且已残断。

最早的墓表可以追溯到远古时期。在6300年前的一处红山文化积石冢（据笔者考证为伏羲氏墓）前，有石砌的寨墙，为“一”字形，修建在颈部的龙脊之上，相当于是道家的墓志和纪念碑。因为按照古说，“一即是道”（《老子想尔注》），“一” 字形的寨墙被赋予了表达“道”的功能，所以是古时表示墓主身份的一种方式。之后，平放的“一”字形建筑逐渐变为竖起的木柱或石望柱，即墓表。

红山文化积石冢（伏羲氏墓）前的“一”字形寨墙（距今约6300年）

古人下葬以后，常立柱子表示墓葬的位置，便于寻找和凭吊。表，就是柱子。墓表是墓葬的地面标志，是墓葬的指路牌，目的是给祭奠、扫墓和迁坟提供方便。比如新疆小河墓地，竖立着大量的木柱，表示墓葬的位置。又如，东晋《谢鲲墓表》是一根方形的石望柱，

东晋《谢鲲墓表》及拓片

上面有铭文，记录了“假葬”（即假地而葬）之事，立于墓葬之外，为了后人寻找，以便迁葬于祖茔，故立墓表以表其处。

第五墓区完颜欢都墓的石望柱与众不同，上有雕刻的痕迹，像一个类人猿的头。完颜欢都的墓是早期入葬于此的，石望柱上的人头应是人头山的表达，是远古祖先的形象。人头山，是远古山岳的形象，反映了中国古代一以贯之的山神崇拜传统。

024 石羊

完颜希尹墓的石望柱、石虎、石羊、石人由南向北依次排列，间距为2.8米左右，行距为5.78米左右。墓前的石羊、石虎，相当于古代的镇墓兽，也称为“辟邪”，为生肖神。此处的石羊是智慧的象征。第二墓区石羊长0.98米，高0.72米；第三墓区一对石羊，石羊身长约1.12米。第四墓区有石羊一对，石羊身长约1.2米，第五墓区石羊身长约1.8米。

石羊的表情为“安平大乐”，与甘肃武威出土的前凉石羊很类

完颜希尹家族墓地石羊

似。安平大乐，极度快乐的样子，是早期道教造像常用的一种表情神态，人、马、牛、羊等都可见此神态。大乐马是东汉时塑造的战马的典型的表情神态，在汉墓中多有发现，有铜马、木马、陶马、石马等。甘肃省兰州市博物馆收藏了一件大乐木马，哈哈大笑的样子，表情十分生动。以此件木雕可为画谜，打一民俗用语，谜底即“马大哈”。

“安平大乐”：甘肃武威出土的前凉石羊

“安平大乐”：兰州市博物馆藏东汉木雕大乐马

“安平大乐”，典故出自于《老子想尔注》。《老子》第三十五章有“安平太”一句，《老子想尔注》将其与下一句“乐与饵”相连，改经文为“安平大乐”，又加注曰“甚大乐也”，意为大乐之极，实际上是用以描述道教思想家羽化飞升之时极度快乐的神态。这一表情神态在早期道教造像中十分常见。早期道士熟读经史，遂截取《老子》文句，以“安平大乐”为名。“安平大乐”，也作“极乐”“安乐”，是道教中一个十分重要的思想。

在《老子想尔注》之前，很早就有人注意到了马笑的现象。《荀子·劝学》：“昔者瓠巴鼓瑟而流鱼出听，伯牙鼓琴而六马仰秣。”杨倞注：“仰首而秣，听其声也。”《淮南子·说山训》：“瓠巴鼓瑟，而淫鱼出听；伯牙鼓琴，驷马仰秣。”高诱注：“仰秣，仰头吹吐，谓马笑也。”马笑，是马的一种特殊的表情神态，自然界中真实存在，却极不易见。李道纯《道德会元》曾说：“泥牛喘月，木马嘶风，观之似有，觅又无踪。”马笑，今人亦训作马嘶。马笑因为其罕见，古人将马笑赋予了通神的功能，此处用来说明俞伯牙鼓琴技艺的高超。

025 “司代国公之”墓志残碑

1978年，舒城小城当地农民在第五墓区石人南侧约50米处的耕地里，发现“招讨……奉斜……”残墓碑一块。1979年，研究人员又在石人北侧5米左右的表土中采集到刻有“……司代国公之……”铭文的残墓碑一块。其中的“司”字，应是“开府仪同三司”的残余。

完颜希尹的父亲叫完颜欢都，《金史》有其传，他死后被封为开府仪同三司、代国公。因此，墓主人应是完颜希尹的父亲完颜欢都。完颜欢都，《金史》有详传，另称之为“异姓完颜”。《金史·宗室表序》：“史臣记录有称‘宗室’者，有称完颜者。称完颜者亦有二焉，有

残碑拓片

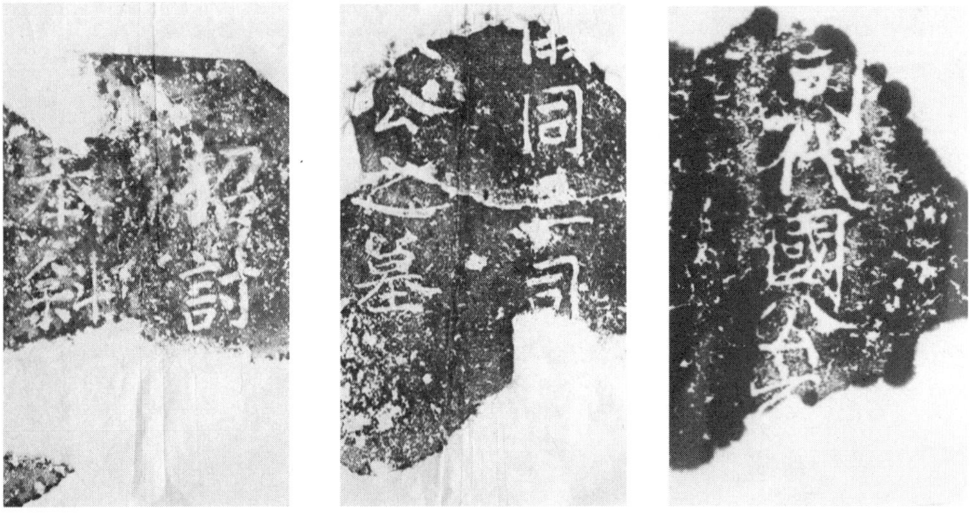

同姓完颜，盖疏族，若石土门、迪古乃是也；有异姓完颜，盖部人，若欢都是也。”

代国公，《完颜希尹神道碑》作“戴国公”。此外，据《完颜希尹神道碑》记载，完颜希尹的祖父完颜劾逊也被封为戴国公，因此第五墓区的墓主人也可能是完颜希尹的祖父完颜劾逊。

026 丝织品残块

在完颜希尹墓的石函中出土了包骨灰用的残丝织品数块。丝绸是中国远古时期的重要发明，女真人对丝绸怀有特殊的感情，以丝绸包裹尸骨和骨灰，用以显示与远古祖先的关系。

丝绸源于中国远古时期的养蚕之术。5000多年前，黄帝之妻蚕神嫘祖教民养蚕缫丝，人类从此穿上华丽的绫罗，文明程度有了极大的提高。金灭北宋以后，南宋按照协议每年向金朝进贡丝绸和织锦，其中以金锦最为名贵。

北方民族酷爱织锦，因为这是自己远古祖先的创造，所以他们深以为自豪。契丹族、女真族、蒙古族的达官贵人穿着崇尚用金，北宋末年宋朝与金朝议和常用金锦做礼物，金朝官服常用织金及金缕绣品。1988年，金上京遗址发掘了金代齐国王完颜宴夫妻墓，出土了金锦，是金丝与蚕丝织就的华丽的丝绸制品。

027 “太子少傅之墓”残碣

1992年，舒兰小城农民在完颜希尹家族墓地第二墓区附近发现一块残碣，上面刻有“太子少傅之墓”的字样，旁刻小字“大定十年(1170)岁次庚午……谨记”。完颜希尹胞弟完颜谋演死后被追赠

“太子少傅”残碣（郭文才摄）

太子少傅，可知完颜希尹旁边埋葬着完颜谋演。

完颜谋演卒年约四十岁，《金史》有传，附在《完颜欢都传》之后。其全文如下：

> 谋演，当阿注阿之难，从欢都代为质。后与宗峻[1]俱侍太祖，宗峻坐谋演上，上怒，命坐其下。孛堇老孛论、拔合汝、辖拔速三人争千户，上曰：“汝辈能如欢都父子有劳于国者乎？”乃命谋演为千户，三人者皆隶焉，其眷顾如此。天辅五年（1121）十二月卒，天会十五年（1137）赠太子少傅。

① 宗峻（？—1124），女真名“绳果”，金太祖完颜阿骨打嫡长子（第五子），金熙宗完颜亶生父，天会二年（1124年）七月去世。金熙宗即位后，追封其谥号为景宣皇帝，庙号为徽宗。

028 陶函

陶函一件，完颜希尹家族墓地第二墓区出土，应为盛放骨灰的用具，即陶制的骨灰盒。金代承唐、宋、辽的制度，盛行儒、释、道三教。人死之后，按佛教葬制火化，盛骨灰于函内。

029 铁券

完颜希尹墓中，石椁前地面放置铁券一方，出土时已完全锈蚀，字迹已经漫灭不辨。一说这是完颜希尹参与领导灭宋之后金太宗嘉其功“赐誓券，以宠异之”的那方铁券。《金史·完颜希尹传》记载：“及大举伐宋，希尹为元帅右监军。再伐宋，执二主以归。师还，赐希尹铁券，除常赦不原之罪，余释不问。”阿骨打也曾因军功赠完颜娄室铁券，《完颜娄室神道碑》：“太祖嘉其功，赏御马一，奴婢三百，仍赐誓券，恕死罪。”

《金史·百官志四》载：“铁券以铁为之，状如卷瓦，刻字画襴，以金填之，外以御宝为合，半留内府，以赏殊功也。”按此记载，铁券为卷瓦之状，为黄金填字。铁券形制与墓中所出不合，也有学者认为此券是宋元时期较为流行的买地券，是道教的物类。但是，最经典的铁券应是丹书铁券，是丹砂题写的，形制如同钱镠铁券，平面之状，以黄金填字及卷瓦的形制为后世演绎。完颜希尹墓中铁券虽与《金史》不合，但合于传统，因此，仍当以誓券为正解。

北宋王安石有《读汉功臣表》诗：“汉家分土建忠良，铁券丹书信誓长。本待山河如带砺，何缘菹醢赐侯王。”诗中提到的“汉家分土”“铁券丹书”“山河带砺”“菹醢赐侯王”，并非西汉所专，也被金代因袭效仿，以金熙宗的表现为甚。

030 完颜守道墓志残碑

1979年，第一墓区内曾发现墓碣座五个，清理发掘墓葬一座。在石椁盖上发现“太尉……濮国公……”“公讳守道”的墓碣残段。由此可知此墓主人为完颜守道。完颜守道，完颜希尹之孙，《金史》有传。濮国公，为完颜守道的封赠，可补载籍所缺。

“太尉濮国公”残碑拓片

031《完颜希尹神道碑》

《完颜希尹神道碑》，全称为“大金故尚书左丞相金源郡贞宪王完颜公神道碑”，由碑额、碑身、龟趺三部分组成，通高4.34米，龟趺高0.43米，首尾长2.3米。碑额高0.92米，宽1.4米，上透雕相互缠结的四龙，二龙首并列伸向两侧，龙头向下在龙身纠结之中，正、背各有一圭形额框，背面框地无字，正面额框内篆书阴刻五行文字，行四字，曰“大金故尚书左丞相金源郡贞宪王完颜公神道碑”。

《完颜希尹神道碑》碑首（复制）

碑身正面阴刻竖读二十七行，碑身背面阴刻竖读汉字二十四行，计两千八百余字，碑文详细记述了完颜希尹的生平事迹，是完颜希尹的人生档案。碑文字属颜体。篆额为左光庆，撰文者王彦潜，书丹者任询。该碑系金代碑刻形体最为高大的一统。

碑文称完颜希尹之孙完颜守道为“太尉、左丞相、濮国公”，又有称宗干为“明肃皇帝”之语。史载，完颜守道获此职位在大定二十一年（1181）七月，而宗干“明肃皇帝”的谥号在大定二十二年（1182）

废止。据此,《完颜希尹神道碑》确定为完颜守道奉敕所立,应立于金大定二十一年(1181)七月至大定二十二年(1182)之间。

神道碑为砂石质地,因为当初仆倒在地,碑文正面朝上,磨灭较重,背面朝下,保存较好。碑额为立体透雕的四龙互相缠绕,龙头向下,为“负屃”之兽,是“龙生九子”之一,排行老八。负屃身似龙形,雅好斯文,盘绕在石碑头顶,以示文气如虹。

碑额所刻四条龙,另一说为俗中所说的“四海龙王”。“四海龙王”是汉族民间所敬之神,即东海龙王、南海龙王、西海龙王、北海龙王的总称。

神道碑的龟趺,称为“赑屃”,为“龙生九子”之一,用于驮碑负重。

《完颜希尹神道碑》篆额者左光庆,字君锡,以荫补阁门祗候,迁同知宣徽使,改少府监。平时喜为善言,蓄善药,号善善道人。好古,读书,喜为诗,喜篆隶,尤工大字。金世宗行郊礼受尊号及受命宝,皆光庆篆。凡宫庙旁署,经光庆书者,人称其有法。

撰文者王彦潜,《金史》卷九〇载为皇统九年(1149)状元,授临海军节度判官,累迁为太学博士。世宗大定七年(1167),为沈王府文学,沈王永成以师礼事之。完颜希尹碑文中称为“虞王府文

金代完颜娄室墓前的“赑屃”

学”。

书丹者任询，字君谟，一作君谋，号南麓，又号龙岩，后人称其为“南麓先生”或“南麓老人”，易州（今河北易县）人，金代书画家。金正隆二年（1157），登进士第。大定初（1160），为宛平主簿，后入为尚书省掾。大定十六年（1176），为大名府路兵马都总管判官，后转益都府都勾判官，迁北京盐使，因考课居殿降为泰州（今吉林白城）节厅。年六十四致仕，优游乡里，年七十卒。[①]史载，其为人慷慨，多大节。[②]他报国以忠贞，临政以清白，骑射、音律、丹青、艺巧无所不通，时人谓为“天下奇才”。[③]他“字入圣，画入神，性尤嗜画”[④]。他的仕宦生涯和艺术创作活动集中在海陵、世宗、章宗三朝，虽然这三朝在有金一代尚称安定昌盛，但任询所任多中、下层职官，仕途蹭蹬，数十年连蹇不进。不过，其诗文书画却朝野争观，名动公卿，特别是他的书法，有“书为当时第一”之誉。元好问评“任南麓书，如老法家断狱，纲密文峻”。此碑纯法平原，气象庄肃，尤能令人目悚。

①见金代元好问《中州集》。
②见《金史·任询传》。
③见清代毕沅、阮元所撰《山左金石志》。
④见《保定府志》。

《完颜希尹神道碑》是金代遗存，具有重要的历史文化价值，是与《大金得胜陀颂碑》《完颜娄室神道碑》《完颜忠神道碑》《完颜斡鲁神道碑》等并称于世的金代碑存。碑文撰写者是金代著名的文学家，显示出很高的文学性和可读性，同时不失历史的真实。其书法和篆刻均出自名流之手，是高雅的艺术品。因此，《完颜希尹神道碑》为人们推重。

032 文官俑

第一墓区文石人的身高1.9米。第二墓区石人为文、武各一，文东武西，身高均在1.45米左右。第三墓区墓前是一对文官，相对而立，其高度为1.5米。文官南5.4米左右是一对武将，身高1.78米左右，亦相对而立。第四墓区有石人一对，文东武西，文官身高1.47米，武将高1.74米。第五墓区文、武官员的身高均在1.8米左右。墓道两侧的文、武石人像，古称“翁仲”，原本指的是匈奴的祭天神像。司马贞《史记索隐》云：“各重千石，坐高二丈，号曰翁仲。”

墓地文官俑

文官俑双手执璋，古时为礼器。璋，一说为笏板。以璋为礼器起源于新石器时代，《周礼·考工记》：“大璋亦如之，诸侯以聘女。”又载：“大璋、中璋九寸，边璋七寸，射四寸……天子以巡守。”说明玉璋还是天子巡狩的时候祭祀山川的器物。大山川用大璋，中山川用中璋，小山川用边璋。所祭的如果是山，礼毕就将玉璋埋在地下，如果是川，礼毕就将璋投到河里。《周礼·春官·典端》载：“牙璋以起军旅，以治兵守。”说明执璋者也可主军旅，为高参谋主之职，有军政首长的身份。

033 武官俑

第一墓区武官身高1.97米，第五墓区武官的身高在1.8米左右。这些武官表情肃穆，着平冠长袍，手执宝剑，不着铠甲。

武将的造型受到了汉文化的影响。其头戴平冠，即汉代的平上帻，广袖长袍，应为“褐”。古时大禹治水，衣食朴素，从外表上看，帝王只是一个普通的老百姓，但他心怀美德，为民族进步做出了重要贡献。在古代道家看来，一个优秀的统治者是与老百姓同呼吸、共命运的。不吃华美的饮食以骄恣，穿着破旧的衣服，不与俗世的人争论高下，待人谦和低下，这是古代道家所倡导的美德。甘肃武威雷台汉墓出土了平冠素衣的人俑，是老百姓的装扮。这体现了道家

墓地武官俑

甘肃武威雷台汉墓出土平冠素衣的人俑

"披褐怀玉""见素抱朴"(《老子》)、"衣弊履穿，不与俗争"(《老子想尔注》)的思想,是早期道士的服饰。道士身穿百姓的衣服，而内心拥有美好的品德,是汉末儒生"服巾褐以入道"的客观写照。

古代作战，兵士手执利器，身披铠甲,所谓"披坚执锐"。但是,完颜希尹家族墓地的武士不着铠甲,"披坚执锐"之说不能成立。手执利器却不穿铠甲,典故出于《老子》第五十章"入军不被甲兵"之说。意思是说,真正的勇士,打仗时是不穿铠甲的。武士不穿铠甲,以示英勇之意,表明这是战斗时负责冲锋陷阵的死士。

武士仪态庄重严肃,这是一个道家典故,源出于《老子》,而后《老子想尔注》进行了升华和改编。"不苟言笑"由"不言"和"不乐"两个历史典故合并而成。《老子》有"希言自然""不言之教"的叙述,《金人铭》有"三缄其口"的叙述。《老子想尔注》将"不言"与"不乐"联系在一起,说"不乐者,墨(默)以不言",又说"道人恬惔,不美兵也,若美,必乐之"。"不美兵",不美化战争。

此规定了道教造像的一般原则,手执利器的神仙道士在任何场合下一定都是不乐的。携带有利器的神像表情或是肃杀，或是怒视，不能呈现喜庆的神态。这一思想深刻影响了道教造像的方法。在古代道家看来，战争是残酷的，不能加以美化，战胜之后，也不能得意忘形，要以慈悲的心态面对胜利。雷台汉墓出土多件人物铜俑，呈现出大乐的神态。但手执兵器的人俑不乐，一副不苟言笑的样态。手执利器的兵俑不为胜利而乐，反映了道家不以杀人为乐的道德观念。

034 细泥陶砚

完颜希尹墓中传出土陶砚1件，有一处铭文，称为“细泥砚”，应为宋代澄泥砚。澄泥，即细泥。

宋代澄泥砚产地甚多，除唐代已经名世的虢州（今河南灵宝）、绛州（今山西新绛）之外，泽州（今山西晋城）、相州（今河南安阳）、保州（今河北保定）、柘沟（今山东泗水）等地皆产之，以泽州吕道人所制澄泥砚最为著名。完颜希尹墓中所出澄泥砚并未注明产地和作者，砚台的形制也未见发表。[①]《完颜希尹神道碑》说他“性尤喜文墨”。所传墓中出土的细泥砚，可以作为佐证。

①出土陶砚，未见实物，源自于舒兰完颜希尹博物馆馆长王福安之说。

035 昭毅大将军墓志

昭毅大将军墓志，完颜希尹家族墓地二墓区出土，青石质地，是完颜希尹之孙完颜守宁的墓志。完颜守宁（1132—1161），是完颜希尹次子符宝郎漫带之子，其妻名高利，祔葬于完颜守宁之旁。出土尚见有“肖国太夫人墓”碑，为祔葬于此的完颜守宁母亲的墓碑。

墓志全称《故昭毅大将军古里河猛安千户完颜公墓志》，即完颜守宁墓志，碑文校录如下：

公讳守宁，完颜姓。曾大父小字桓笃，赠开府仪同三司、戴国公。大父讳希尹，封金源郡贞宪王、左丞相。考小字谋男带①，宁远大将军符宝。公天会十年(1132)岁次壬子十一月十一日生于云中②，幼而勇猛，长而多力，好散施，恤贫乏，智略宏远，见义必为。凡所营造，见之辄会，故多能鄙事，尤长征伐攻战之具。

皇统七年(1147)四月，承祖谋克，授振威将军，兼经本房。天德三年(1151)十二月，改袭祖贞宪王，猛安千户，授定远大将军。正隆元年(1156)，覃昭毅大将军。执法公平，事无滞讼，豪强之家无敢欺犯细民，一境之内路不拾遗。

正隆六年(1161)，官扶贼叛，奉檄追捕，师军辄往，相睽两

①谋男带：即漫带，完颜希尹第二子，为符宝郎，墓志中称曾封为宁远大将军符宝。一训作谋里带。

②云中：今山西大同。

《昭毅大将军墓志》及拓片

舍[①]，叛贼望风而窜矣。军还，八月十七日至挞鲁水八户村。是夜，不设备。契丹贼暨左右仆尉字窬构谋，内外相应劫杀，头中流矢而卒，时年三十，正隆六年(1161)八月十七日也，大定二年(1162)三月十日葬。

①两舍：六十里，古时行军以三十里为一舍。

妻高氏利，涉县人也，辅国上将军耶鲁斡之女，妣封密国夫人，尤善女工剪制之事，享年四十一，大定十三年(1173)十一月二十八日终，承安三年(1198)岁次戊午九月壬戌朔二十□日祔焉。

大金承安三年(1198)岁次戊午九月壬戌朔十七日壬子男术讷立石

门下士闾山梁宇撰并书

家仆彭子用镌

036 昭勇大将军墓志

1979年，完颜希尹家族墓地第四墓区清理了一座已被盗掘的残墓。在距地表1.6米深处发现石函一个，在石函内出土两方字迹清晰完整的墓志碣。一为“昭勇大将军同知雄州节度使墓”，中有“命术人田煦选到乾山……依礼合葬”一事。雄州，现已划为雄安新区。术人，指堪舆术士。田煦，为堪舆术士之名。另一方是完颜璹为其父昭勇将军与其母乌古论氏以礼合葬的墓志。

前一墓碑石质为花岗岩，高68厘米，宽27厘米，额宽32厘米。碑额突出呈半圆形，为女真大字和汉字两种字体书写，内容相同，可以互译。其二石质亦为花岗岩，高51厘米，宽26厘米，碑额亦突出呈半圆形，其上阴刻竖读汉文楷书八行计111字，形制规整，素面雅致，在吉林省博物院保存。

碑文为：

大金故昭勇大将军同知雄州永定军节度使，大定丙申(1176)八月十五日寅时故，时年四十二。妻乌古论氏，正隆二年(1157)丁丑正月十四日寅时故，时年廿三。长男广威将军袭济州路(今吉林农安)合孛懒崖猛安。完颜内剌璹命术人田煦选到乾山为主,于大定廿六年(1186)四月廿六日乙时依礼合葬记。

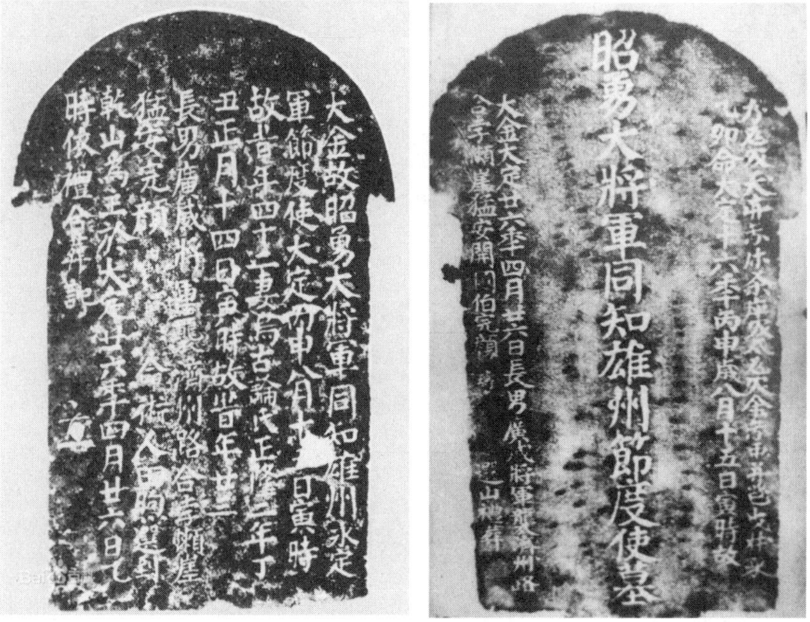

昭勇大将军墓志碑拓片

037　贞宪郡王庙

贞宪郡王庙,即完颜希尹的神庙。庙今已不存,庙址地望应在舒兰小城王磨坊村附近。《金史·礼志·诸神杂祠·贞献(宪)郡王庙》对贞宪郡王庙的设置有详细的记载:

明昌五年(1194)正月,陈言者谓"叶鲁、谷神二贤创制女直文字,乞各封赠名爵,建立祠庙。令女直、汉人诸生随拜孔子之后拜之"。有司谓叶鲁难以致祭,若金源郡贞献(宪)王谷神则既已配享太庙矣,亦难特立庙也。有旨,令再议之。礼官言:"前代无创制文字入孔子庙故事,如于庙后或左右置祠,令诸儒就拜，亦无害也。”尚书省谓“若如此，恐不副国家厚功臣之意”。遂诏令依苍颉立庙于盩厔例，官为立庙于上京纳里浑庄，委本路官一员与本千户春秋致祭，所用诸物从宜给之。《金史·章宗本纪》也有记载：“乙亥，以叶鲁、谷神始制女直字，诏加封赠，依仓颉立庙盩厔例，祠于上京纳里浑①庄。岁时致祭，令其子孙拜奠，本路官一人及本千户春秋二祭。”

吉林城市雕塑：完颜希尹造字

大定十六年(1176)，金世宗下诏令人绘完颜希尹图像悬挂于衍庆宫，配享于太庙。但这一祭祀的等级显然过低，与其历史地位并不相称。后来到了明昌五年(1194)，参照盩厔(今陕西周至)建仓颉庙的规制，于正月十二日(乙亥日)在完颜希尹故乡纳里浑庄建立了贞宪郡王庙，每年春秋祭祀。盩厔，即今陕西周至。古时祭祀的频率有四时享祭、春秋享祭、岁祭、三岁祭等，由宗人主祭。春秋享祭，仅次于四时享祭的帝礼，对完颜希尹而言已足显哀荣。

完颜希尹参与发明女真文字，尤喜欢文墨，征战中所得文士皆以礼相待，“访以古今成败”(《完颜希尹神道碑》)。后世也有人直呼贞宪郡王庙为“仓颉庙”的。仓颉，造字祖师，在中国古典天文中为文昌星。仓颉庙，即文昌殿或文星阁，供奉文昌星。

①纳里浑：雅达娜先生认为，应是女真语直接转写为汉文，满语发音为Narhun，是精细、细小的意思，用作地名是形容一个狭窄的小路，也可以解作小胡同、小地方，中间的舌颤音是闭音节，没有元音字母。舒兰小城，现地名中恰好有一“小”字。可见，纳里浑应该就是现在的舒兰小城，地名是历史的延续。贞宪郡王庙的地望，以古时的堪舆之法，应是建在纳里浑庄以北，也就是现在的王磨坊村附近。王，对应的女真语即“完颜”。《吉林通志》：“古城，(吉林)城东北二百五十里，周三里。址尚存，中有石虎二，高三尺。”《吉林新志》：“在(舒兰)三区小城镇北约二百步，有古城，周三里，中有石虎高三尺，或谓即金陈王乌舍聚落所在。亦即宋洪皓讲学处也。”所谓古城，应为贞宪郡王庙的所在。

第三篇 碑文考释

038《完颜希尹神道碑》考释

【原文】

《大金故(尚书)左丞相金源郡贞宪王完颜公神道碑》[1]

翰林直学士、大中大夫、知制诰[2]兼行秘书少监、虞王府文学[3]、轻车都尉、太原郡开国伯、食邑七百户、赐紫金鱼袋臣王彦潜奉敕撰

奉直大夫、大名府路[4]兵马都总管判官、飞骑尉、赐绯鱼袋臣任询书

明威将军、东上阁门使兼行太庙署令、上骑都尉、平原县[5]开国子、食邑五百户臣左光庆篆额

【注释】

[1]简作《完颜希尹神道碑》。原碑为砂石质地,中部已经开裂散落,清末吉林将军长顺命人修整,钳为一体。碑文全文2800余字,文字无段落,亦无标点,并有多处漫灭不清者。现依文献史实补足碑文所缺文字,并分段,加标点。修补碑文的方法,个别文字的缺失可根据上下文补足,较长文字的缺失可据《金史》及相关资料以文义补。以传世的《完颜希尹神道碑》拓片为版本依据,又以徐炳昶民国十五年校本、民国十九年(1930)舒兰县长袁庆清刊印《完颜希尹碑释文》、民国二十六年(1937)罗福颐《满洲金石志》,以及1985年吉林省文物志编委会所出《舒兰文物志》所校录的碑文为参考,几经校对,尽量填补缺失的文

字，形成一篇相对完整的碑文，期成一家版本，供各界参考。

[2]翰林直学士、大中大夫、知制诰：职位，负责起草皇帝诏令，金承唐、宋、辽之制。

[3]虞王府文学：虞王，帝舜后裔的封识。帝舜为有虞氏，望祭之所为虞山。洪皓《松漠纪闻》："吴乞买，乙卯年（1135）卒。长子曰宗磐，为宋王、太傅，领尚书省事，与滕王、虞王皆为悟室所诛。次曰贤，为沂王，燕京留守。次曰滕王、虞王……"天眷元年（1138），金太宗的儿子完颜宗伟被封为虞王，次年因牵扯完颜宗磐、完颜鹘懒案而被杀。虞王府文学，一说为沈王府文学。沈王，阿骨打之子、宗隽之弟完颜讹鲁曾为沈王，完颜宗弼天会十三年（1135）被封为沈王。

[4]大名府路：治所在今河北省大名县东。

[5]平原县：今属山东德州。

【译文】

此碑的全名为《大金故（尚书）左丞相金源郡贞宪王完颜公神道碑》。

撰文者为金臣王彦潜，为翰林直学士、大中大夫、知制诰兼行秘书少监、虞王府文学、轻车都尉、太原郡开国伯、食邑七百户、赐紫金鱼袋。

书丹者为金臣任询，为奉直大夫、大名府路兵马都总管判官、飞骑尉、赐绯鱼袋。

篆额者为金臣左光庆，为明威将军、东上阁门使兼行太庙署令、上骑都尉、平原县开国子、食邑五百户。

【引述】

《大金故尚书、左丞相金源郡贞宪王完颜公神道碑》为碑额，大字篆书，开篇重述碑名，但无"尚书"二字。接着详述碑文的作者、书丹者及额篆者的姓名、官职、封爵等身份信息。《完颜希尹神道碑》与《完颜娄室神道碑》皆为王彦潜撰文、任询书丹、左光庆篆额，应是大定年间同一时期的作品，具有重要的史料价值，同时也有很高的文学性和艺术性，是金源文化的重要历史遗存。

其中，王彦潜为紫金鱼袋，任询为绯鱼袋，"紫"和"绯"为服色。衣服的颜色和佩戴的鱼袋，是古时的身份证，是一种表示官员身份等级的方法。《大金国志》卷三四："武臣至四品皆横金，文臣则加鱼。"加鱼，起源于上古时期的鱼神崇拜，是一项历史久远的民俗。唐宋官衔常有鱼袋之名。唐时，三品以上服紫佩金鱼，四品以上佩金鱼。宋代官阶未及三品以上，特许改服色，换紫，配金鱼袋，称赐紫金鱼袋，官职中必须要带上衣服和鱼袋的衔。例如司马光，他在《资治通鉴》书前面就带上了自己全部职衔："端明殿学士兼翰林院侍读学士、朝散谏议大夫充集贤殿修撰、提举西京嵩山崇福宫、上柱国、河内郡开国侯、食邑一千八百户、赐紫金鱼袋臣司马光奉敕编集。"

【原文】

今天子绍休[1]，圣绪图任[2]。今太尉、左丞相、濮国公[3]守道堪[4]为股肱心膂[5]，非惟取其□□□□□[6]，盖亦重其世功耳。上尝因清燕[7]，顾谓丞相曰："朕阅《祖宗实录》[8]，见乃祖丞相文[9]烈深用，嘉叹丞相犹□□□□[10]。"闻者莫不竦然，推重其世家而归美于上。《孟子》曰："所谓故国者，非谓有乔木之谓，有世臣之谓。"[11]《诗》曰："文武受命，召公维翰。无曰予小子，召公是似。"[12]《书》曰："世选尔劳，予不掩尔善。兹予大享于先王，尔祖其从与享之。"[13]岂不然哉！

【注释】

[1]天子绍休：休养生息。绍，继续，继承。休，修整，修养。一说同庥，福祉。天子，指金世宗完颜雍(1123—1189)，原名完颜褎，女真名乌禄，金太祖完颜阿骨打之孙，金朝第五位皇帝，1161—1189年在位。

[2]圣绪图任：担当起伟大的事业。绪，前人未完成的事业，遗志。

[3]太尉、左丞相、濮国公：完颜守道于大定二十一年(1181)七月获此职位，位列三公，地位已超过了其祖完颜希尹。这个时间也是《完颜希尹神道碑》的年代上限。濮国公，史书中未见完颜守道有此封赠，可补史之缺。

[4]此处或挠一虚词，可、诚、堪之类。此以文义补"堪"字。

[5]股肱心膂，身体的部位，喻其重要。股，大腿。肱，胳膊。膂，脊梁。

[6]此处或挠五字，讲完颜守道有很深的家学渊源，素养很高。

[7]清燕：清平燕乐，言生活的平稳安逸。燕，一说通宴，宴席。《老子》第二十六章："虽有荣观，燕处超然。"《汉书·楚元王传》："愿赐清燕之闲，指图陈状。"清厉鹗《题嶰谷所藏郭河阳寒风密雪图》诗："熙宁天子多清燕，诏遣从容埽东绢。"

[8]《祖宗实录》：指金代皇帝的史料记录。

[9]此处挠一字，补入"文"字。下文有称希尹"文烈嗣服"之句，可为参考。

[10]此挩缺四字，据文义和上下文的关系，应为赞叹完颜守道功劳和美德的话。“勋贵忠谨”为补足语。勋贵，固定用语，以功勋谋得权贵的人。忠谨，考《金史·完颜守道传》，世宗尝谕完颜守道曰：“乃祖勋在王室，朕亦悉卿忠谨”。碑中所缺四字，为世宗之言的缩减，故以“勋贵忠谨”补之。

[11]语出《孟子·梁惠王下》，孟子见齐宣王说了这番话。以前国家很古老，常以高大的树木为代表。孟子认为这还不够，还要有世代忠贞的臣子，这才是最重要的。过去以高大的树木代表国家的历史悠久，是一种民俗现象，应与丧葬习俗有关。古人死后埋在树下，树是死者生命的延续。一个国家很古老，这种生命的存在形式得到了认可，所以树木得到尊重和保护，没人砍伐，于是就长得高大。国家灭亡了，树木也不再被尊重了，也就被砍伐了。

[12]语出《诗经·大雅·江汉》。意思是说，文王武王受命天下，你祖召公掌握了大权。莫说妄自菲薄的话，你要继承召公传统。维翰，掌握政权。翰，辰翰。予小子，王者自谦之词。

[13]典出《尚书·盘庚》，全文为：“古我先王，暨乃祖乃父，胥及逸勤；予敢动用非罚？世选尔劳，予不掩尔善。兹予大享于先王，尔祖其从与享之。”

【译文】

现今天子继续造福于民，担当起先帝伟大的事业。现任的太尉、左丞相、濮国公完颜守道如同是天子的股肱心膂，不只是因为他本人有很高的文化素养，也是重视他祖上的功劳。皇帝曾经在一次宴会上回头对丞相说：“我看了我朝的《祖宗实录》，看见你的丞相爷爷完颜希尹功勋卓著，深得重用，赞叹丞相您因功取得尊贵的地位，赞叹您对国家忠诚而且严谨。”听到这番话的人无不毕恭毕敬，推重完颜家的历代祖先，赞美皇上善于用人。《孟子》说：“所谓的故国，并不是说国家有高大的的树木，而是有世代忠贞的臣子。”《诗经》说：“文王武王受命天下以后，你祖召公掌握了大权。你们不要妄自菲薄，要像召公一样。”《尚书》也说：“过去我们的先王与你们的祖父辈共同劳动，共同享受。你们世世代代为国效劳，我不会忘记你们的好处。现在我要祭祀先王，你们的祖先要跟着享受这祭祀。”这些话说得真好啊！

【引述】

完颜守道是完颜希尹之孙，因为完颜希尹的功勋和才华而得到金世宗的赏识和信用。他曾上书皇帝言祖完颜希尹的过失，直陈其未当。据《金史·完颜守道传》记载：“(大定)二十年(1180)修《熙宗实录》成，帝谓曰：‘卿祖谷神，行事有未当者，尚不为隐，见卿直笔也。’寻请避贤路，帝不许。进拜太尉、尚书令，改授尚书左丞相。”又，世宗尝谕守道曰“乃祖勋在王室，朕亦悉卿忠谨”，即碑上所缺文字。

这段文字介绍修建《完颜希尹神道碑》的起因和修造的年代。完颜希尹的功德泽被后世子孙，因而修筑了神道碑铭记其功德业绩。据陈相伟考证，完颜守道为太尉、左丞相、濮国公应为大定二十一年（1181）七月，为《完颜希尹神道碑》的上限。

【原文】

故左丞相赠金源郡王完颜公[1]，幼名谷神，自曾祖入[2]完颜部，与昭祖[3]同讳。以其贤明，昭祖与之为友，国人皆称之曰贤某[4]，赠开府仪同三司、邢国公。祖劾逊，事昭、景、世[5]三朝，世[6]祖赠开府仪同三司、戴国公。父桓笃[7]，事世、肃[8]、穆[9]、康[10]四朝，数有大功，见任如手足。自世祖尝曰：“吾有桓笃，何事不成！”赠开府仪同三司、戴国公。

【注释】

[1]碑文挩三字，即“完颜公”三字，确凿可解。

[2]此处挩一实词，补为“入”字，入赘之意，俗中所谓“倒插门”。拓片模糊，字犹可识。神道碑拓片有新老之分，1936年罗振玉《辽居乙稿》：“余箧中有旧拓本，以较新拓毡墨为劣。”此碑拓墨不好。据此确定是旧拓。

[3]昭祖：指金昭祖完颜石鲁，为金献祖完颜绥可之长子。金熙宗即位后，追上谥号为成襄皇帝，庙号为昭祖。《金史·礼志》上说：“皇高祖太师（指完颜石鲁）质自天成，德为民望，兼精骑射，往无不摧，始置官师，归者益众。”洪皓《松漠纪闻》：“居混同江之南者谓之熟女真，以其服属契丹也。江之北为生女真，亦臣于契丹。后有酋豪受其宣命为首领者，号‘太师’。”

[4]贤某，即贤石鲁之省，避讳之意。

[5]世：指金世祖完颜劾里钵（1039—1092），为金景祖完颜乌古乃次子，母为唐括氏。世祖有智识，一见必识，暂闻不忘。袭位之初，内外溃叛，缔交为寇。世祖乃因败为功，变弱为强。既破桓赧、散达、乌春、窝谋罕，基业自此强大。辽道宗大安八年（1092）五月十五日卒，在位十九年，享年五十四岁。

[6]此处缺六字，皆可补，为“昭、景、世三朝，昭”六字。即昭祖、景祖、世祖三朝。景祖，即乌古乃。

[7]桓笃：指完颜欢都。女真语的音译名，非出自一人，故取汉字各不相同。

[8]肃：指金肃宗完颜颇剌淑(1042—1094)，金景祖完颜乌古乃的第四子。金熙宗即位后，追谥为穆宪皇帝，庙号肃宗。

[9]穆：指金穆宗完颜盈歌(1053—1103)，字乌鲁完，景祖完颜乌古乃第五子。南人称扬割太师，又曰杨割。熙宗追谥孝平皇帝，号穆宗。

[10]康：指金康宗完颜乌雅束(1061—1113)，字毛路完，金景祖完颜乌古乃之孙，金世祖完颜劾里钵之长子，金太祖完颜阿骨打兄。是女真族的酋长都勃极烈(后世称大贝勒)，1103—1113年在位，金熙宗追谥为恭简皇帝，庙号为康宗。《金史》："杨割死，传于兄之子乌雅束。束死，其弟阿骨打袭。"

【译文】

故左丞相金源郡王完颜公，幼名谷神，自曾祖时入赘为完颜部人，与昭祖完颜石鲁的名讳是一样的。因为他很聪明能干，昭祖和他是好朋友，国人都称他为贤石鲁，封赠为开府仪同三司、邢国公。祖父完颜劾逊，事昭祖、景祖、世祖三朝，世祖赠开府仪同三司、戴国公。父桓笃，事世祖、肃宗、穆宗、康宗四朝，多次荣立大功，深得信任，情同手足。自世祖曾说："我有了桓笃的辅佐，还有什么事情做不成呢！"赠开府仪同三司、戴国公。

【引述】

这段讲述完颜希尹的家族史，自其曾祖入赘于完颜部以后，与完颜皇室的关系十分密切，并多有封赠。据《金史》记载，完颜希尹家族不是宗室，与完颜宗室没有血缘关系，而是"异姓完颜"，但是两家自曾祖时就有很好的关系，有手足之情。《金史·欢都传》中记载，希尹之祖与金昭祖同时同郡同名，关系十分密切，二人曾双双盟誓："生则居同川，死则葬同谷。"因为两家完颜关系十分密切，《金史》中也有称完颜希尹为"宗室"的，意为正宗的完颜。

《金史·完颜欢都传》："祖石鲁，与昭祖同时同部同名……土人呼昭祖为勇石鲁，呼石鲁为贤石鲁。……其后别去。至景祖时，石鲁之子劾孙举部来归……欢都，劾孙子，世祖初，袭节度使。……欢都事四君，出入四十年，征伐之际遇敌则先战，广廷大议多用其谋。世祖尝曰：'吾有欢都，则何事不成。'……天会十五年(1137)，追赠仪同三司，代国公。明昌五年(1194)，赠开府仪同三司。"石鲁，即碑所述三代。但立碑时(大定年间)欢都已赠开府仪同三司，史乃云明昌五年，可以正史书之误。史叙石鲁无赠开府仪同三司、邢国公一事，邢国公为希尹的封赠，在《金史·完颜希尹传》中。

完颜希尹，幼名“谷神”，典故出自于《山海经》。谷神，为朝阳谷之神，本为水伯之名，称天吴。晋郭璞在《山海经图赞·天吴》中说：“耽耽水伯，号曰谷神。八头十尾，人面虎身。龙据两川，威无不震。”郭璞(276—324)，字景纯，河东闻喜县(今山西闻喜)人，晋代渊博学者，精天文、历算、卜筮，擅诗赋，是游仙诗的祖师。他是文学家、训诂学家、地理学家，著作有《葬经》《山海经图赞》《尔雅图赞》等。《文心雕龙》评价他说：“景纯仙篇，挺拔而为俊矣。”

【原文】

王[1]沈潜[2]有礼，精思无过[3]，从[4]征太祖。以祭礼会于移懒河部长神徒门[5]家，因与其兄弟建伐辽之议。时，王与明肃皇帝[6]、秦王宗翰皆侍行，与闻□□□□□□□[7]。王以伍[8]指结纳松江、铁骊、兀惹诸部。铁骊长夺离剌于是献款，曰：“谨奉约。”比其还也，师围宁江州[9]，命王以军夷堑[10]，因攻克之。及出河店之役，□□□□克[11]。天辅三年(1119)，依本国语制字以进，太祖嘉悦，赐袭衣御马，诏颁行之。

【注释】

[1]挩一字，为“王”字。

[2]挩一字，为“潜”字。沈，同沉。

[3]挩四字，以上下文臆补，参考《完颜娄室神道碑》：“王简重刚健，矫捷过人。”

[4]挩一字，应为“从”。《金史·完颜希尹传》：“自太祖举兵，常在行阵，或从太祖，或从撒改，或与诸将征伐，比有功。”所述即为此事。

[5]神徒门：即石土门，为完颜疏族，《金史》有传。移懒河，《金史》称耶懒路，完颜部人世为其部酋长。

[6]明肃皇帝：完颜宗干死后的尊号。大定二年(1162)谥为明肃皇帝，大定二十二年(1182)降封为皇伯、太师、辽王，谥忠烈。此处称宗干为明肃皇帝，表明《完颜希尹神道碑》的制作年代在大定二年(1162)至大定二十二年(1182)之间，为金世宗所赐建，可作为断代参考。

[7]此挩七字。

[8]此挩一字，为单人旁，臆补一“伍”字。

[9]宁江州：中国古代行政区划名，一说今吉林扶余东石头城子(伯都纳古城)。辽清宁中置，属东京道。辽天庆四年(1114)，完颜阿骨打起兵攻辽，首克此城，金初废。

[10]堑：壕沟，此特指护城河。

[11]此处中间挩五字，前挩一“役”字，可参见《金史·习不失传》：“出河店之役，惟习不失之策与太祖合。”后尚有四字不查，讲完颜希尹在出河店之战中立下的功绩。出河店，古地名，今黑龙江肇源西南，一说今吉林省农安县北二泡子古城，另有他说多种。

【译文】

金源郡贞宪王完颜希尹生性沉稳而且知礼节，行事认真不犯错，跟随太祖完颜阿骨打出征。因为参加祭祀阿斯懑的丧礼，相会于完颜部移懒河部酋长神徒门家，乘机与他的兄弟们商量好了伐辽的办法。那时，完颜希尹与明肃皇帝宗干、秦王宗翰跟随左右，太祖向他们讲述了伐辽的计划。完颜希尹以自己的主见，前往联络了松江、铁骊、兀惹诸部。铁骊长夺离剌于是约定了作战的方案，并说：“恭敬地尊奉这一约定。”等他回来之后，已经发兵围困宁江州，太祖命令希尹率领部队填平了护城河，于是攻占了宁江州。到了出河店之战，希尹也为胜利发挥了重要作用。天辅三年(1119)，希尹根据女真语言发明了文字进献太祖阿骨打，阿骨打十分高兴，夸赞了一番，把自己的衣物和宝马赐给了他，下诏颁行女真文字。

【引述】

完颜希尹早年跟随阿骨打起兵伐辽，在宁江州之战和出河店之战两场战役中起了重要作用。宁江州之战，是女真人第一次起兵反辽，首战告捷，使女真人抗辽的信心大增，为女真人摆脱辽人欺压、争得民族独立奠定了基础。

碑中“神徒门”，汉字一作“石土门”。耶懒路，碑中所说“移懒河”。《金史·石土门传》：“石土门，耶懒路完颜部人，世为其部长。……弟阿斯懑寻卒，及终丧，大会其族，太祖率官属往焉，就以伐辽之议访之。”碑云“与其兄弟建伐辽之议”，其兄弟，石土门的兄弟，应指完颜忠(迪古乃)而言。《金史·完颜忠传》：“完颜忠本名迪古乃，字阿思魁，石土门之弟。太祖器重之，将举兵伐辽，而未决也，欲与迪古乃计事，于是宗斡(翰)、宗干、完颜希尹皆从。居数日，少间，太祖与迪古乃冯肩而语曰：‘我此来岂徒然也，有谋于汝，汝为我决之。辽名为大国，其实空虚，主骄而士怯，战阵无勇，可取也。吾欲举兵，杖义而西，君以为如何？’迪古乃曰：‘以主公英武，士众乐为用。辽帝荒于畋猎，政令无常，易与也。’太祖然之。”《金史·太祖本纪》：“九月，太祖进军宁江州……十一月……兀惹雏鹘室来降。”宁江州，具体地点一说为今吉林扶余石头城子，为今人之说。《东巡日录》指宁江州为大吴喇（今属吉林市）。

碑文提及完颜希尹率众“夷堑”之事，是填平了宁江州的护城河。护城河是古代的军事防御设施，其工程浩大，所出靡费，曾经在战争中发挥过重要作用。但是，完颜希尹组织人力填平了江宁州的护城河，而且行动迅速。昔日护城河在战争中的光彩已经消退了。

天辅三年（1119），叶鲁、完颜希尹二贤发明了女真文字，即女真大字。女真以前只有语言而无文字，赋敛调发，射箭为号，与邻国往来用契丹文字。女真大字的发明结束了女真没有文字的历史，对于女真文化的传承起到了重要作用。

【原文】

皇弟辽王杲[1]都统内外诸军，攻下中京[2]。王与诸帅获悉[3]，奚部多所招降。及俟知辽将兵屯，袭击之，将已遁去，悉获其牧圉、民众。从秦王宗翰驻兵北安，方招集贤士[4]。辽卫士习尼烈者遽来投附，详情告王[5]，昏后宜[6]袭取之□[7]。宗翰于是进军古北口。辽兵拒斗我前出之军[8]。王以千军继至，战败之。剿杀甚重，悉获其甲胄、辎重。军及鸳鸯泺[9]，辽主已遁。王命耶律余笃[10]急追至白水泺[11]，相去不远，辽主遁之，以轻骑犇[12]，尽得其内帑[13]、货宝。追至乙室王所居之地，不及而还。杲遣王与诸帅捷奏。太祖命杲西南路招讨司诸部迁向内地，称旨而还。太祖以王从义征以来功多，赐之金器[14]。

【注释】

[1]杲：完颜杲，即斜也，辽王。完颜杲（？—1130），金世祖完颜劾里钵第五子，为金太祖和金太宗同母弟，故碑文中称“皇弟”。

[2]中京：位于今内蒙古自治区赤峰市宁城县天义镇以西约15公里的铁匠营子乡和大明镇之间的老哈河北岸。辽中京是辽最大的陪都。

[3]此挠二字，应为“帅获”，据上下文补入。

[4]此挠一字，据上下文补入“贤”字。

[5]此挠二字。据上下文补入。

[6]此挠二字，据上下文补入。

[7]此或挠一字，应为虚词。也可能本身为空白，并不缺字。

[8]此挠二字，据上下文补入。

[9]鸳鸯泺：古地名，今河北张北安固里淖。泺，音落。一作鸳鸯泊。

[10]余笃：指耶律余睹，也作伊都。

[11]白水泺：古地名，今内蒙古自治区乌兰察布市察右前旗黄旗海。

[12]犇：奔的古写，奔袭。

[13]内帑：古代指收藏钱财的府库或皇帝、皇室的私财。

[14]袁庆清本作“金帛”，他本作“金器”。

【译文】

皇弟辽王完颜杲统帅内外诸军，攻下了中京。完颜希尹和诸部将获知了这一消息，将辽国奚部很多部落予以招降。又得到辽将屯兵的情报，前去攻打，主将已经逃跑，缴获了全部的牲畜和民众。完颜希尹跟随秦王宗翰驻兵北安，正在招揽人才。辽主的卫士有个叫习尼烈的前来归顺，把辽主的详情告诉了完颜希尹，并且建议在黄昏以后发动突袭，可以得胜。宗翰于是进军古北口。辽主不与我前方的部队交战，希尹率领千军抵达，战败了辽主，剿杀很重，获得了很多甲胄和辎重。军队追赶至鸳鸯泺，辽主已经逃跑。希尹命令耶律余笃急追至白水泺，已经相去不远，但辽主已逃跑了，仅是带领了轻骑逃离，于是缴获了辽国全部的府藏和货宝。又追到了乙室王所居之地，不及而还。完颜杲派遣希尹与诸帅向太祖报捷。太祖命完颜杲将西南招讨司诸部迁向内地，根据这一旨意，完颜杲率军回到了内地。太祖因为完颜希尹从义征以来功劳很大，赏赐了他金银和器物。

【引述】

在伐辽战役中，完颜希尹辅佐完颜斜也和完颜宗翰。斜也攻占辽中京，希尹借机招降了奚部，又率兵袭击了辽兵驻地，辽主出逃，希尹获得很多的牲畜和百姓。随后，完颜希尹与宗翰追击逃亡的辽天祚帝，又获得了甲胄、辎重、内帑、货宝。

《金史·完颜杲传》：“六月，上发京师，诏都统曰：‘汝等欲朕亲征，已于今月朔旦启行。辽主今定何在？何计可以取之，其具以闻。’杲使马和尚奉迎太祖于挞鲁河。斡鲁、娄室败夏将李良辅，杲使完颜希尹等奏捷，且请徙西南招讨司诸部于内地。希尹等见上于大泺西南，上嘉赏之。上至鸳鸯泺，杲上谒。上追辽主至回离畛川，南伐燕京，次奉圣州。"《金史·银术可传》："（银术可）从杲取中京，与希尹等袭走迪六、和尚、雅里斯等，败奚王霞末，降奚部西陈度讹里剌①。"

①讹里剌，碑文中作"夺离刺"，"刺"字清晰。《金史》作"突离剌"。剌、刺形近易讹。

完颜希尹善于捕捉战机，他判断准确，出兵迅速，超出了辽主的想象。辽天祚帝在与完颜希尹的作战中先是损失了很多的牲畜和百姓，接下来又损失了宫廷珍藏的货宝。完颜希尹因战功受到了金太祖阿骨打的赏赐。

【原文】

天会二年（1124），辽主越在阴山，宗翰统诸帅以锐师掩袭之[1]。宗翰乃照旧为前[2]，穷追[3]。甫及之，辽主弃营而遁。王等以八骑出军前，穷追，日旰[4]复及之。辽主帅百余骑逆战，比昏[5]，王遇三败之。辽主分三队而逸沙漠[6]，王以偏师[7]又袭之于沙漠，掩其不备而及之。辽主惊遁，惟一二臣从。击，获其八宝[8]、妃嫔、公主及群侍从与诸部族之人。为先锋[9]经略使，尝权西南西北两路都统。

【注释】

[1]此挩一字，应为虚词。

[2]文中挩三字，据上下文补入。

[3]此挩一字，据上下文补入一"穷"字。

[4]日旰：日落，天黑。

[5]比昏：到了黄昏。

[6]此挩二字，据上下文补入，应为"沙漠"。

[7]偏师：指主力军以外的部队。《左传·宣公十二年》："韩献子谓桓子曰：'彘子以偏师陷，子罪大矣。'"南宋陆游《代乞分兵取山东札子》："吊伐之兵，本不在众，偏师出境，百城自下。"

[8]八宝：天子八种印玺的总称。《唐律·诈伪》："诸伪造皇帝八宝者，斩。"长孙无忌疏义："皇帝有传国神宝，有受命宝、皇帝三宝、天子三宝，是名八宝。"《续资治通鉴·宋徽宗大观元年》："名为镇国、受命二宝，合先帝六玺，是为八宝，命置官以掌之。"

[9]挩一字，据上下文补入"锋"字。下文有"由先锋经略使迁右监军"一事，故可明确为"锋"字。

【译文】

金太宗天会二年(1124),辽主翻越了阴山,完颜宗翰以精锐部队掩袭。宗翰还是像以前一样为前锋,穷追不舍。刚追上,辽主丢弃营盘逃走了。完颜希尹带八骑冲出军前,穷追不舍,到日落的时候又追上了。辽主率百余骑兵回头迎战,到黄昏,被希尹打败了三次。辽主把军队分为三部分,逃入沙漠。希尹又用偏师袭击,趁其不备而出现。辽主惊慌而逃,只有一两个随从。经过战斗,俘获了辽主的八宝、妃嫔、公主、群侍从与诸部族之人。希尹任职为先锋经略使,此前曾担任西南西北两路都统。

【引述】

完颜希尹续写前功,击败了试图东山再起的辽天祚帝。其中,有完颜希尹带八骑追击逃亡的辽天祚帝的情景,堪称是五胡十六国时期“十八铁骑”的再现,显示了完颜希尹作为军事家的英勇和才干。

完颜希尹以偏师袭击辽主于沙漠,辽主的八宝、妃嫔、公主及群侍从与诸部族之人都被俘获,辽国因此遭遇了毁灭性的打击。《金史·完颜希尹传》:“宗翰袭辽帝于五院司,希尹为前驱,所将才八骑,与辽主战,一日三败之。”辽主天祚帝的元妃萧氏也应是在这次战役中被擒,后被宗翰纳为次室。

【原文】

初,夏人声言与辽为援,据有天德[1]、云中[2]、六馆[3]之地,并招纳我已获奚、契丹人。我方事灭辽,姑置之,弗取。夏为宋所侵,求援于我,乃治书于王,以为我为失信者,辞意不逊。王复书责让,且理索当还之人。尚复迁延至克宋,建立张楚[4],画大河为界,遂尽复旧疆,并还我官民。由先锋经略使迁右监军[5]。

【注释】

[1]天德:古地名。

[2]云中:古地名,今山西大同,一作云内。

[3]六馆:应作八馆,即河东兜答、厮剌、曷董、野鹊、神崖、榆林、保大、裕民八馆。《三朝北盟会编》“宣和七年十二月十八日”条:“夏人陷天德、云内、河东八馆等地。”

[4]张楚:北宋靖康二年(1127),完颜希尹使民众推选张邦昌为皇帝,以楚为号,故称张楚。张邦昌(1081—1127),字子能,永静军东光张家湾(今河北省阜城县大龙湾)人。进士出身,徽宗、钦宗朝时,历任尚书右丞、左丞、中书侍郎、少宰、太宰兼门下侍郎等职务。金兵围开封时,他力主议和,与康王赵构作为人质前往金国,请求割地赔款以议和。靖康之变,张邦昌被立为大楚皇帝。后归宋,任河北路割地使。建炎元年(1127)九月,宋高宗下诏将张邦昌赐死。

[5]此处挩一字,据上下文补入。

【译文】

起初,西夏声称与辽国为后援,占有了天德、云中、六馆之地,并且招纳了已经归顺的奚部和契丹人。我方正在进行灭辽,姑且置之不理,没有兴兵夺取。后来西夏为北宋所侵略,向我方求援,于是写信给完颜希尹,认为我方是失信的一方,言辞很不客气。希尹回信斥责,又据理力争,索还被占的百姓。后来这事一直迁延到了灭宋以后,建立了张楚政权,以黄河划定为国界,于是恢复了原有的疆土,同时也归还了我方的官员和百姓。希尹由先锋经略使升迁为元帅右监军。

【引述】

完颜希尹作为西北西南两路都统,在处理西夏问题上很有耐心和智慧,使金国的权益得到了保护。《金史·完颜希尹传》:“是时,夏人已受盟,辽主已获,耶律大石自立,而夏国与娄室书责诸帅弃盟,军入其境,多掠取者。希尹上其书,且奏曰:‘闻夏使人约大石取山西诸郡,以臣观之,夏盟不可信也。’上曰:‘夏事酌宜行之。军入其境,不信与否也。大石合谋,不可不察,其严备之。’”《三朝北盟会编》:“宣和七年(1125),夏人陷天德、云内、河东八馆等地。初,粘罕遣撒卢母使夏国,许割天德、云内、武州及河东兜答、厮剌、曷董、野鹊、神崖、榆林、保大、裕民八馆。河西金肃、河清二军约入寇麟府,以牵河东之势。至是,夏人由金肃、河清军渡河,取天德、云内、八馆及武州。”又,《金史·西夏传》:“初,以山西九州与宋人,而天德远在一隅,缓急不可及,割以与夏。后破宋都获二帝……复分陕西北鄙以易天德、云内。”即碑中“尽复旧疆”事。完颜希尹因此由先锋经略使升迁为元帅右监军。

【原文】

宋人渝萌，奏下，大举问罪。王与左副元帅宗翰师趣河东，所至城邑、关口，拒守者攻之，降则抚之。分遣诸将，破宋之诸路援兵。先入太原[1]，明年再举师，不留行[2]。既克汴，诸将帅争取珍异，王独先收宋图籍[3]。捷奏，太宗嘉其功，赐誓券[4]，以宠异之。

【注释】

[1]此挩一字，据上下文补入一"入"字。参考《金史·太宗本纪》有"自西京入太原"之句。

[2]不留行：不停歇。李白《侠客行》："赵客缦胡缨，吴钩霜雪明。银鞍照白马，飒沓如流星。十步杀一人，千里不留行。"《完颜娄室神道碑》："王弗解甲，师弗留行。"

[3]图籍：图书典籍。

[4]誓券：免死的凭证，丹书铁券。

【译文】

宋人违背了两国的盟约，皇帝下令，大举发兵问罪。完颜希尹与左副元帅宗翰发兵河东地区，所到的城邑、关口，据守者攻陷之，投降者安抚之。分派各个将领，击破北宋的各路勤王援兵。首先攻克太原，第二年再举兵，片刻不停。金兵攻克汴梁，诸将帅争夺奇珍异宝，唯独完颜希尹首先收集保护北宋的图书典籍。向太宗报告了胜利的消息，太宗表彰他的功劳，赐给他誓券以示尊崇。

【引述】

此段叙述完颜希尹与宗翰灭宋的史实。金兵攻克汴梁，诸将帅争夺北宋所藏的珍宝，而希尹重视宋所收藏的图书典籍，显示了学者的渊深素养。因为灭宋的功绩，希尹被赐丹书铁券，嘉宠殊异。

《金史·太宗本纪》："十月甲辰，诏诸将伐宋。以谙班勃极烈杲兼领都元帅，移赉勃极烈宗翰兼左副元帅先锋，经略使完颜希尹为元帅右监军，左金吾上将军耶律余睹为元帅右都监，自西京入太原。"勃极烈，后世称贝勒。

【原文】

无何，宋康王构自立于睢阳[1]，我军遂复渡河，取澶、濮、大名诸城，攻拔者或屠之[2]。师次东平[3]，王劝宗翰曰："此行止为构耳，何多杀为？”自是，攻下者多蒙全释。追至淮阳，遣精骑逾淮袭构。复及杨州[4]，构仅以轻舸渡江遁去。

【注释】

[1]睢阳：今属河南商丘。袁庆清本作“淮阳”，今属河南周口。

[2]或屠之：有的实施了屠城。城中男女，无论贵贱长幼，悉数处决，是为屠城。

[3]东平：地名，今属山东泰安。

[4]此挩一字，应为虚词，据上下文补入。杨州，即扬州。

【译文】

不久，宋康王赵构在睢阳称帝自立，我军于是又渡过黄河，攻取了澶州、濮州、大名诸城，攻陷城池后，有的将领实施了屠城的举措。军队攻占东平，希尹劝说宗翰：“这次行程只是为了赵构，为什么要多杀人呢？”从此，攻下城池后，宋兵和百姓多得释放。追赵构至淮阳，希尹派遣精兵越过淮河袭击赵构。又追到了扬州，赵构仅仅是乘坐了一条小船渡过长江逃去。

【引述】

《金史·完颜希尹传》：“宗翰伐康王，希尹追之于扬州，康王遁去。”南宋建立之后，完颜希尹与宗翰、宗弼追击宋高宗赵构。金兵渡过了淮河，赵构南逃。金兵攻克宋澶州、濮州、大名诸城，实施了屠城的举措。金兵攻陷东平，屠城之举被完颜希尹劝止。

【原文】

还军，驻云中。王偕宗翰如燕[1]，就右副元帅[2]谋[3]议再行南伐[4]。前重九二日[5]，王往缙山[6]阅马道，见骑者二人，物色颇异，诘之，战惧失次。搜衣领中，得元帅都监耶律余笃反书，约燕京统军使高六邀两元帅九日出猎，因伏兵举事。王驰报二帅，遂执高六，鞫之[7]，辞伏。王驰驿，一日而至西京[8]。穷治反者，无远近，悉捕诛之。遣兵追捕余笃，已遁夏国，不纳[9]，为鞑靼所杀，函首以献。结连者前后凡数十百辈，约同日俱发，非王擿发擒捕，方略神速，则事未易定。偕宗翰还朝，□□□□[10]，捷奏请制□□□□□□识□□□□□□□□□□□□□□□□□[11]。授尚书、左丞相兼侍中，加开府仪同三司，监军仍旧。

【注释】

[1]燕:燕京,今北京。

[2]右副元帅:指完颜宗辅。

[3]此捝一字,据上下文补入。

[4]此捝一字,据上下文补入。

[5]前重九二日:九九重阳节前的两天。

[6]缙山:今北京市延庆区东北旧县镇。

[7]鞫之:审讯了他。

[8]西京:今山西大同,原为唐云州。辽太宗时,后晋石敬瑭割云州与辽国,升为节度使州,成为辽国重要军事重镇。重熙十三年(1044),升为西京,府名大同。

[9]此捝五字。鞑靼居于沙漠,以史实补入。

[10]此捝四字。

[11]此处捝字较多,未补入。碑属砂岩,又有断裂,此为断裂之处,讲的应是希尹与宗翰受宗干之邀入朝,申请制定金国的法律和制度,立合剌为谙班勃极烈一事。合剌后即位,即金熙宗。

【译文】

部队北还,驻军于云中。希尹和宗翰一起前往燕京,与右副元帅宗辅商议第二次南伐之事。重阳节之前两天,希尹前往缙山阅马道,遇见了两个骑行的人,所带的物品和脸色与众不同,于是抓住审问。他俩战战兢兢,语无伦次。搜查衣领,得到了身为元帅右都监的耶律余笃的反书,约好让燕京统军使萧高六邀请两位元帅九月九日重阳节那天外出打猎,于是设伏兵发动兵变。完颜希尹迅速将这一消息报告了两位主帅,于是捉拿了萧高六,囚禁起来,萧高六招认了此事。完颜希尹于是驰奔驿站,一天的时间就到达了西京,把所有参与谋反的人都整治了一番,不管远近,都抓起来杀掉。随后,派遣部队追捕耶律余笃,但他已经逃到沙漠里了,被鞑靼所杀,鞑靼把他的头颅装在盒子里送给了完颜希尹。与余笃勾结谋反的人,前后有数百人之多,约定同一天发动事变。如果不是完颜希尹发兵擒拿追捕,制定方略神速有效,那么,这件事的结果还不一定怎样呢。完颜希尹与宗翰一起还朝,报告了胜利的消息,申请制定金国的法律、礼仪和制度,商议立合剌为王位继承人。金太宗擢授完颜希尹为尚书、左丞相兼侍中,加开府仪同三司,仍旧为监军一职。

【引述】

南下讨伐赵构之后，完颜希尹回兵云中（今山西大同），平定耶律余笃之叛。耶律余笃为辽人，跟随完颜希尹作战，率军攻下辽中京（今内蒙古自治区宁城县），追捕辽天祚帝，为金国立下过赫赫战功。事过境迁，他逐渐生出反意，与萧高六等相约反叛。但这一图谋被完颜希尹发现，及时采取措施，除去了国中大患。《续资治通鉴》："时希尹微闻其事而未信，偶猎居庸关上，遇驰书者，觉而获之。"居庸关上，即碑中所说的"缙山阅马道"，今在北京延庆区旧县镇。天会十年（1132），平定耶律余笃之叛后，受宗干之邀，宗翰与希尹入朝，商议改制及立储之事。因为宗翰和希尹的推荐，合剌乃立，是为金熙宗。

【原文】

萌古斯[1]扰边，王偕太师宗磐奉诏往征之。发其洼落，浮深涉浅，□□□□□□以献计□[2]，入而奏捷。初，陛辞[3]日，太傅语王曰："若获畜牧，当留备边用。"王谓："是诏意，遵之"。宗磐悉以所获奖赏军士[4]，又有不钧[5]，太傅[6]以为非是。宗磐闻之，劾王[7]，以王为矫诏，讼辩于帝前。王乃表，乞还政[8]。帝未有以答。太傅进曰："希尹自祖宗世服劳，今且有请者，正畏谗惧罪耳。"诏不允其请。

【注释】

[1]萌古斯：指蒙古，金时为北方的游牧部落，未称强国。《建炎以来朝野杂记》载"又称萌骨，唐谓之蒙兀部"。

[2]此处挩十二字，讲述希尹与宗磐奉诏北征，平定萌古斯袭扰边境一事。浮深涉浅，《完颜娄室神道碑》有此句，故补之。浮，架设浮桥，为浮马而渡，用马搭建起来浮桥，《大金国志》："济江河不用舟楫，浮马而渡。"

[3]陛辞：指朝官离开朝廷，此指希尹上殿辞别皇帝北征萌古斯。宋苏轼《张文定公墓志铭》："过都，留判尚书都省，请知郓州 。陛辞论天下事。"明余继登《皇明典故纪闻》卷六："翰林院侍读学士武周文致仕陛辞。成祖赐坐与语。"

[4]中挩一字，据上下文补入。

[5]不钧：不均，钧、均通假。

[6]太傅：指完颜宗干。

[7]挠一字，为实词，动词，补入“劾”字，弹劾。

[8]乞还政：也称“乞致仕”，申请退休。

【译文】

北方游牧部落萌古斯袭扰边境，完颜希尹和太师宗磐奉皇帝的命令前往征讨。二人率部浮深涉浅，打败了袭扰的萌古斯部落，追回了损失的牲畜和人口，返回来向皇帝报告了胜利的消息。起初，出征时向皇帝告别，希尹对太傅宗干说：“如果获得牲畜，应该留作边防使用。”又说：“这是皇帝的旨意，要遵照执行。”但是，宗磐将所获牲畜都用来奖赏军士了，而且分配不均，太傅宗干认为宗磐这么做不对。宗磐听说此事，弹劾希尹，认为完颜希尹这是假传圣旨，在皇帝面前争辩此事。希尹于是上表，恳请退休。皇帝没有答复。太傅宗干进言说：“希尹自从祖宗时起世代效劳于国，现在有退休的想法，是因为畏惧谗言，害怕获罪。”于是，皇帝下诏，没有批准完颜希尹的请求。

【引述】

洪皓《松漠纪闻》：“盲骨子……与金人隔一江，常度江之南为寇，御之则返，无如之何。”盲骨子，即萌古斯。蒙古是北方的少数民族，游牧部落，经常袭扰边境，掠夺金国的牲畜和人口。

金太宗时，完颜希尹和太师宗磐奉命前往征讨，即北征萌古斯。完颜希尹先是与宗磐平定萌古斯扰边，是并肩作战的战友。但因为所获牲畜的分配问题，二人产生了分歧，希尹遭到了宗磐的指责和弹劾。金国宗室内部的关系错综复杂，完颜希尹身处其中，与之周旋，但显然已是力不从心，于是萌生了退休的想法，但因其功勋和地位，这一合理的要求并未得到皇帝的批准。

金承古制，在边境修筑长城，以御外敌。其工程浩大靡费，完颜希尹建议战胜所获畜牧“当留备边用”，可能指修筑长城一事。

【原文】

先是，储副虚位，宗磐自以为太宗元子。太傅密令左右元帅与王来朝，相与协心，主建储，建议[1]援立熙宗，宗磐心不能无动。帝既即位，罢宗磐尚书令，以为太师[2]，□□□而相王任政。宗磐知谋出于王，憾焉，至是交恶深矣。会东京留守宗隽[3]、左副元帅挞懒[4]

来朝，皆党附宗磐，同力以挤王，出为兴中尹[5]。宗隽代为左丞相，令人告发王北征日多私匿马、牛、羊，奏遣使鞫之。无状[6]，告者伏罪。明年诏还，拜尚书、左丞相，封许国公。宗磐蓄不臣心，连结党与[7]，宗隽与之同恶。王与太傅揣知，阴为之备。已而，宗磐等反逆事发，朝，则执之于殿阁内。诏诘之，伏罪。王举措闲暇，而宗磐等已正刑典[8]。以定乱功进封陈王[9]。

【注释】

[1]此挩一字，据上下文补入“建”。

[2]此挩一字，似应为“太”字。

[3]东京留守宗隽：指完颜宗隽（？—1139），女真名为讹鲁观，完颜阿骨打第六子，母为钦宪皇后纥石烈氏。天会十四年（1136），为东京留守。天眷元年（1138）入朝，与太师领三省事宗磐、左副元帅挞懒结党，后伏诛。

[4]挞懒：指完颜昌（？—1139），穆宗之子，太祖时参与对辽作战。天辅六年（1122），擒辽枢密使萧得里底，代完颜浑黜为奚六路军帅，经略奚霫之地（今河北与辽宁交界地区），降伏奚部。所得郡府，以契丹、汉官摄治。天会十五年（1137）十月，因功升任左副元帅，代完颜宗翰之职，封鲁国王。天眷二年（1139）因政治斗争失败，被金熙宗下诏诛杀。

[5]兴中尹：兴中府尹。兴中府，辽置，金代承袭，今属辽宁省朝阳市。辽重熙十年（1041），升霸州为兴中府，改霸城县为兴中县，均属中京道。辽保大三年（1123），兴中府归降于金，仍沿用兴中府旧称，属北京路。

[6]无状：没有这样的事。

[7]党与：党羽。

[8]正刑典：认罪伏法的雅称。

[9]陈王：碑文模糊，“陈”字缺失，罗福颐等补入。据舒兰完颜希尹研究会所存碑拓，“陈”字清晰。

【译文】

在此之前，王储的位置空虚，宗磐以自己是太宗吴乞买的长子自居。太傅宗干秘密下令，让左副元帅宗翰、右副元帅宗辅与希尹来到朝中，齐心协力拥立王储，商议拥立熙宗为帝，对这件事，宗磐的内心不可能没有触动。熙宗即位以后，免去了宗磐的尚书令一职，让他担任太师，而任命希尹为丞相。宗磐知道主意是希尹出的，非常惋惜，从此以后对希尹很是憎恨。正好东京留守宗隽、左副元帅挞懒来到朝中，都依附于宗磐，党同伐异，他们一起排挤完颜希尹，使之外出为兴中尹。完颜宗隽代为左丞相，令人告发希尹北征萌古斯的时候私藏了牛、马、羊，奏请皇帝派使臣拘押希尹，结果查实没有这回事，诬告的人因诬告罪伏法。第二年(1139)，下诏让希尹回朝，拜为尚书、左丞相，封许国公。宗磐怀有不臣之心，连接党羽，宗隽与他们有一样的恶行。完颜希尹与太傅宗干揣摩到了这事，暗暗做了防备。不久，宗磐等人谋反的事情败露，上朝的时候，在殿阁内被活捉。皇帝下诏审问，他们因罪伏法。完颜希尹举止于闲暇之间，而宗磐等已被依法处决。于是以平定内乱的功绩晋封为陈王。

【引述】

金熙宗即位以后，效法汉高祖刘邦诛杀功臣谋士，先后诛宋、兖、滕、虞凡七十二王。完颜希尹为尚书、左丞相，深深卷入了宗室的内斗。他与太傅宗干合谋，一举平定了宗磐、宗隽、挞懒之乱。

太师宗磐为太宗吴乞买长子，因为完颜希尹的原因，在储位之争中失败，遂与之交恶。宗磐本欲除去希尹，不料反而为所害。面对尖锐复杂的党争，完颜希尹举止闲暇，从容不迫，取叛将首级如同探囊取物，显示了高超的危机处理能力。

【原文】

天眷中，车驾幸燕，帝当服衮冕、乘玉辂[1]以入。后欲共载，王不可，曰："法驾所以示礼四方，在礼无帝后同辂者。"后藏怒[2]，未有以发。会都元帅宗弼[3]与王因酒有隙，方辞还军中，帝夜遣使召至，谕之曰："希尹尝有奸状。"又召明肃[4]谕以王罪。明肃谏曰："希尹自太祖朝立功，且援立陛下亦与有力，愿加圣念。"帝怒，甚至拔剑斥之。明旦，诏并其二子赐死，诸孙获宥[5]。

【注释】

[1]玉辂，华丽的大车。辂，大车。

[2]怒：袁庆清本作"怨"，隐怒也。有误。查碑拓，"怒"字清晰。

[3]宗弼(？—1148)，本名斡啜，又作"兀术""斡出""晃斡出"，完颜阿骨打第四子，一说第六子。有胆略，善射。初从完颜宗望追击辽天祚帝于鸳鸯泺(今河北张北安固里淖)。天会三年(1125)，随军攻宋，克汤阴(今属河南)，参加围攻东京(今河南开封)。六年(1128)，率军攻山东，击败宋军数万，连克青州、临朐(今均属山东)等城。七年(1129)，复率军攻宋，先后在大名(今河北大名南)、和州

(今安徽和县)击败宋军，迫宋称臣，以功进太傅。皇统七年(1147)为太师，八年(1148)卒，封沈王、梁王、越国王，谥忠烈。

[4]明肃：明肃皇帝，完颜宗干死后大定二年(1162)至大定二十二年(1182)的谥号。

[5]诸孙获宥：孙子们获得了宽宥。

【译文】

天眷年间，皇帝以车驾前往燕京，应当穿着衮服、戴着王冠、乘坐华丽的辂车进城。皇后要与皇帝一同乘辂车，完颜希尹不同意，说："皇帝的法驾是向四方显示礼仪的，按照礼仪还没有皇后与皇帝一同乘辂车的。"皇后隐藏了怨怒，并没有发作出来。那时，都元帅完颜宗弼因为喝酒与完颜希尹产生了过节，告辞后正在回军的途中，皇帝深夜派使臣召他到宫中，告诉宗弼说："希尹曾有不忠的表现。"又召明肃皇帝完颜宗干，告知了希尹的罪恶。宗干劝谏说："完颜希尹自太祖朝就立有大功，而且在拥立您为皇帝的时候也出了很多力，希望您多为他着想。"皇帝听了十分震怒，甚至拔剑训斥。第二天一早，下诏将完颜希尹及其二子一并处死，孙子们得到了宽宥。

【引述】

宋洪皓《松漠纪闻》："悟室者，女真人。'悟'作'邬'音，或云悟失，名希尹，封陈王，为左相，诛宋、兖、滕、虞凡七十二王，后为兀术族诛。"完颜希尹为金国立下了丰功伟绩，然功高震主，遂为所害，即使有太宗所赐免死铁券，也未能幸免保全。完颜希尹先是因入城之礼得罪了皇后裴满氏，后又酒桌上得罪了宗弼。皇后、皇帝和宗弼三人之力使完颜希尹被屈杀，把答、漫带诸子和右丞相萧庆也受到株连，一并被杀。

【原文】

王奕世勋阀[1]，机权方略，以征则克。临事果断，乃能增多前功，扶翼圣统，孜孜奉国，知无不为。自悼后[2]正位中宫，以巧慧当帝意[3]，颇干预外政。王杜遏其渐[4]，每以正理谴[5]之，由是大忤后旨，得罪暧昧，或者以为后之谮[6]焉。性尤喜文墨，征伐所获儒士，必礼接之，访以古今成败。诸孙幼学，聚之环堵，中凿圜窦[7]，仅能过饮食。先生晨夕教授其义方如此[8]。天德[9]初(1149)，追封豫国王[10]，谥曰贞宪，以雪其非罪。正隆[11]二年(1157)，改封金源郡。大定[12]十六年(1176)，诏图像衍庆宫[13]，明年配享太宗庙庭，命词臣撰次之以为铭。

【注释】

[1]奕世勋阀：身世显赫、功勋卓著的将领。奕，显赫。阀，将领，领袖。

[2]悼后：指金熙宗的皇后裴满氏，其死后的封号。

[3]以巧慧当帝意：以自己的技巧和聪慧冒充是皇帝的旨意。

[4]杜遏其渐：阻止了发展蔓延的势头。

[5]此挩一字，为动词，争辩、诘难之意，似有走之旁，以“谴”字补。

[6]谮：谗言。

[7]圜窦：圆孔。

[8]先生晨夕教授其义方如此：请先生早晚讲授道理知识，正是这样。先生，应指南宋大金通问使洪皓。

[9]天德：海陵王完颜亮年号。

[10]豫国王：陈相伟校为“晋国王”，应误。

[11]正隆：海陵王完颜亮的年号。

[12]大定：金世宗完颜雍年号。

[13]衍庆宫：太庙内的一座宫殿。

【译文】

完颜希尹是一个身世显赫、功勋卓著的将领，机智，有权谋，有方略，善于打胜仗。他临事果断，所以能不断为国立功，成为皇帝的有力助手。他为国家做出贡献孜孜不倦，知道了就身体力行。自从悼平皇后成为皇帝的正宫，以自己的技巧和聪慧冒充是皇帝的旨意，多次干预外政。希尹遏制了这一势头，常常用正理告诫她，因此完全违背了皇后的主张，不知不觉中得罪了她，所以也有人认为希尹之死是因为皇后进献了谗言。完颜希尹的性格深处十分喜爱文墨书画，征伐中所获得的文人儒士，都是按照礼节接待，向他们询问古今国家兴亡成败的道理。孙子们从小读书，聚集在圆形的屋子里，中部凿开一个圆洞，只能通过水与食物。老师从早到晚教授道理知识，就是这样。海陵王天德初年(1149)，追封为豫国王，谥号为贞宪，平反昭雪，宣示其无罪。正隆二年(1157)，改封为金源郡王。大定十六年(1176)，下诏衍庆宫悬挂他的画像，第二年配享于太庙之内，传命词臣在画像旁边写下颂词。

【引述】

这段文字是作者对完颜希尹的评价褒扬之词，探讨了希尹被屈杀的原因。另外，还讲述了完颜希尹善于结交知识分子之事，讲述了他重视子女教育。希尹死后三年，熙宗知“死非其罪”，但未予以平反。海陵王天德初年(1149)，完颜希尹冤案平反昭雪，其后屡有封赠。

完颜希尹善于结交知识分子，史籍中常有记载。《三朝北盟会编》卷六一：“一日，骨舍呼仲熊至其寨中，问曰：‘闻得你读得书多，今问你两事：一则问韩信用兵，人才高下；二则问刘伯升、孙策何以不能成功？’仲熊对曰：‘韩信才亦不高，故必设计。若才高，则不假诈谋，无与为敌。惟其才不高，故必设计，然后能取胜，如水上沙囊、木罂背水阵之类是也。刘伯升、孙策虽天资英勇，然器轻，无君人之体，所以无成。’骨舍闻说大喜，亲屈膝劝仲熊饮酒。又以宣政殿学士宿弥离勃极烈官诰一道授仲熊。仲熊又力辞以义，不敢受。”

【原文】

臣彦潜再稽首。窃惟国朝之兴，由昭祖以来，克笃前烈[1]，至太祖、太宗受命以有天下。今天子丕承基绪，以延功臣之赏。王之先自邢公世笃忠贞，至王则□□□□[2]，遂为世家。今丞相守道亦克负荷用，光辅兴运，君臣感遇，所从来久矣，铭曰：

【注释】

[1]克笃前烈：忠实履行了先辈的遗志。克，胜任。笃，忠实，厚重。

[2]此挩四字，意为功勋卓著，是前文“奕世勋阀”的另一种表达。

【译文】

臣王彦潜拜了又拜，并稽首。我自认为金朝的兴盛，由昭祖石鲁开始，忠实履行了先辈的遗志，到太祖、太宗成了受命天子，拥有了天下。如今的天子继承了这项传统，用来延续对功臣的奖赏。希尹的祖先自邢公开始，世代忠贞不二，到了希尹的时候又居功显赫，于是成了功臣世家。今丞相完颜守道也担当大任，辅佐帝王，振兴国运，君臣十分感佩，这状况由来已久了，于是写下了下面的碑铭：

【引述】

完颜希尹家族为金代的世家显族，为大金国立下了汗马功劳。

金代皇帝对完颜希尹家族一贯十分重视，经常予以褒奖。皇帝对完颜希尹一家充满了感佩之情，于是令辞人写下了颂词，歌颂他们的业绩。

【原文】

古人有言：所谓故国，非谓乔木，臣食旧德。[1]

忠出一门，世济其美，邢公之孙，戴公之子。[2]

维时戴公，硕大孔武，弘济艰难，佑我世祖。

肃穆康朝[3]，风烈弥劭[4]，矫矫堂堂[5]，王其克□[6]。

武元载旆[7]，从以周旋，奉命有光，料敌无前。

奋锐[8]涉漠，以蹙豫楚[9]，移檄诮夏[10]，复旧疆土。

文烈嗣服，问宋渝萌[11]，帝命王曰："尔监师征。"

克汴之日，先收图籍，明略刑典[12]，鄭侯[13]自昔。

【注释】

[1]旧德：过去的功绩和贡献。

[2]邢公之孙，戴公之子：希尹是邢公的孙子，戴公的儿子。邢公，指完颜石鲁。戴公，指完颜欢都。

[3]"康朝"二字模糊。

[4]劭：美好，高尚。

[5]矫矫堂堂：卓然不群，不同凡响。《汉书·叙传下》："贾生矫矫，弱冠登朝。"

[6]此捝一字，应与前文"劭"字互韵。

[7]武元载旆：指完颜阿骨打义征之事，《完颜娄室神道碑》也有此句。武元，太祖阿骨打之谓，阿骨打庙号为太祖武元皇帝。旆，旌旗，旗帜。洪皓《松漠纪闻补遗》："武元初，只讳'旻'，后有申请云：旻，闵也。遂并'闵'讳之。"阿骨打，后世称为大金太祖武元皇帝。

[8]锐：精锐部队。

[9]蹙：紧迫，收缩。此捝一字，似为"楚"，与下文的"土"互韵。豫，刘豫。楚，即张楚，张邦昌称帝之国号谓楚。

[10]指完颜希尹给西夏写信责备其侵占金国的土地和官民一事。诮：讥诮，责备。

[11]此捝一实词，"渝"字模糊可识，据韵脚和上下文补入"萌"字。

[12]此捝一实词，"典"字模糊，据上下文补入"刑"字。

[13]酂侯:西汉萧何的封号。

【译文】

古人曾经说过,所谓的故国情怀,不只是乔木的高大挺拔,还要有沿袭祖上的贡献而得到奉养的臣子。

完颜希尹一家都是忠臣,世人因为他们的美德得到了恩惠,希尹是邢公的孙子,戴公的儿子。

那时的戴公,身体高大魁梧,健康有力,克服了很多困难,辅佐了世祖。

肃宗、穆宗以来,优良的作风得以传承,希尹因此功勋卓著,非同凡响。

太祖兴兵以来,希尹跟着四处征战,奉皇帝的命令,准确判断敌情。

带领精锐部队战斗于沙漠,建立了刘豫和张楚的政权。又与西夏争辩,恢复了固有的疆土。

发明女真文字的功绩令后人折服,兴兵向北宋问罪,皇帝对完颜希尹说:"你带领军队前去征讨。"

攻克汴梁那天,首先收集北宋的图书典籍,告诫军队不要滥杀无辜,就像西汉萧何那样爱护百姓。

【引述】

完颜希尹是金朝的开国元勋,皇帝的诏书《陈王悟室加恩制》词曾说他"属正统之有归,赖嘉谋之先定",又说"萧相国赐诏不名,安平王肩舆升殿",将完颜希尹比作西汉"三杰"之一的萧何,还比作西晋的安平王司马孚。

此处碑铭的体例为叙事诗,回顾了完颜希尹的家族历史,赞颂了完颜希尹的家世以及他随军出征的功劳与西夏的外交和灭北宋的作为。诗文中将他比作"汉初三杰"之一的萧何,应是延续了朝廷《陈王悟室加恩制》的说法。

【原文】

军中不虞[1],亡国凶竖[2],祸心滔天,阴构明附。

王发摘之,如神之捷,火未及焰,先事扑灭。

天眷继统,与定策勋,创制立法,作新人文。

无何师保，交构内艰，如周管蔡，如汉胥旦[3]。

乃心皇家，繄王之忠，执讯悖逆，繄王之功。

王曰予职，惟正之从，私谒不行，岂予不共。

予职当然，患匪予恤[4]。明明天子，灼见前失。

乃命王孙，仍世作相，无念尔祖，其猷克壮[5]。

维其有之，是以似之，死而不亡[6]，于王见之。

【注释】

[1]不虞：不可预料的灾祸。

[2]凶竖：凶恶的小子。《后汉书·窦武传》："当是时，凶竖得志，士大夫皆丧其气矣。"《晋书·武帝纪》："贾充凶竖，怀奸志以拥权。"

[3]如周管蔡，如汉胥旦：指西周的管叔、蔡叔之乱和汉武帝时的刘胥、刘旦之乱。唐《李恪墓志》："譬以周德休明，管、蔡为文王之子；汉邦隆盛，胥、旦为

《完颜希尹神道碑》的历史照片

武帝之男。”

[4]患匪予恤：有才德的人要得到奖赏。患匪，有匪君子，出自《诗经·卫风·淇奥》，“有匪”意为有文采的君子，“匪”通“斐”，是赞美一个君子德才兼备、宽和幽默，他的美在于气质品格、才华修养。予恤，语出《诗经·小雅·祈父之什》：“祈父，予王之爪牙，胡转予于恤，靡所止居？”

[5]其猷克壮：指承担起宏大的谋略、宏图大愿，语出《诗经·小雅·鸿雁之什·采芑》：“蠢尔蛮荆，大邦为雠。方叔元老，克壮其猷。”

[6]死而不亡：身体死亡了，德行和业绩仍在，为后世永远铭记和凭吊，语出《老子》第三十三章：“不失其所者久，死而不亡者寿。”

【译文】

军中的事情往往出乎意料，想要灭亡国家的恶人，包藏了滔天祸心，表面上结交友好，暗地里谋划造反。

希尹发现后及时抓捕，如神一样迅速，火着了还没有成为烈焰就被扑灭了。

天眷时期新的皇帝继位，与他商定册封各位功臣的勋爵，创制了法规制度，有了新的治理方式。

不久，又出动军队保卫了内政的平稳，消灭了像西周的管叔、蔡叔，像西汉刘胥、刘旦之类的反叛。

希尹心系皇家，十分忠诚，抓住和审讯叛逆，是他的功劳。

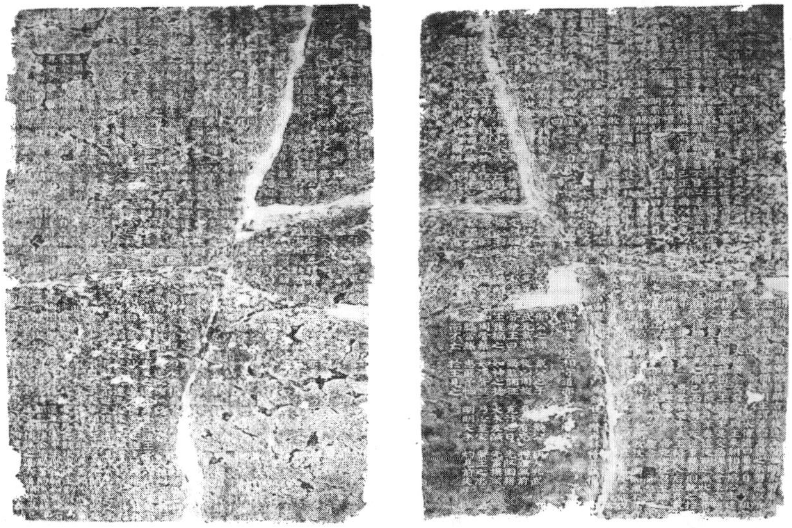

《完颜希尹神道碑》拓片

希尹说，我的职务是执法公正，从不与拉关系、走后门的人共事。

我尽到了自己的责任，做了应该做的事情，有才德的君子因此应该得到奖赏。英明的天子，慧眼识珠，发现了以前的错误。

于是，让希尹的孙子仍然担任了世袭的丞相。不要思念你的祖父，而是要完成他的宏图大愿。

因为有这样的祖先，所以才有这样的子孙，死后为子孙世代铭记不忘，完颜希尹就是这样的人。

【引述】

完颜希尹晚年深陷于党争，是宗室之间残酷的内斗。作者将之比为周初的管叔、蔡叔之乱，又比作西汉时期的刘胥、刘旦之乱，对完颜希尹平定宗室党争给予了极高的评价，文中多次使用历史典故。《史记·周本纪》载："管叔、蔡叔群弟疑周公，与武庚作乱，畔周。周公奉成王命，伐诛武庚、管叔，放蔡叔。"又载："初，管、蔡畔周，周公讨之，三年而毕定。"

039 民国十九年袁庆清《完颜希尹碑释文》

序

谨按：鸡林[1]古为边徼之地，文献古迹廖若凤毛。有金一代，虽崛起东北，定都白城[2]，然金石之迹只有完颜希尹一碑可资考证[3]。碑在舒兰县东九十里小城子镇北，不知何年被仆中断[4]，与翁仲[5]石碣共湮没于荒烟蔓草之中者久之。光绪二十年，吉林将军郭勒伯长顺[6]命工钳立，始窥其全。碑高一丈六尺，宽四尺五寸，正面二十七行，碑阴二十四行，每行五十六字，共二千八百余字。虽残缺二百五十余字[7]，而伐辽、伐宋、诛灭叛党勋业彪炳，般般可考，足为金史生色。文系王彦潜所撰，词笔简峻，具秦汉风。碑为任询所书，法度庄严，有平原气[8]，尤令阅者不忍释手。万山环绕之中，得此金石至宝，诚足贵也。因关系文化甚重，不敢自私，爰将全碑招工拓印，分送名人硕士，俾广流传。诚恐字迹漫灭，难于卒读，并将释文印刊附赠，以资参考。是为序。

民国十九年(1930)六月二十日舒兰县县长袁庆清谨识

【注释】

[1]鸡林：即吉林，方言所致。

[2]白城：今黑龙江阿城白城子。

[3]只有完颜希尹一碑可资考证：此说不足。除《完颜希尹神道碑》之外，存世尚有《完颜娄室神道碑》《大金得胜陀颂碑》，以及梅河口庆云刻石等。

[4]被仆中断：被推倒，中间断裂了。

[5]翁仲：陵墓之前的石人，为文武官员的雕像。

[6]郭勒伯长顺：另译作郭布罗长顺(1839—1904)，字鹤汀，达斡尔族，隶满洲正白旗，晚清军事人物。他是三朝重臣，历仕咸丰、同治、光绪三朝，曾是咸丰皇帝的蓝翎侍卫，光绪十四年(1888)出任吉林将军，镇守东北。在他主政吉林期间，吏治清明，百姓安乐。

[7]残缺二百五十余字：经后人查补，现只缺100余字。

[8]有平原气：有唐代书法家颜真卿的风范。颜真卿(709—785)，字清臣，祖籍琅琊(今山东临沂)，开元间中进士。因其曾为平原太守，故世称"颜平原"。

《大金故左丞相金源郡贞宪王完颜公神道碑》[1]

翰林直学士、大中大夫、知制诰兼行秘书少监、虞王府文学、轻车都尉、太原郡开国伯、食邑七百户、赐紫金鱼袋臣王彦潜奉敕撰

奉直大夫、大名府路兵马都总管判官、□骑尉、赐绯鱼袋臣任询书

明威将军、东上阁门使东行太庙署令、骑都尉、□□县开国子、食邑五百户臣左光庆篆额

今天子绍休，圣绪图任。今太尉、左丞相、濮国公守道□为股肱心膂，非惟取其□□□□，盖亦重其世功耳。上尝因清燕，顾谓丞相曰："朕阅《祖宗实禄》，见乃祖丞相□烈深用，嘉叹丞相。"嗣诸莫不竦然，推重其世家而归美于上。《孟子》曰："所谓故国者，非谓为乔木之谓，有世臣之谓。"《诗》曰："文武受命，召公维翰。无曰予小子，召公是似。"《书》曰："世选尔劳，予不掩尔善。兹予大享于先王，尔祖其从与享之。"岂不然哉！

故左丞相、赠金源郡王□□□□□□□谷神，自曾祖完颜某名与昭祖同讳，以其贤明，昭祖与之为友，国□□称之曰贤某，赠开府仪

同三司、邢国公。祖统逊，事□□□□□□□□□□□国公。父桓笃，事世、肃、穆、康四朝，数有大功，见任如手足。自世祖尝曰：“吾有桓笃，何事不成！”赠开府仪同三司、戴国公。

□□□□□□□□□过，□□太祖，以祭礼会于移懒河部长神徒门家，因与其兄弟建伐辽之议。特□与明肃皇帝、秦王宗翰皆□行，与□□□□□□□□□，王以□指结纳松江铁骊兀惹诸部。铁骊长夺离剌于是献款曰：“谨奉约。”比其还也，师围宁江州，命王以军夷堑，因攻克之。及出河店□□□□□□□克。天辅五年，依本国语制字以进，太祖嘉悦，赐袭衣御马，诏颁行之。

皇弟辽王杲都统内外诸军，攻下中京。王与□□□□，奚部多□招□□，知辽将兵屯，袭击之，将已遁去。悉获其牧圉、民众。从秦王宗翰驻兵北安，□招集□□，□□士□□烈者遽来投附，□□□□□□□□取之□。宗翰于□□□□□□□。辽兵拒斗我前□□军。王以千军继至，战败之，悉获其甲胄、辎重。军及鸳鸯泺，辽主已□□□。王□□□急追至白水泺，相去不远，辽主遁□。以轻骑犇，尽得其内帑、货宝。追至乙室王所居之□，不及而还。杲遣王□诸帅捷奏。太祖□□西南路招讨司，诸部迁向内地，称旨而还。太祖以王从义征以来功多，赐之金帛。

天会二年，辽主越在阴山。宗翰统诸军以锐师掩袭□□□照□为□□□追。甫及之，辽主弃营而遁。王等以八骑出军前，穷追，日旰复及之。辽主帅百余骑逆战，比昏，王遇，三□□。辽主分三队而逸□□，王以偏师又袭之于沙漠，掩其不备而及之。辽主惊遁，惟一二臣从。□，获其八宝、妃嫔、公主及群侍从与诸部族之人。为先□经略使。□□西南西北两路都统。

□□□□言□辽为援，据有天德、云内、六馆之地，并招纳我已获奚、契丹人。我方事灭辽，姑置之，弗取。夏为宋所侵，求援于我，□□□□王□□□□□□□者辞意不逊。王复书，责让无理，索当还之人。尚复迁延至宋，建立□楚，画大河为界，遂尽复旧疆，并还我官民。田先□□□□□□□□□□□。

宋人渝萌，奏下，大举问罪。王与左副元帅宗翰师趋河东，所至城邑、关口，拒守者攻之，降则抚之。分道诸将，破宋之诸路援兵。先□□原，明年将举师，不留行。既克汴，诸将帅争取珍异，王独先收宋图籍。捷奏。太宗嘉其功，赐誓券以宠异之。

无何，宋康王构自立于淮阳，我军□复渡河，宗翰□□□诸城，攻拔者或屠之。师次东平，王劝宗翰曰："此行止为构耳，何多杀为？"自是，攻下者多蒙全释。追至淮阳，遣精骑逾淮□□。□及扬州，构仅以轻舸渡江遁去。

还军，驻云中。王偕宗翰如燕，就右副元帅□议再□南伐。前重九二日，王往□山阅马道，见骑者二人，物色颇异，诘之，战惧失次。搜衣领中，得元帅都监耶律余笃反书，约燕京统军使高六邀□元帅九日出猎，因伏兵举事。王驰报二帅，遂执高六，鞫之，辞伏。王驰驿，一日而至西京。穷治反者，无远近，悉捕诛之。遣兵追捕余笃，已□□□□□，为达靼所杀，函首以献。结连者，前后凡数十百辈，约同日俱发。□□摘发擒捕，方略神速，则事未易定。偕宗翰还□□□□□□□□□□□□□□□□□□□□□□□□□□□□□□□□□尚书、左丞相兼侍中，加开府仪同三司，监军仍旧。

萌古新扰边，王偕太师宗磐奉诏往征之。□□□□□□□□□□□□□□□□□□□□奏捷。辞曰太傅□□。王曰："若获畜牧，当留备边用。"王谓是诏意，遵之。宗磐悉以所获□赏征士，又□不□，太傅以为非是。宗磐□□□□，以王为矫诏，讼辨于帝前。王乃表，乞还政。帝未有以答。太傅进曰："希尹自祖宗世服劳，今且有请者，正畏□惧罪耳。"诏不允其请。

先是，储副虚位，宗磐自以为太宗元子。大傅密今左右元帅与王来朝，相与协心，主建储，□议援立熙宗，宗磐心不能无动。帝既即位，罢宗磐尚书令，以为□□而相王任政。宗磐知谋出于王，憾焉，至是交恶深矣。会东京留守宗隽、左副元帅挞懒来朝，皆党附宗磐，同力以挤王，出为兴中尹。宗隽代为左丞相，令人告发王北征日多私匿马牛羊，奏遣使鞫之。无状，告者伏□。明年诏还，拜尚书、左丞相，封许国公。宗磐蓄不臣心，连结党与，宗隽与同□恶。王与太傅揣知，阴为之备，已而宗磐等反逆事发。朝，则执之于殿□内。诏诰之，伏罪。王举措闲暇，而宗磐等已正刑典。以定乱功进封□王。

天眷中，车驾幸燕，帝当服兖冕、乘玉辂以入。后与共载，王□□，曰："法驾所以示礼四方，在礼无帝后同辂者。"后藏怨，未有以发。□都元帅宗弼与王因酒有隙，方辞还军中，帝夜遣使召至，谕之曰:“希尹尝有奸罪。”又召明肃谕以王罪。明肃谏曰:“希尹自太宗朝立功,且援立陛下亦与有力,愿加圣念。”帝怒,甚至拔剑斥之。明旦,诏并其二子赐死,诸孙获宥。

王奕世勋阀,机权方略,以征则克,临事果断,乃能增多前功,扶翼圣统,孜孜奉国,知无不为。自悼后正位中宫,以巧慧当帝意,颇干预外政。王杜遏其渐,每以正理□□,由是大忤后旨,得罪暧昧,或者以为后之谮焉。

性尤喜文墨,征伐所在,□儒士,必礼接之,访以古今成败。诸孙幼学,聚之环堵,中凿圜窦,仅能过饮食。先生晨夕教授,其义方如此。天德初,追封豫国王,谥曰贞宪,以雪其□冤。正隆二年,改封金源郡。大定十六年,诏图像衍庆宫,明年配享太宗庙庭,命词臣撰次之以为铭。

臣彦潜再拜稽首。窃惟国朝之兴,由昭祖以来,克笃前烈,至太祖、太宗受命以有天下□□,遂为世家。今丞相守道亦克负荷用,光辅今天子丕承基绪,以延功臣之赏,王之先自邢公而下,世笃忠贞,至王则兴运,君臣感遇,所从来久矣。铭曰:

古人有言:所谓故国,非谓乔木,臣食旧德。
忠萃一门,世济其美,邢公之孙,戴公之子。
维时戴公,硕大孔武,宏济艰难,佑我世祖。
肃穆□□,风烈弥劭,矫矫堂堂,王□守道。
武元载旆,从以周旋,奉命有光,料敌无前。
奋锐沙漠,以□予□,移檄诮夏,复旧疆土。
文烈嗣服,开家□□,帝命王曰:“尔监师征。”
克汴之日,先收图籍,明略□□,酂侯自昔。
军中不虞,亡国凶竖,祸心滔天,阴构□附。
王发摘之,如神之捷,火未及焰,先事扑灭。
天眷继统,与定策勋,创制立法,作新人文。
无何师保,交构内艰,如周管蔡,如汉胥旦。
乃心皇家,繄王之忠,执讯悖逆,繄王之功。
王曰予职,惟正之图,私谒不行,岂予之□。
予职当然,患匪予恤。明明天子,灼见前失。
乃命王孙,仍世作相,无念尔祖,其猷克壮。

维其有之，是以似之，死而不亡，于王见之。

按：碑叙事多与史合，且可以纠谬，可以补阙。考《守道传》："大定二十年(1180)修《熙宗实录》成，帝谓曰：'卿祖古新行事有未当者，尚不为隐，见卿直笔。'寻进拜太尉、尚书令，改授左丞相。"碑叙守道官相同。又，世宗尝谕守道曰"乃祖勋在王室，朕亦悉卿忠谨"，即碑上"尝因清燕"云云也。《欢都传》："祖舒噜与昭祖同时同部同名，土人呼昭祖勇舒噜，呼舒噜为贤舒噜。其后别去。至景祖时，舒噜之子噶顺举部来归欢都。噶顺子世祖时袭节度使。欢都事四君，出入四十年，征伐之际，遇敌则先。世祖尝曰：'吾有欢都，何事不成！'天会十五年，追赠仪同三司、代国公。明昌五年(1190)，赠开府仪同三司。"即碑所叙三代也。但立碑时欢都已赠开府仪同三司，史乃云明昌五年(1190)，史可以正其误。史叙舒噜无赠开府仪同三司、邢国公事，此可以补其阙矣。又，《石土门传》："汉字一作'神徒门'，耶懒路完颜部人，世为其部长，弟阿斯懑卒，终丧，大会其族，太祖率官属往焉，就以伐辽之议访之。"即碑之所叙"太祖以祭礼"云云也；史之耶懒，即碑之移懒，耶、移声转耳。惟《石土门传》只阿斯懑一人，史言"卒会祭之前"，碑云"与其兄弟建伐辽之议"，殆不止一弟矣。《太祖本纪》："九月进军宁江州，十一月，兀惹、铁骊降。"以碑文证之，盖希尹曾奉命先往结纳也。依本国语制女直字及招降奚部事，传较碑为详。

考《辽史·本纪》："保大二年(1122)正月，金克中京；二月，金师败奚王玛哈尔于北安。"又，《罗索传》："杲取中京，与希尹等袭走迪六、和尚、伊里斯等。"即碑"知辽将兵屯及宗翰驻兵北安州"事也。又，《希尹本传》："宗翰驻军北安，使希尹经略近地。"又，《杲传》："获辽护卫耶律习尼烈，言辽主在鸳鸯泺畋猎，可袭取之。"即碑"招集"至"取之"云云也。碑文"烈"上缺字，以传证之，其为"习泥"无疑。又，《本传》："辽兵屯古北口，希尹、娄室请以千兵破之，尽获甲胄、辎重。"即碑"辽兵拒斗"以下云云也。又，《太祖纪》："天辅六年(1122)，都统杲等追辽主于鸳鸯泺，宗翰复追至白水泺，希尹追至乙室部。"即碑"军及鸳鸯泺"至"不及而还"云云也。又，《杲传》："杲使希尹等奏捷，且请徙西南招讨司诸部于内地，上嘉赏之。"即碑所叙"杲遣王"至"赐之金器"云云也。

然，据《本传》，“希尹将八骑与辽主战，一日三败之”在追辽主至乙室部之前，碑在天会二年(1124)。此当以碑为正。考《西夏传》：“西北西南两路都统，宗翰也。”《本传》：“宗翰入朝，希尹权西北西南两路都统。”碑所云“两路都统”则未详何人。《北盟汇编》：“宣和七年(1125)，夏人陷天德、云内、河东八馆之地。初，黏罕遣卢母使夏，许割天德、云内、武州及河东兜答、斯剌、曷董、野鹊、神崖、榆林、保大、裕民八馆，约入麟府以牵河东之势。至是，夏人取天德、云内八馆。”又，《西夏传》：“初，以山西九州与宋人，而天德远在一隅，割以与夏。后破宋，乃画陕西北鄙以易天德、云内。”即碑“据有天德，尽复旧疆”事也。又，《太宗纪》：“天会三年(1125)，诏诸将伐宋。宗翰兼左副元帅，希尹为右监军。宗翰围太原，耶律伊笃破宋河东、陕西援兵于汾河北。”即碑所叙“宋人渝盟”至“破宋援兵”事也。克汴赐券，传与碑同。又，《本纪》：“天会五年(1127)，宋康王即位于归德。”《宋史》：“建炎三年(1129)，金人陷天长军，帝驰幸镇江府。金兵过扬子桥，入真州，旋去扬州。”碑所叙“宋康王自立于淮阳”及“渡江遁去”，盖即此三年中事也。《松漠纪闻》：“余睹姑之降金人，以为西京大监军。明年九月，约燕京统军反时，晤室为西监军，闻其事而未信。与通事同行，见二骑驰甚遽，追获之，搜得余睹书。晤室即回燕，统兵来谒，缚而诛之。余睹父子遁入夏国，不纳，投鞑靼。鞑靼先已受晤室命，以兵围之，父子皆死。”即碑“前重九二日”以下云云。

晤室即谷神，译语惟取对音，无定字，各以所闻者著之，故不同耳。萌古斯扰边一事，《本纪》《宗磐(传)》《希尹传》均未载。考《大金国志》：“盲骨子，契丹谓之矇骨。”《建炎朝野杂记》：“蒙古国在女真之东北，唐谓之蒙兀部，金谓之萌骨。绍兴初始叛，都元帅宗弼用兵连年，卒不能讨。”盖当时征讨不止一次，无大胜负，故纪传未详。碑特著之者，为表乞还政所由。《本传》只言：“天眷元年(1138)，乞致仕。”《宗磐传》：“宗磐日益跋扈，尝与宗干争论于上前，其后于熙宗前持刀向宗干。”非碑文尚存，莫知其故矣。《熙宗本纪》：“天会八年(1130)，安班贝勒杲薨，太宗意久未决。十年(1132)，左副元帅宗翰、右副元帅宗辅、右监军完颜希尹入朝，与宗干议曰：‘安班贝勒虚位已久，若不早定，恐授非其人。’”碑中“储副虚位”云云即其事也。

《本传》云：“二年(1139)，复为左丞相，俄封陈王，与宗干共诛宗磐、宗隽。”据碑，“诛宗磐等，以定乱功进封王”可证。“王”上空字，当为“陈”字，则封王在诛宗磐前，《传》为误矣。

车驾幸燕一事，《纪》《传》亦皆未载，惟《熙宗悼皇后传》言其干预政事。《宗弼传》：“上幸燕京，宗弼见于行在所，居再旬，宗弼还军，已启行四日，召还。至日，希尹诛。”《神麓记》：“晤室、兀术言语相及，兀术告秦王宗干，宗干遮护之。兀术泣告皇后，后具以语东昏。兀术已朝，辞至良乡，召回。是夜，诈称有诏，入晤室所居第，执而数之，赐死。”宗干，即明肃，熙宗时拜太傅，海陵篡立，追尊皇帝，庙号德宗。大定二年(1162)，改谥明肃。兀术，即宗弼也。是希尹之死，不特后之谮，宗弼亦与有谋焉。非此碑无由得其曲折也。又，《希尹传》：“皇统三年(1143)，赠仪同三司、邢国公。”据碑，邢公乃希尹之祖。《传》言：“大定十五年(1175)，谥贞宪。”据碑，天德初进封豫王，已经予谥。又，碑称“大定十六年(1176)，图像衍庆宫”。考《萨哈(传)》《宗雄传》均“大定十五年(1175)图像”，疑皆《传》之误也。

碑与娄室碑同时立，故撰、书、篆额人皆同。今娄室碑已佚，此碑独以晚出得传，亦其幸也。史称，任询书当时第一。元好问评“任南麓书如老法家断狱，网密文峻”，未免严而少恩。此碑纯法平原，庄肃气象，尤能令人目悚。南麓，询别字也。光庆，史言其“善篆隶，尤工大字。世宗行郊祀、受尊号及受命宝皆光庆篆，凡宫庙榜署经光庆书者，人称其有法”。此额篆体遒劲，具有古法，知史言为不虚也。

按：拓此碑初衷，原在醵金建亭，借资保护，深恐碑处荒郊，风

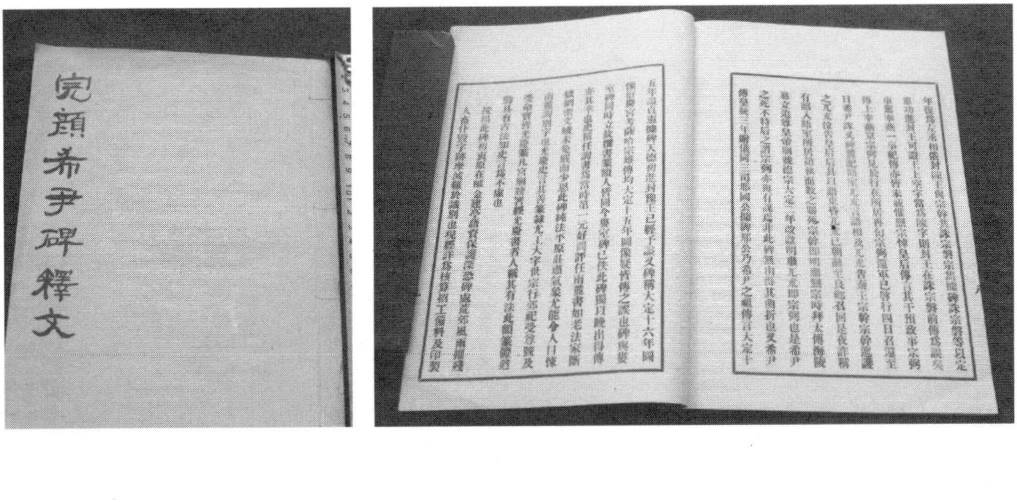

袁庆清《完颜希尹碑释文》封面和内页

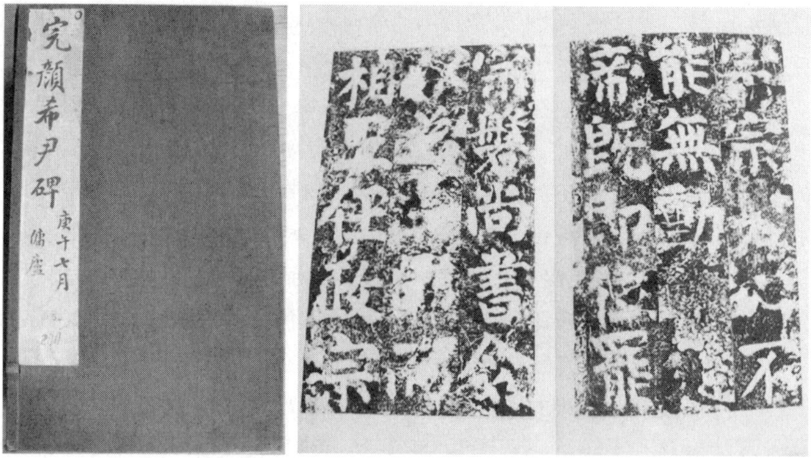

1930年7月袁庆清印行的《完颜希尹碑》册页

雨摧残，人畜仆毁，字迹摩灭，难于识别也。现经详为核算，招工、备料及印制《释文》所需各款，计之每份约核现洋四元。之谱工本既重，定价不得不高，暂行定价每份五元。盖为余款建亭，以符初衷，有不得不尔者。他日亭台落成，八百年前金石古迹永传于不坠者，皆海内文人雅士之所锡予。况东北于国为荒僻之区，得此金石，增光无量，定当踊跃输将，共襄盛举也。袁庆清又识。

【注释】

[1]鸡林：应为吉林。袁庆清校录的碑文有类似错误多处，此保存其旧貌，不做改正。

040《完颜娄室神道碑》碑文

《柳边纪略》记载《完颜娄室神道碑》："高八尺八寸，阔四尺五寸，厚一尺二寸，顶高三尺，两面镂蛟龙。其阴残毁，其阳篆二十字，作五行，文曰'《大金开府仪同三司金源郡壮义王完颜公神道碑'[1]。"

翰林直学士、大中大夫、知制诰兼行秘书少监、虞王府文学、轻

车都尉、太原郡开国伯、食邑七百户、赐紫金鱼袋臣王彦潜奉敕撰

奉上大夫、大名府路兵马都总管判官、飞骑尉、赐绯鱼袋臣任询书

明威将军、东上阁门使兼行太庙署令、上骑都尉、平原县开国子、食邑五百户臣左光庆篆额

王讳娄室，字斡里衍，与国同姓。盖其先曰合笃者，居阿注浒水之源，为完颜部人。祖洽直鲁，赠金吾卫、上将军，以财雄乡里，枝属浸蕃，乃择广土，徙雅挞濑水，拿邻麻吉等七水之人皆附丽焉。父白答，赠金紫光禄大夫，事世祖，为七水部长。时乌蠢谋寇乱者构为凶恶，金紫公与同部人阿库德协心一力拒之，以附世祖。王简重刚健，矫捷过人，擐甲蒙胄，手之所及，无不超越。而器识深远，幼不好弄，卓然有成人风，为乡闾所爱。年十有四，金紫公知其材，曰："儿胜兵矣。"乃献于穆宗。一与语，器之，曰："是子他日可以寄军旅重任尔！"后阿拍、留可、蒲余罕等相继逆命，王从之征，屡立战功受赏。辽人萧海哩叛，入于系辽籍之女直部。穆宗使王觇知所在，勒兵讨捕。王登先鏖击，蒙赏以甲胄具装战马。

高丽出兵侵曷懒甸，进筑九城，宗子赠原王。付实款帅师讨之。王从，攻其城，久而不克。王言之于帅曰："宜遏彼外援，绝其饷道，可不攻自下。"从之，降其城五。从魏王斡带讨讹□浑叛师，攻其城。王登自东南隅，斧其楼柱，流矢中手，贯于柯，攻犹未已。士众从之以登城，遂成，功居其最。

年二十一，代父为七水部长。太祖方图义举间，召王与同部人银术可，问曰："辽人骄矜，且其见侵无厌，又辖他部人阿克束、弗吾畀。吾欲先翦其外邑，以张吾军，然后进伐，何如？"王进曰："辽人内外□□□之余。"其时，□□太祖攻取宁江州，王登先以战。收国元年，擢授猛安，奉命总督银术可、蒙□、麻吉等往平系辽籍女直诸部。既降一部长，而别部长急告于辽，援兵三千且至。王率其已降，卷旆径进，掩其不备，大破之，追杀千余人。明日破奚部，又败援兵三千，斩其将，俘获监战银牌使者，诸部以次平之。

宗室斡鲁古略地咸州，以其敌重，使会王，合兵御之。乃往，败其戍兵三千于境，斩其将，遂会斡鲁古。既而，闻敌兵且至，王留四谋克精锐各守其一门，与斡鲁古济水分两翼，王居左翼，败其所冲，

追杀略尽。斡鲁古军引却，退□至城□，与所留诸谋克整陈而立。王返兵捣敌背，大败之。

咸州既下，因徇地黄龙府。太祖自将进达鲁古城，将与辽兵遇，遣使驰召王以军赴之。太祖见其马力疲极，益以三百匹，命居右翼。明日兵交，以众寡不侔，为敌所围者九。王所向披靡，辄溃围而出，竟大破之。太祖将进取黄龙，召诸将议方略。王进曰："黄龙，辽之银府，所以圉边者拒守甚坚，若不行，遏其巡属，使绝外援，则未易可拔，请试效之。"太祖乃令王以军行，自辽水以北、咸州以西，暨诸奚部城邑，悉讨平之。进壁府城东南，扼敌军出入，且巡其村堡，凡有以应援者，使不得交通。度城中力屈，可攻，使驰奏，太祖遂亲御诸军以至，围之。王攻东南隅，选壮秉苋倚梯，望其楼橹，乘风纵火。王乃毁民家堞，趣士力战，至火燃靴，伤足而不知。诸军继进，敌遁不守。太祖嘉其功，赏御马一，奴婢三百，仍赐誓券，恕死罪。

太祖之败辽，破敌兵九，俱王挑战有功。天辅元年，及斡鲁古、阿思魁等平乾显路，攻克显州。遂与辽大帅耶律捏里佛顶战于蒺藜山，大破之，遂下川、成、徽三州。徙其人民于咸州、黄龙之地。于是太祖命王为黄龙路统牧。皇弟辽王杲统诸军以平中京。王为先锋，至阴山，败其节度使雅里斯之兵三千，偕完颜希尹、耶律余笃等帅师徇地奚部，所向辄克。

始，与余笃以骑二千袭辽主于鸳鸯泺，辽主遁去。追至白水，弗及，获其内帑、辎重。大军围其西京，城坚，拒守。王与皇弟阇母攻东面，制攻具。以三木骈榱为洞，垣右长廊，使士卒行其下，以塞隍堑。又作楼车，巩之以革，施四轮其上，出陴堞以阚敌，诸军乘之而遂克城。与阇母徇地天德、云内、东胜、宁边四州及其傍，诸部悉降之，叛人阿克束于是始获。

都统斡鲁以诸军次白水。王营中夜有光如炬，起矛□，王戒严曰："将有重敌。"明日，闻夏人出兵三万援辽，过云内矣。斡鲁以诸军会天德。辽主前后遣骑数百迎敌，竟为所掩，惟数骑得还。时方暑雨，斡鲁与诸帅议方略，皆曰："彼众我寡，宜请济师于朝。比其至，姑择草牧以休养士马。"王独曰："敌据我前，傥吾军若纵之，其势益张。我虽不战，亦必来争利，或劫取新降人民，则沮吾士气，所请济师，岂能遽集耶？愿得精骑一千，与辞不失、拔离速二将以偕，见可则战，难则固垒，以俟合军。”宗室付古乃诃之曰：“尔安轻举！我军既寡，马力疲甚，将何交战？”王曰：“制敌如救烈火，一后其时，反为所乘，则益难为功，宜必迎战！”付古乃拔佩刀，勃然曰：“诸帅皆不欲，尔敢咈众耶？”王厉声曰：“我独与战者，非为身计，盖国家大事耳。阿昆乃欲屈忠勤之志，而沮诸军之气乎？”亦挺刃相向。诸帅大惊，起捍之。斡鲁壮其言，从之，以二将与王偕行。将至耶俞水，登高以望，夏军队伍不整，方济水，遣使驰报斡鲁，曰：“今观敌众而无威，易与耳。将挑战，伪遁以致之，请速以师进。”王乃分所将为二旅，更出□□□□□□□□□□，引却其□，继出进退以诱之，退凡□□过□水，乃再整行列，奋锐气，驰击，敌兵遂却退。我大军亦至，合击之，敌乃大溃。追至耶俞水，杀数千人。敌赴间结，陈俄水□□□□□□□□□□□□□□□□□□□□□□□□□□，于河之东，降四部族。迭剌部既降，复叛，讨平之。太祖平燕，皇子宗望由间道东下至昌平，以取粮饷。太祖□□□□□□□□□□□□□□□□□□□□□□□□□□□□□。

太祖闻辽主越在阴山，命斡鲁暨皇子宗望引兵追袭。以王为先锋，道出龙门，擒其都统耶律大石。至白水，又擒□□□□□□□□□□□□□□□□□□□□□□□□□□□□□仁。又破西山巨盗赵公直，出师于朔漠之境，生擒公直。天会初，辽主播越应、朔间。斡鲁遣将，分兵三路追袭，□□□□□□□□□□□□□□□□□□□□□□□□□□□□□追之。疾驰六十里，及之于风山。辽主以其骑陈而立，王驰之，其众溃。辽主以六十余骑犇，王戒士卒曰：无□□□□□□□□□□□□马，出其□□□□马□胄而□□□□。诏书所以招谕之意，辽主□□□□□□□□□□□□□□□□□□□□□□□□□□□□□□□□□□□□，遂获以归。

□□□使请降，辄名□□□使驰奏。王不能平□□□□□□□□□□辨之，执政□□□□□□□□□□□□□□□□□□□□□□□□□□□□□□□□□□□□徇国，戮力于石马，遂获辽君，厥功茂焉。自今或罹罪□□□□罚，余释勿论，藏之册府，有如□□□□□□□□□□□□□□□□□□□□

□□□□□□□□□□□□□。

王领先锋军取马邑，破敌于雁门，围代州，克之，执其将李嗣本。进降忻州，又降戍将耿守思等。太□□□□□□□□□□□□□□□□□□□□□□□□□□□□□□□□而宋之援兵日集，银术可独不能办。宗翰遣王以军与之协力，遇宋将樊夔之众十万于□城。破之，又败□□□□□□□□□□□□□□□□□□□□□□□□□□□□□□□□□□□，反辔奋击，大破之，遂获九孛堇。军趣汾州，掩平遥、介休、灵石，攻拔汾州，招石州及诸县邑，降之。

宗翰以大军进□□□□□□□□□□□□□□□□□□□□□□□□□□□□□孟津，复遣子活女与诸将继之，突葛速等破敌，降河阳。而宋人既撤河桥，活女于是自津溯流，行三十里，见河水□□□□□□□□□□□□□□□□□□□□□□□□□□□□□，浮深涉浅，而驰于中洲，俄已登岸。临岸，敌望之，以为神，不击自遁。诸军毕济，遂取洛京及郑州。合大军围汴，与孛堇□□□□□□□□□□□□□□□□□□□□□□□□□□□□□□□□冒围出战。王见其锋锐，不以逆击，使活女率精兵横截之，敌众乱。王乃督诸军进战，手中流矢，整辔挺枪，驰击自若。敌大败，奔城。而城中□□□□□□□□□□□□□□□□□□□□□□□□□□，为诸军所覆。

既克宋，帅府俾王统诸军西趣陕津，讨河东未附郡县。至渑池，大破宋师范致虚勤王之师三十万，僵尸盈沟，致虚仅以数十骑遁去，遂克陕府。济河□□，又破敌二万，降解州。攻河中，城坚，拒守。王使其弟倚梯间关，登陴，俄援甲士三人上，与敌格斗，诸军继进，克之。蒲人西走，先出者焚桥而去，余溺于河，使并流拯之，活其卒五百人。于是置蒲、解二守，以进士摄诸县长吏，招抚散亡。以活女领二猛安军留镇中京，又降绛、慈、隰、石四州而还。

元帅府将平陕西，以王尝请之，使诣阙，图上方略。还，率诸路军合万人以行。出慈州，乘冰渡河而南，复与范致虚军十六万遇于朝邑，大破之，遂降同、华。进破重敌于潼关，徇地京兆，败敌数万于长乐坡。遂克京兆，擒其经制使傅亮，转降凤翔、陇州。凤翔寻叛，进军城下，破其援兵十余万，攻拔之。还，败敌三万于武功，日中复败三万于近地，又破十五万于渭南。北趣鄜延，徇下诸郡，招降折可求，收麟、府、丰三州及诸城堡。克晋宁军，杀其守徐徽言。

京西陕府叛，复讨平之。又破重敌于渭水、终南，略地西北。宋将吴玠率军二十万来拒，遇于武河，战十有四合，而敌气始衰，遂大破之。陕府又叛，往讨之。既成围，使以薪刍绝池筑甬，列冲棚，临城攻之，池水忽涸。王戒将士曰："敌泄池水，必突地欲焚甬也，严备之。"既而烟出于堑，遂撤攻具而退，须臾火发，甬为所焚。敌复引水自固，王使以沙囊塞堑，于是梯冲并进，数日攻克。擒其将李彦仙及援兵之将赵士伯，戮之。

鄜延复叛，于是王已感末疾。睿宗皇帝时为元帅，将亲平陕右，使王先讨定鄜延。而宋将张浚率步骑十八万壁富平，睿宗皇帝会诸军迎敌。王至，见敌游兵千余逾沟来觇，乃率百余骑邀击，而设伏于厄。以轻骑诱之出，将前伏发，返辔夹击之，斩馘略尽，执生口以献，遂领左翼。及敌兵遇于两沟之间，自日中战至于昏，六合而后败之，始合右翼，引却。王援之，乃复振。明日，睿宗皇帝宴赉有功将士，顾谓王曰："力疾鏖战，以徇国家。遂破大敌，虽古名将，何以加也。"悉以帝筵所用金银酒具及细坚甲胄，副以马铠、战马七匹赏之。

由是，疾增剧，以天会八年十二月九日卒于泾州回□之西原，年五十有三。军中哭之，如亲丧焉。讣闻，太宗震悼，诏遣亲卫驰驿，护其丧归，葬于济州之东南奥吉里。复遣皇子鹘沙虎、宗子银术可迓之车驾，还自中京，道临其终南之际，亲至祭奠，哭久之，所以赠赙者良厚。天会十四年追赠使相，官制行，改赠开府仪同三司，又追封莘王。正隆二年，改封金源郡，配曰温都氏，追封王夫人，子男七人，长曰活女，官至仪同三司、京兆尹、本路兵马都总管；曰斡鲁，光禄大夫、迭刺部节度使；曰谋衍，崇进留守东京；曰什古乃，金吾卫、上将军、留守北京。孙：男仕者，曰斛鲁，镇国上将军，世袭猛安；曰度刺，世袭谋克；曰宁古，符宝祗候；曰撒葛祝，太子内直郎；曰辞烈，宿卫士。

王鸷勇果毅，济以明略。始自伐辽，迄于克宋，率身先行陈，前后数千百战，未尝不捷。独追获辽主，至于取汴，棰马以涉大河，威名震慑南北。自国初迄今，言将、帅、臣无能出其右者。大定十六年，天子思其功烈，诏图像太祖原庙，明年大祫[2]，配享太宗庙庭，谥曰壮义。又敕词臣撰次之，建碑墓隧。臣窃惟王之考金紫公在世祖戡难定乱时，为不二心之臣，书勋史册，王以忠贞才武，辅佐太祖、太宗征伐，功无与二，称颂至今，《传》所谓“世济其美”者欤？铭曰：

金兴受命，实始翦辽，武元载旆，畴若戎昭。[3]
王惟世臣，熇熇忠荩，视敌无前，身先行陈。
武元致届，顺天应人，天讨有罪，生此虎臣。
靡坚不摧，靡强不踣，薄伐云朔，至于漠北。
匪学孙吴，出奇纵横，以寡覆众，殄歼夏兵。
掩追亡逋，屡执丑虏，反辔风山，卒获辽主。
迨及伐宋，经营太原，所在寇敌，如云之屯。
王锋一临，如晛之雪，肤功之奏，奚啻三捷。
宋既画疆，乃复渝盟，王弗解甲，师弗留行。
宋阻洪河，舟梁既撤，靡杭一苇[4]，长驱而入。
先之巩洛，合围汴梁，困兽搏斗，击之而僵。
亦既克汴，趣师关陕，貔貅裹粮，金汤失险。
富平之役，□□□□，王身厉疾，威犹靡及。
以死勤事，虽疾亦力，劲敌何有，力战乃克。
寇垒既清，陕右遂平，王诚有功，□□□□。
维昔先正，□□□□，□□□□，□□□□。
肖形以图，写勋而□，□□□□，千载如生。
□□□□，□□□□。

【注释】

[1]简称《完颜娄室神道碑》，置于完颜娄室墓前，为王彦潜奉旨所撰。碑文漫灭，讹误尤多，此参《全辽备考》并校录之。此前，皇统初年翰林王竞写有《完颜娄室墓碑》，应与神道碑不同。《金史·王竞传》：“皇统初，参政韩昉荐之，召权应奉翰林文字，兼太常博士。诏作《金源郡王完颜娄室墓碑》，竞以行状尽其实，乃请国史刊正之，时人以为法。”

[2]祫：古时天子诸侯宗庙祭礼之一。

[3]戎昭：语出《左传·宣公二年》：“戎，昭果毅以听之之谓礼。”

[4]靡杭一苇：典出《诗经·卫风·河广》：“谁谓河广，一苇杭之。”

第四篇　完颜希尹其人其事

041 完颜希尹的神格：天羊星

羊神，是中国传统图腾，即天羊，是西方白虎七宿第五星毕宿中的一颗大星。《山海经·海外西经》中有“常羊之山”，也有如羊的瑞兽猼訑和䑏。《山海经·南山经》：“（基山）有兽焉，其状如羊，九尾四耳，其目在背，其名曰猼訑，佩之不畏。”《山海经·北山经》：“其状如麢羊而四角，马尾而有距，其名曰䑏，善还，其名自訆。”䑏，即挥，为轩辕黄帝之孙，一说为黄帝之子，彤鱼氏所生，为张姓始祖。完颜希尹家族墓地的西北方向，群山组成了怪兽“狍鸮”的形象，人面羊身，虎齿人爪，包含了“羊”的文化元素。

羊，为传统战神，十二生肖之一，民间有“羊将军”之称。古时战神位于东方青龙和西方白虎座内。青龙座中的武将一般主戍卫，角、亢、氐、房、心、尾、箕七宿皆为马神。白虎座中的武将主征伐。虎、猪、狗、鸡、狼、兔、羊、狐为白虎座内的星神，各具性情，皆属战神，主杀伐。龟、蛇、牵牛在北方玄武座内，朱雀主南方。狼神，即天狼星，亦为战神，在西方白虎第七星参宿之内，是羊神亦敌亦友的天神伙伴。①

完颜希尹的神格为羊神，即天羊星下界，前世为西汉留侯张良，完颜希尹也常以留侯张良自比。《三朝北盟会编》卷三：兀室“奸猾而有才，自制女真法律、文字，成其一国，国人号为‘珊蛮’。‘珊

①狼与羊是捕食者与被捕食者的关系。羊的适应能力很强，可以用门齿把草根挖出来吃掉，对草原有很大的破坏性。从这个意义上说，羊群吃掉的不只是草，而是大片的草原。人们失去了草原，就失去了生存的根基。狼吃掉羊，保护了草原不被羊群破坏和毁灭，维系了草原的生态平衡。因此，在草原文化中，狼是一种很重要的图腾，即狼神。狼神虽然凶面獠牙，狰狞可怖，是一副恶者的形象，但它能带给人类更加长远的福祉。

蛮'者,女真语'巫妪'也。以其通变如神,粘罕以下皆莫之能及。大抵数人皆黠虏也"。黠虏,即狡猾的胡虏。完颜希尹为人微妙玄通,深不可测,宋人看不透他,故以"黠虏"称之。

金代诸战神中,以完颜宗翰神格最高,为虎神,"四象"之一,统领西方七宿奎、娄、胃、卯、毕、觜、参。民间传说,虎神西周时下界为武王姬发,西汉时为汉将曹参,三国时为魏武曹操,六朝时为后赵石虎。完颜希尹是天羊星,为毕宿下的一颗大星,比虎神低两级。完颜娄室为狗神,一作獒神,是忠勇仁义的化身,是昴宿旁边的一颗大星。

042 完颜希尹的前世:西汉留侯张良

完颜希尹的前世,一说为"汉初三杰"之一的留侯张良,完颜希尹常常以此自谓。张良(?—前186),字子房,西汉时期杰出的政治家、军事家、战略家。张良的主要事迹载于《史记·留侯世家》《汉书·张良传》,并散见于《史记》《汉书》的《高祖本纪》等章节中。张良学识渊博,洞悉人心,是中国历史舞台上的人杰、先知。他在西汉开国时的作用相当于西周时的姜太公,开国后的作用

甘肃武威雷台汉墓出土张良铜像

相当于周公。张良集太公、周公二圣于一身，是西汉政治舞台上的风云人物。

张良是西汉时期道家的代表人物，为“汉初三杰”之一，常为任侠，除暴安良，曾深受百姓爱戴。《史记·留侯世家》言张良“居下邳，为任侠”。民间传说，张良生前为英雄、任侠，死后为神仙，化身为羊的模样，保护善良的人们不被暴虐伤害。羊神，是智慧之神，也是老百姓的保护神，是汉民族的重要图腾之一。西汉司马迁曾见过张良之像，说他“状貌如妇人好女”（《史记·留侯世家》）。据笔者考证，甘肃武威雷台汉墓为张道陵墓，墓主是留侯张良八世孙。墓中出土了多尊青铜雕像，其中有留侯张良的铜像，与司马迁所称者合。

张良为人谦恭、低调，在物质利益面前知道知足而退。张良曾言：“今以三寸舌为帝者师，封万户，位列侯，此布衣之极，于良足矣。愿弃人间事，从赤松子游耳。”另一方面，张良精通道术，常作辟谷、导引之法。纵观张良一生，一直没有高官显位，经常处于隐居的状态。道教创立后，张良居于羊神之位，后世将羊列为十二生肖之一，世代祭祀不辍，得享万代馨香。甘肃武威地区东汉墓出土了石羊和木羊，民间称为“羊将军”，为张良的神格所在，是张良的精神和人格永存于世的象征。

甘肃武威出土东汉木羊

043 完颜希尹的前世：后赵谋主张宾

完颜希尹是一位卓越的军事家，常常亲临一线作战，所向则克，用兵如神。他曾率八骑追赶逃亡的辽天祚帝，重演了十六国时期“十八铁骑”的历史。完颜希尹为战神，为羊神下界，前世为后赵谋主张宾，神格亦为羊神。笔者认为，完颜希尹的一生与张宾颇有相似，应看作是后赵谋主张宾的转世重生。

张宾（？—322），字孟孙，赵郡中丘（今河北内丘）人，出身于知识分子家庭，为清河望族，一说为汉留侯张良之后。永嘉大乱，石勒为刘元海辅汉将军，与诸将下山东，张宾对亲友说：“吾历观诸将多矣，独胡将军可与共成大事。”于是提剑军门，大呼请见。起初石勒并没有视其为奇才，后张宾渐进良策，引起石勒的注意，将其引为谋主。西晋之时，阶级矛盾上升为社会的主要矛盾，民族矛盾已经退居其次。石勒虽是外族，却是自家的阶级弟兄，张宾因此放弃了西晋，选择了石勒，成为石勒夺取天下的高参。

作为匈奴军队的最高指挥和决策者，张宾深怀对胜利的渴望，他深知没有了胜利，就没有了一切。与晋军作战，张宾之所以能做到计无遗算，其实是实力的反映。《晋书·石勒载记下》说张宾“机不虚发，算无遗策，成石勒之基业，皆宾之勋也”。张宾指挥匈奴军队灭西晋和前赵，又因机拯救了东晋，使大量的汉族士子得以保全，其中不乏王导、谢尚、王羲之这样的名流显贵。

张宾为两晋时期道家学派的代表人物，他谦虚敬慎，开襟下士。士无贤愚，造之者莫不得尽其情焉。他肃清百僚，屏绝私昵，入则格言，出则归美，直至功成身退。时人对他评价甚高。

晋永昌元年（322），张宾羽化登真，“及卒，勒亲临哭之，哀恸左右”（《晋书·石勒载记下》）。石勒厚葬张宾于中丘（今河北内丘），墓穴至今古柏尚存，其葬地现称为“铁顶墓村”。①另，《顺德府志》和《广宗县志》载广宗县有张果老墓，墓主为唐代道士。唐代的张果老

①河北邢台内丘铁顶墓村张宾墓，即应是八仙之一张果老家族墓地。邢台还有张果老山，又名仙翁山，位于邢台市西部15公里处。

或许是后赵张宾的后裔。张宾驱虎下山，以匈奴虎师破百万晋兵，灭西晋和前赵，书写了中国战争史的传奇。

044 完颜希尹与大海、天地

有一次，完颜希尹把汉族士子叫到海边，指着大海说："这是大海！"士子们无不称诺。但接着他又说："谁说海大？我的本事可以把大海填平淘干，只是不能使天地拍在一起罢了。"

这段话的原文记录在南宋洪皓的《松漠纪闻》和《宋史·洪皓列传》中，版本略有不同，表达了完颜希尹要立马吴山、统一中国的愿望。《松漠纪闻》："悟室锐欲吞中国，曰：'孰谓海大？我力可干，但不能使天地相接尔！'"①《宋史·洪皓列传》："悟室锐意南侵，曰：'孰谓海大，我力可干，但不能使天地相拍尔。'"洪皓听后，告诫说："兵犹火也，弗戢将自焚，自古无四十年用兵不止者。"吞中国，即统一中国。我力可干，指"搬山填海"的典故，中国古代神话，也可解作"精卫填海"。天地相接，可以作为统一中国的一个比喻。

①天地相接：指天地合，典故出自汉乐府民歌《上邪》："上邪！我欲与君相知，长命无绝衰。山无陵，江水为竭，冬雷震震，夏雨雪，乃敢与君绝。"

045 完颜希尹与舟船

东北地区水资源丰富，女真人自古以来以渔猎为主，十分依赖于水上设施。但因为历史的原因，到金代建国前仍然使用原始的梭船，运载量有限。梭船是独木舟，之所以称为"梭船"，大概是因为船的两头是尖的，形态如同纺织用的梭子。到海陵王完颜亮时期，金人已经能建造战船。

船是中国远古时期一项十分重要的发明，远古时期生态良好，参天大树很常见，乃至于有"树高千丈，落叶归根"的古语。独木舟因材而制，有多高的树木，就可以造多长的船。可见，独木舟虽独木而成，但形制巨大，可以满足古人水上运输乃至远航的需要，功能并不输于现代的船只。《开元占经·甘氏中官占五·积水星占六十七》："星动摇而行上，舟船摩天。"舟船摩天，可知船体之大。

据《山海经》记载，发明船的人叫番禺，这时候的船就是独木舟，也就是《松漠纪闻》所说的梭船。番禺设计发明了大船，因此被奉为船神，称"天船星"。《山海经·海外东经》："大人国在其北，为人大，坐而削船。一曰在䃘丘北。"削船，一说即梭船，削与梭音近通假。[①]

①削船：一说作"操船"。郝懿行："削当读若稍，削船谓操舟也。"

《周易·系辞下》说："舟楫之利，以济不通。"说黄帝"刳木为舟，剡木为楫，舟楫之利，以济不通，致远以利天下"。《山海经·海内经》："帝俊生禺号，禺号生淫梁，淫梁生番禺，是始为舟。番禺生奚仲，奚仲生吉光，吉光是始以木为车。"帝俊，一说即轩辕黄帝，故而番禺是轩辕黄帝的曾孙。但是，这一排位显然是有问题的。因为中国发明造船的历史要远比轩辕黄帝要早，船的发明者番禺的年龄也可能要比轩辕黄帝大得多。

梭船是东北打鱼和水上运输的基本工具。但随着生态的日益退化，参天大树越加难得，梭船形制变小。为了运输更多的东西，人们只有把很多船连接在一起。到了金代，完颜希尹善于学习，他引进了中原地区的造船工艺技术，请南方的工匠造船，船体变大了，装载的东西更多，也更安全，能够航行很远的距离。大船造好以后，完颜希尹用来运输粮食和鱼。南宋洪皓《松漠纪闻》："其俗刳木为舟，长可八尺，形如梭，曰'梭船'，上施一桨，止以捕鱼。至渡车，则方舟或三舟。后悟室得南人，始造船，如中国运粮者，多自国都往五国城载鱼。"

046 完颜希尹与装甲车

装甲车是现代战争的重要工具，是有防卫设施的作战车辆，最早的设计源于完颜希尹发明的“楼车”。完颜希尹是金代的大知识分子，他礼贤下士，艺能之士多归之。他重视汉文化，对待汉族士子友好坦诚，依《完颜希尹神道碑》碑文所载：“所获儒士，必礼接之，访以古今成败。”

完颜希尹俘获南方的工匠，利用他们改进了车辆，改变了北方少数民族“车则步推”的状况。完颜希尹设计制作了多种作战装备，其中大概有如云梯、大炮、鹅车、洞子之类。《续资治通鉴·宋高宗绍兴三十二年(1162)》：“金兵益置大炮十四所，更用鹅车、洞子拥迫城下，矢石乱发。”这里提到的金兵的作战武器大炮、鹅车、洞子，凝聚着完颜希尹的智慧和心血。

在完颜希尹设计发明的军事设施中，有配有装甲设施的楼车，即今天所说的“装甲车”。辽保大二年(1122)四月，金兵攻克辽西京(今山西大同)，是中国早期装甲兵作为独立的兵种参加战斗的一个重要案例。《完颜娄室神道碑》：“(娄室)又作楼车，巩之以革，施四轮其上，出陴堞以阚敌。诸军乘之，而遂克城。”完颜娄室在攻打西京使用了楼车，巩之以革，即古代的装甲设施。攻城楼车虽说是完颜娄室制作，但设计理念应是来自完颜希尹，是他努力研习古代文化的所得。①

楼车形制高大，如同城楼，车下装有四个车轮，又覆重甲，既可洞穿城墙，又可躲在掩体内，居高临下。完颜娄室在灭宋之战中，在攻打河中府(今山西永济)时再次使用了装甲车和装甲兵。面对数以万计的依靠城防固守的宋军，完颜娄室所派出攻城者仅其弟一人而已。《完颜娄室神道碑》记载：“攻河中，城坚，拒守。王使其弟倚梯间关，登陴，俄援甲士三人上，与敌格斗，诸军继进，克之。蒲人西走，先出者焚桥而去，余溺于河，使并流拯之，活其卒五百人。”北宋

①“装甲兵”一事，最早可见《新唐书·南蛮传中·南诏下》：“二月，蛮以云梁、鹅车四面攻，士叫呼，鹅车未至，陴者以巨索钩系，投膏炬，车焚，箱间蛮卒尽死。”鹅车，即带有装甲设施的战车。据此可知，“装甲兵”之事唐朝已有，完颜希尹和完颜娄室只是最早成功使用了装甲车和装甲兵，并非是初创者。

靖康二年(1127),金军直逼河中府,蒲州城坚,宋军固守。完颜娄室命其弟用带有防卫设施的高车登城,继而令三名披甲胄的壮士增援。四人登城格斗,如虎入羊群,威风凛凛,勇不可当,宋军叫苦不迭,四散奔逃。完颜娄室军蜂拥相继,遂破此城,蒲人西逃。先行渡过黄河者焚毁了桥梁,后继者被水淹溺。完颜娄室命令两岸的士兵打捞拯救,有五百宋兵因此得救。完颜娄室遂得仁义之号,英名响彻大江南北。

047 完颜希尹与飞机之术

飞机,古称"凫舄",是古代的飞行器,早期被设计成鞋的样子。凫,飞鸟。舄,音细,大鞋。"凫"与"飞"同义,古音相同;"舄"与"机"古音相同,故"凫舄"古语读为"飞机",即今名。南朝梁沈约《善馆碑》:"霓裳不反,凫舄忘归。"南宋洪迈《应天山》诗:"天上真人蹑凫舄。"凫舄,《山海经》中作"凫徯",为人面鸟身之神,主兵祸之灾,应是一个乘飞行器男子的艺术形象。《山海经·西山经》:"(鹿台之山)有鸟焉,其状如雄鸡而人面,名曰凫徯,其鸣自叫也,见则有兵。"

飞机之术,古称乘蹻,是古代的飞行术,应是一种滑翔技术。蹻,早期作"交",是交叉的十字,为古代的滑翔用具。曹植《苦寒行》:"乘蹻追术士,远在蓬莱山。"东晋葛洪《抱朴子·杂应篇》:"若能乘蹻者,可以周流天下,不拘山河。凡乘蹻道有三法,一曰龙蹻,二曰虎蹻,三曰鹿卢蹻。或服符精思,若欲行千里,则以一时思之;若昼夜十二时思之,则可以一日一夕行万二千里,亦不能过此。"龙蹻,是龙形的飞行器,虎蹻,是虎形的飞行器;鹿卢蹻,鹿卢形(圆形)的飞行器。

2012年,新疆哈巴河县多尕特山谷发现多幅飞行器的史前岩画,包含乘蹻的多个种类,客观反映了古代乘蹻之术的面貌。岩画中有葛洪《抱朴子·杂应篇》提到的龙蹻、虎蹻、鹿卢蹻,还有形如火箭的"凫舄"。可见,中国古代不仅有飞行器,而且有很多的种类。

飞机原为道家内术，起源于黄帝时代。完颜希尹应是在民间访得此术，秘密钻研，装备部队。完颜希尹行军之快，往往不能用骑术来解释。比如《完颜希尹神道碑》记载了平定耶律余睹、萧高六等人的谋反，“王驰驿，一日而至西京”。从缙山（今属北京延庆）到西京（今山西大同）大约500里的路程，完颜希尹竟能一日而至，并且“摘发神速”，镇定自若，这不是用快马就可以简单解释的。完颜希尹的“神驹”有可能不是一匹战马，而应是一架气动的飞艇或无动力的滑翔机，即古时的“皀舄”。飞行器的应用，践行了《孙子兵法》“善攻者动于九天之上”的思想。只有飞行器，才能满足完颜希尹的各项作战要求，对完颜希尹作战神速做出合理的解释。

金兵曾有楼车，史中也有称“鹅车”者，出于完颜希尹。鹅车如同高楼，外罩坚甲，底下有四轮，后来又与云梯整合，形如鹅状。鹅车高者可与城楼等高，似乎可以满足滑翔的技术要求。而对手完全没有防空意识，神兵天降，往往猝不及防。俗话说，“月黑杀人夜，风高放火天”，风高很适合飞行器的飞行，月黑很适合隐蔽。月黑风高的夜晚，是对守城士兵而言，是极其危险的时刻。此时，金兵利用飞行器具如同夜盗降临，是致命性的。中国古代的城防素有“固若金汤”的称誉，到完颜希尹时，这一神话被彻底打破了。《完颜娄室神道碑》有“金汤失险”的叙述，应指此而言。

新疆哈巴河县多尕特山谷史前岩画中的虎蹻、鹿卢蹻和皀舄（陈龙摄，鲁礼鹏供图）

《完颜希尹神道碑》记载，康王赵构在睢阳称帝建立南宋以后，“我军遂复渡河，取澶、濮、大名诸城，攻拔者或屠之”。金兵攻陷澶州、濮州、大名之后，采取了屠城的举措，将城中男女无论贵贱长幼悉数处决。金兵之所以屠城，没有政治上的需要，而应是出于军事上的考量。从军事上看，屠城保守住了破城的秘密，保证了胜利的全局。从这一点上，也可以推测飞机之术应是金兵取胜的秘技。完颜希尹在战场上应是不同程度地使用了“空降兵”，因此能够破军杀将，不断突破敌军森严的壁垒。

048 完颜希尹与马镫

马镫，一作“马蹬”，是骑马时的蹬具，骑手可以由此跨立马上，增强了骑马的舒适感和灵活性。完颜希尹擅长骑马，马镫是必不可少的用具。

马镫大约起源于六朝时期，起初只是民用马具，并没有装备于骑兵。到金代，马镫已是战马的重要装备。马镫普遍应用于骑兵部队，完颜希尹是一个重要的参与者。马镫将战马和骑手结合为一个统一

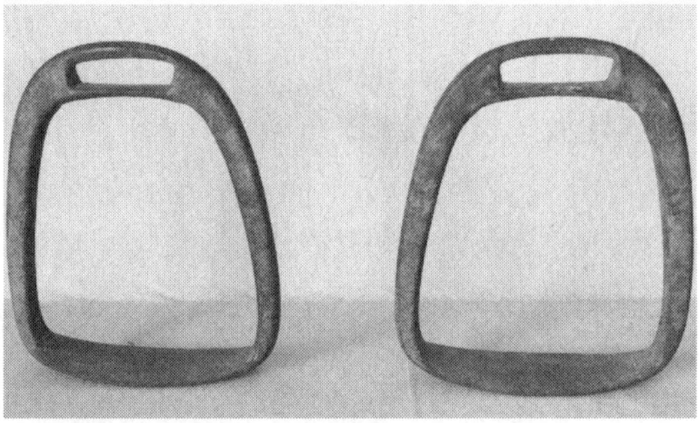

辽金时期的马镫

体，由此产生协调的战术动作，大大提高了骑兵的战斗力。完颜希尹的马镫之术后来被蒙古军队学去，蒙古军队的战斗力大为增强。因此，从这个意义上说，应该是完颜希尹的马镫造就了成吉思汗的铁骑。

完颜希尹善于发明创造，子孙承其家风。《完颜守宁墓志》说："凡所营造，见之辄会，故多能鄙事，尤长征伐攻战之具。"完颜守宁是完颜希尹的孙子，擅长发明创造，尤其是军械兵器，应是受到了完颜希尹的教育和影响。

049 完颜希尹与金代长城

金代长城的修筑，起于金太宗天会年间到金章宗泰和年间，计80余年。金代修筑的长城总长度达到了4300公里以上，耗费了金王朝一半的国力，是对抗蒙古部族的一项十分重要的军事工程。①

①李丕华：《金代东北路招讨司辖区内七段长城的功用》，载《东北史地》2012年第1期。

长城最早起源于筑墙术。墙是房屋的基本组件。发明筑墙术的人被后世尊为墙神，在中国古典天文中称"东壁"，是北方玄武座第七星，是很重要的一位远古星神。东壁下还有一颗小星，叫"天市垣星"，也称"长城星""长垣星"，是万里长城在天空中的投射点。

距今约6300年前，中华人文初祖之一的伏羲氏驯服了牛马，畜牧业有了很大的发展。出于放牧和管理牛马的方便，中国人开始在崇山峻岭之间修筑长城，造就了巨大的牧苑。历史上，放牧和耕作是一对矛盾，人们不能在耕作的庄稼地里放牧。早期长城的作用，

伏羲氏之山（辽宁省凌源市前进乡）

为牧圉，是把牧区和农业区区分开来，便于专业化的管理。《史记·天官书》正义："娄三星为苑，牧养牺牲以共祭祀，亦曰聚众。"在中国古典天文中，伏羲氏为二十八宿之一的斗宿，是北方玄武第一星，处在龟蛇的蛇头部位，地位十分突出。伏羲氏逝世以后，为了纪念伏羲氏驯服牛马、修筑长城的功绩，人们在伏羲氏的陵墓之前修筑了一段"一"字形的长城，这是确认伏羲氏墓的重要证据之一。

完颜希尹与金长城的修筑有关系。天会十三年(1135)，完颜希尹以尚书左丞相的身份与太师宗磐出兵北伐，在呼伦贝尔大草原扫平蒙古诸部落。对于所获牛马，完颜希尹曾建议说"当留备边用"(《完颜希尹神道碑》)。所谓"边用"，即边防之用，维护和修筑长城应为"边用"中很重要的一项。但是，太师宗磐并没有这么做，而是将得来的牛马作为战利品私分。不仅如此，他还诬告完颜希尹伪造皇帝的旨意，在廷前与皇帝争辩。完颜希尹为此十分寒心，以致产生了隐退的想法。

050 完颜希尹与"海东青"

"海东青"，即隼，一作鹘，辽金时期的图腾，被视为"神鸟"，有"兔起鹘落"的成语，形容其矫健、敏捷。南宋叶隆礼《契丹国志》："女真东北与五国为邻，五国之东邻大海，出名鹰，自海东来者，谓之海东青。"明李时珍《本草纲目·禽部》："青雕出辽东，最俊者谓之海东青。"清康熙帝《海东青》诗："羽虫三百有六十，神俊最数海东青。性秉金灵含火德，异材上映瑶光星。"清杨宾《柳边纪略》："海东青者，鹰品之最贵重者也，纯黑为极品，纯白为上品，白而杂他毛者次之，灰色者又次之。"

辽人曾向其女真部征集神鸟"海东青"，引起了女真人的反感，成为阿骨打兴兵伐辽的一个重要因素。南宋洪皓《松漠纪闻》记述"后求海东青，使者络绎"，所指即辽国向女真部索要"海东青"一事。清代沈兆禔《辽金衅起海东青》诗："辽金衅起海东青，玉爪名鹰贡久停。盛世珍禽原不贵，每罗纯白献天庭。”

金人崇拜鸟，向往飞翔。传说阿骨打出生时，有神鸟“海东青”在旁边发出“阿骨——打，阿骨——打”的叫声，他的父亲完颜劾里钵抓住了这一灵应，将神鸟开光过的这个男婴取名为“阿骨打”。在金源文化中，“海东青”象征着战斗精神，为战神之鸟。它犀利、敏锐，身材娇小却力大无穷。女真族从“海东青”身上获得启示，曾以数千人的军队，先后消灭了拥兵百万的辽国和北宋，建立了金王朝，书写了中国战争史的传奇。

051 完颜希尹与浮桥

《大金国志》称金人“济江河不用舟楫，浮马而渡”。完颜希尹南征北战，常遇河流，浮深涉浅，不为所阻。所谓“浮”，即架设浮桥。但这种浮桥很特殊，为“浮马而渡”，应该是将马喂饱后放到河里，然后将漂浮的马匹连缀起来搭建的浮桥。

中国桥梁的发明有悠久的历史，至少在“上三皇”时期已经有了浮桥，是以漂浮物为桥基构建的。随着工程技术的发展，后来有了横跨水面之上的木桥和石桥。金人的“浮马而渡”，应是一项很有骑兵特色的发明。

052 完颜希尹与火药

完颜希尹在世之时，尊重知识，引进了大量的中原人才，使金国的手工业得到快速发展。火器的制造业随之发展起来，这大大提高了金兵的作战能力。金代的火器引进了北宋和西夏的方法，以火药为填料，制作和衍生出了多种爆炸物和燃烧物。火器，即热兵器，

西夏瓷蒺藜（宁夏博物馆藏）

表现出了比冷兵器优越得多的杀伤性能，在伐辽灭宋的作战中发挥了效用。

火药起源于炼丹术，是中国古代的“四大发明”之一。到了金元时期，是火药应用于实战的历史时期。在金代的手工业中，火器制造占有很大的比重。火药的出现并且应用于战场，标志着人类社会由冷兵器时代进入了热兵器时代，是一个十分重要的历史事件。

053 完颜希尹与阿骨打

完颜阿骨打（1068—1123），即金太祖完颜旻，金代开国皇帝、政治家、军事家。完颜希尹早年与金太祖完颜阿骨打有很深的交集，常常跟随在阿骨打的左右，深得信赖，是阿骨打的高参谋主之一。《陈王悟室加恩制》词：“当艰难创业之际，借左右宅师之勤。”《金史·完颜希尹传》：“自太祖举兵，常在行阵，或从太祖，或从撒改，或与诸将征伐，比有功。”《金史·完颜忠传》：“太祖器重之，将举兵伐辽而未决也，欲与迪古乃计事，于是宗翰、宗干、完颜希尹皆从，居数日。”

完颜希尹早年追随阿骨打，有一次甚至救过阿骨打的命。辽天庆二年（1112）二月，辽天祚帝在春州（即长春州，今吉林前郭塔虎城）举行头鱼宴，完颜希尹随阿骨打参加。宴会上，阿骨打被辽贵人羞辱，阿骨打拔剑欲杀之，幸被希尹拦下。《辽史·天祚皇帝本纪》："（天庆二年）二月丁酉，如春州，幸混同江钓鱼，界外生女直酋长在千里内者，以故事皆来朝。适遇头鱼宴，酒半酣，上临轩，命诸酋次第起舞。独阿骨打辞以不能，谕之再三，终不从。他日，上密谓枢密使萧奉先曰：'前日之燕，阿骨打意气雄豪，顾视不常，可托以边事诛之。否则，必贻后患。'奉先曰：'粗人不知礼义，无大过而杀之，恐伤向化之心。假有异志，又何能为？'其弟吴乞买、粘罕、胡舍等尝从猎，能呼鹿、刺虎、搏熊。上喜，辄加官爵。"《三朝北盟会编》卷三则说完颜希尹救阿骨打事在辽道宗时期："道宗末年（1101），阿骨打来朝，以悟室从。与辽贵人双陆，贵人投琼不胜，妄行马，阿骨打愤甚，拔小佩刀欲剚之。悟室急以手握鞘，阿骨打止得其柄揕[①]其胸，不死。道宗怒，侍臣以其强悍，咸劝诛之。道宗曰：'吾方示信以待远人，不可杀。'或以王衍纵石勒、张守赦安禄山终致后害为言，亦不听，卒归之。"

①揕：《三朝北盟会编》作此。国家图书馆藏黄丕烈题跋元刻本作"杙"，清嘉庆二年（1797）席世臣校刻扫叶山房本作"戕"。

后来，阿骨打实力益壮，完颜希尹与宗翰等劝说阿骨打建国。《金史·完颜宗翰传》："太祖败辽师于境上，获耶律谢十。撒改使宗翰及完颜希尹来贺捷，即称帝为贺。及太宗以下宗室群臣皆劝进，太祖犹谦让。"《金史·太祖本纪》："撒改使其子宗翰、完颜希尹来贺，且称帝，因劝进。太祖曰：'一战而胜，遂称大号，何示人浅也。'进军宁江州，诸军填堑攻城。"《金史·撒改传》："遣子宗翰及完颜希尹来贺捷，因劝进，太祖未之从也。"

阿骨打对完颜希尹十分信任。范仲熊《北记》记载了他在金军中的见闻："骨舍与粘罕至相得，而骨舍才尤高。自阿骨打在日，三人用事未尝中覆，每有所为便自专，阿骨打每抚其背曰：'孩儿们做得事必不错也。'[②]一切皆任之，以至出诰敕命相皆许自决，国中事无大小，非经此二人不行。至于兵事，骨舍又专之，粘罕总大纲而已。"骨舍，即完颜希尹；粘罕，即完颜宗翰。两个年轻人在完颜阿骨打的培养下，都成长为金代杰出的政治家和军事家。

②《大金国志》中，阿骨打说的话作"儿辈作事，必不错也"。

女真一直只有语言没有文字，天辅二年（1118），阿骨打令完颜希尹造女真字。天辅三年（1119）八月，字成以献，阿骨打十分满意，诏令通行。完颜希尹也因此受到了阿骨打的表彰和嘉奖。

054 完颜希尹与吴乞买

吴乞买(1075—1135),即金太宗完颜晟,金代政治家,完颜阿骨打之弟,阿骨打去世以后继位。完颜希尹早年与吴乞买、宗翰经常跟随阿骨打打猎。《辽史·天祚皇帝本纪》:“其弟吴乞买、粘罕、胡舍等尝从猎,能呼鹿、刺虎、搏熊。”

金太宗天会三年(1125)十月七日,诏令诸路将领伐宋。命令谙班勃极烈杲兼任都元帅,移赉勃极烈宗翰兼任左副元帅[①],先锋经略使完颜希尹为元帅右监军,左金吾上将军耶律余睹为元帅右都监,从西京出发进入太原。天会四年(1126)闰十一月,完颜希尹与宗翰克汴。天会五年(1127)九月二十四日,太宗因战功赐予完颜希尹丹书铁券,除常赦不原之罪,余释不问。

①移赉勃极烈:指三贝勒。移赉,女真语“yilan”,“三”的数词;勃极烈,后世称“贝勒”。

055 完颜希尹与合剌

合剌(1119—1150),即金熙宗完颜亶,政治家,有深厚的汉文化修养,创立女真文字,称女真小字,完颜希尹所创为女真大字。

《金史·熙宗本纪》:“天会八年(1130),谙班勃极烈杲薨,太宗意久未决。十年(1132),左副元帅宗翰、右副元帅宗辅、左监军完颜希尹入朝,与宗干议曰:‘谙班勃极烈虚位已久,今不早定,恐授非其人。合剌,先帝嫡孙,当立。’相与请于太宗者再三,乃从之。”完颜希尹后与宗翰俱朝京师,请立熙宗为储嗣,太宗遂以熙宗为谙班勃极烈(后世称大贝勒)。金史熙宗即位,希尹为尚书、左丞相兼侍中,加开府仪同三司。从伐辽灭宋到金朝立国之初,他在内政、外交、军事、科技、文化诸多领域深有建树，此绝非金熙宗所能及。完颜希尹功高震主，金熙宗忌之深切，希尹终为其所害。

《金史·熙宗本纪》："（天眷）三年（1140），赐希尹诏曰：'帅臣密奏，奸状已萌，心在无君，言宣不道。逮燕居而窃议，谓神器以何归，稔于听闻，遂致章败。'遂赐死，并杀右丞萧庆并希尹子同修国史把答、符宝郎漫带。"符宝郎，殿前都点检司官员，掌皇帝御宝及金银令牌等。《完颜守宁墓志》称漫带为"宁远大将军符宝"。

056 完颜希尹与宗翰

完颜宗翰（1080—1137），与完颜希尹关系最为密切的女真将领，女真本名粘没喝，汉名粘罕，国相完颜撒改长子，金代政治家、军事家，勇猛有谋略。金太祖完颜阿骨打建国后，他备受信用，参与指挥伐辽灭宋等重大战役。完颜宗翰的神格为虎神，完颜希尹为羊神，皆属战神，位在"十二生肖"之列。虎神，也为"四象"之一，神阶其实比羊神要高很多。完颜宗翰的前世，西周时为武王姬发，西汉时为汉将曹参，三国时为魏武曹操，后赵时为石虎，皆为中国古代著名将领和领袖，对中国传统文化和中国的历史进程有深刻的影响。

金太祖阿骨打临终之时，嘱宗翰伐宋。金太宗吴乞买嗣位后，宗翰于是建策攻宋。天会三年（1125），金兵大举攻宋，南渡黄河。天会五年（1127）四月，俘虏北宋徽、钦二帝北归。天会十三年（1135），金熙宗即位，改任宗翰为太保、尚书令、领三省事，封晋国王，天会十五年（1137）病卒。正隆二年（1157），例封金源郡王。大定年间，改赠秦王，谥桓忠，配享太祖庙庭。

《金史·完颜宗翰传》评价说："宗翰内能谋国，外能谋敌，决策制胜，有古名将之风。临潢既捷，诸将皆有怠忽之心，而请伐不已。越千里以袭辽主，诸将皆有畏顾之心，而请期不已。观其欲置江、淮，专事陕服，当时无有能识其意者。甫释干戈，敛衽归朝，以定熙宗之位，精诚之发，孰可掩哉。"

明代学者王世贞评价说："自古夷狄之得志于中原者，毋若金；而金之所以得志者，则皆粘罕为之也。……粘罕之初策，以西举夏，定关陕，而后遣将渡江以追高宗，其意谓夏可期月而下也。举夏，则肘腋之患除；定关陕，则右臂之援绝。粘罕不死，宋之为宋，未可知也。夫粘罕一小虏耳，取燕下汴，算无遗策，涸宋之府库而不与其富。建策立太祖之冢嫡，而其主不能夺，使金之吴乞买得贤于宋之太宗。噫！孰谓胡无人哉！"

057 完颜希尹与斜也

完颜杲（？—1130），女真名斜也，为皇弟，辽王，金世祖完颜劾里钵第五子，金太祖阿骨打和金太宗吴乞买之弟。天会三年（1125）十月，金太宗建立元帅府，诏令诸路将领伐宋，以谙班勃极烈杲兼任都元帅。完颜斜也是灭宋时的都元帅，名义上是宗望、宗翰、希尹的上级将领。

天会八年（1130）年，斜也去世。按照女真兄死弟继的规制，斜也本是候任的金朝皇帝，但他死于太宗吴乞买之前。斜也死后，储位便一直虚置，宗翰、希尹、宗翰等于是议立合剌，太宗许之，以合剌为谙班勃极烈。吴乞买去世以后，合剌接任，为金熙宗。《金史·太宗诸子》赞颂他说："金议礼制度，班爵禄，正刑法，治历明时，行天了之事，成　代之典，杲、宗干经始之功多矣。"

058 完颜希尹与宗望

完颜宗望（？—1127），女真名斡鲁补，又作斡离不，阿骨打次子。完颜宗望经常跟从金太祖征伐，屡建殊功。完颜宗望参与组织伐辽灭宋的重大战役，战功赫赫，天会五年（1127）六月病逝。天会十三年（1135），追封魏王。皇统三年（1143），进许国王，又徙封晋国王。天德二年（1150），赠太师，加辽燕国王，配享太宗庙庭。正隆二年（1157），例降封。大定三年（1163），改封宋王，谥号“桓肃”。

完颜宗望是曾与完颜希尹一起追击逃亡的辽天祚帝，后又一起组织指挥了灭宋之战，克宋后俘宋二帝北归。

059 完颜希尹与撒改

完颜撒改（？—1121），金景祖完颜乌古乃之孙，金世祖完颜劾里钵长兄完颜劾者之子。完颜阿骨打建元收国后，撒改任国论勃极烈，随后改为国论忽鲁勃极烈，即国相。卒后，追封燕国王。海陵王正隆年间，例降为陈国公。大定三年（1163），改赠金源郡王，配享太祖庙庭，谥号“忠毅”。

撒改是完颜宗翰的父亲，也是希尹和宗翰的上级。完颜希尹年轻时，经常跟随撒改，立下过战功。《金史·完颜希尹传》：“自太祖举兵，常在行阵，或从太祖，或从撒改，或与诸将征伐，比有功。”阿骨打伐辽之际，撒改曾委派宗翰和希尹劝阿骨打称帝，但被阿骨打拒绝。

060 完颜希尹与娄室

完颜娄室（1078—1130），字斡里衍，女真将领，杰出的军事家，为传统文化的狗神，一说为獒神，称“天狗星”。娄室破军杀将，伏尸流血，无坚不摧，攻无不克。在灭辽攻宋的战争中，娄室统率大军从东北一直打到西北，驰骋在大半个中国的土地上，战功赫赫。娄室的神格为天狗，为西方白虎座内的一颗大星，在第四星昴宿之内。昴宿为鸡神，狗星与之相近，故世有“鸡犬之声相闻”[①]一说。

①《老子》第八十章。

《完颜娄室神道碑》立于济州（今吉林长春）完颜娄室墓前，现已毁。碑文记述了娄室一生的业绩。在伐辽作战中，他参与了宁江州之战。之后，阿骨打以娄室、银术可为将领，以宗翰、希尹为谋主，星夜兼程奔袭出河店。娄室于拂晓前赶到混同江边，及时抓住了战机。他身先士卒，奋勇作战，击溃辽军。天会二年（1124），天祚帝出兵五万于夹山，为完颜希尹所败。天祚帝欲南逃降宋，完颜希尹派遣娄室追击，二月壬戌，于余睹谷将天祚帝生擒，辽朝灭亡。

其后，完颜娄室参与指挥了灭宋之战，战功卓著。后于征伐中病故，谥为金源郡壮义王。《三朝北盟会编》卷二一：“天祚驱鞑靼众三万馀骑，乘粘罕归国，山后空虚，直抵云中府，袭兀室，率蔚、应、奉圣州、云中汉儿乡兵为前驱，女真以军马千余伏山谷间，出鞑靼军后，鞑靼溃乱，大败。天祚南走，兀室遣娄宿孛堇以马五百匹追至武州（今河北宣化）界。天祚欲趋武州，南投大朝，为随行僧所劝。”娄宿孛堇，即完颜娄室[②]。

②孛堇：官名，金建国前后小部族首领，乡长、邑长之意，负责掌握军民，为世袭的官职，熙宗时废止。

“上三皇”祭祀区内的狗神之山及其望山（山西省左权县桐峪镇）

"上三皇"祭祀区内的獒神之山（山西省左权县麻田镇）

完颜娄室的神格为狗神，十二生肖之一，《晋书·天文志》云："西北三大星出而白，名曰天狗，出则人相食，大凶。"《风俗通》："狗别宾主，善守御，故著四门，以辟盗贼也。"

狗神崇拜在中国源远流长，在"上三皇"时期就已经产生了狗神崇拜。狗神之山像一只蜷曲在地上呈睡眠之状的狗。狗的造型像一个古老的汉字，即"勾"字，也是"狗"字最早的写法。"上三皇"祭祀区还有獒神之山，是一只藏獒的样子。广西阳朔黄布滩有狗神之山，附近还有鸡神，正是《老子》"鸡犬之声相闻"的表达。桂林山水有很多座狗神之山，反映了当地狗神崇拜的流行。

061 完颜希尹与宗干

完颜宗干（？—1141），阿骨打庶长子，政治家。阿骨打建伐辽之议时，与希尹、宗翰一起随行。《完颜希尹神道碑》：“王与明肃皇帝、秦王宗翰皆侍行。”明肃皇帝，即完颜宗干。天会元年(1123)年底，擢为国论谙班勃极烈，与完颜杲一同辅政，参与议礼仪、正官名、定服色、设选举、兴学校诸般事宜。

太宗时，宗干在朝中，邀请宗翰、宗辅、希尹入朝，合议立宗峻之子合剌为谙班勃极烈。合剌后继位，即金熙宗，宗干拜为太傅、领三省事。宗磐及其党羽谋乱，宗干与希尹等合力诛之，遂为太师。宗弼因酒与希尹有隙，进谗言，欲害之，宗干力劝无果，希尹因此被杀。宗干子海陵王完颜亮杀金熙宗自立，追宗干为德宗，后谥为明肃皇帝。大定二十二年(1182)，降封为皇伯、太师、辽王，谥忠烈，妻子诸孙皆从降。明昌四年(1193)，配享太祖庙庭。

062 完颜希尹与宗弼

完颜宗弼(？—1148)，即兀术，政治家、军事家，阿骨打第四子(《大金国志》称第六子)，曾与完颜希尹伐辽攻宋。熙宗时，卷入宗室内斗。天眷二年(1139)，完颜希尹与宗弼合力捕杀太师、领三省事完颜宗磐，太保、领三省事完颜宗隽。天眷三年(1140)九月，完颜希尹以“蔑视同僚”“奸状已闻”“心在无君”的罪名为宗弼所杀。

完颜希尹足智多谋，但并不为皇帝和诸将所喜。《大金国志》：“兀室尝副粘罕用事，虽为诸将所忌，而尝以智得免。”又说完颜宗翰与完颜希尹为“金主所忌”。最初，宗弼与希尹一同伐辽，后又一起攻打南宋，势如破竹，绝少败绩。至希尹被杀，宗弼复用兵于宋，败者居多。希尹在时，攻打萌古斯，得胜于闲暇之间；希尹被冤杀后，宗弼连年用兵不克，直至为元所灭。宗弼于此，或悔之乎？

063 完颜希尹与辽天祚帝

辽天祚帝耶律延禧(1075—1128),辽末废帝,为辽道宗耶律洪基之孙,寿昌七年(1101)继位为辽主。天庆二年(1112)二月,天祚帝举行头鱼宴,完颜希尹随阿骨打参加。宴会上,阿骨打被辽贵人羞辱,阿骨打拔剑欲杀之,幸被希尹拦下。此事一说在道宗朝。

及至天辅五年(1122),阿骨打举兵伐辽,完颜宗翰与希尹袭击辽主于鸳鸯泺。金太宗天会二年(1124),辽主率军翻越阴山,希尹率兵追击,辽主弃营而遁。希尹以八骑穷追,与辽主百余骑战,一日三败之。《金史·完颜希尹传》:"宗翰袭辽帝于五院司,希尹为前驱,所将才八骑,与辽主战,一日三败之。"后又袭天祚帝于沙漠,俘获八宝、妃嫔、公主及群侍从与诸部族之人。天祚帝欲南逃降宋,希尹派遣娄室追击,将之生擒,辽朝灭亡。

064 完颜希尹与宋二帝

宋徽宗赵佶(1082—1135),宋神宗第十一子,宋哲宗之弟。及大金举伐宋,完颜希尹为元帅右监军。《金史·金太宗本纪》:"十月甲辰,诏诸将伐宋。以谙班勃极烈杲兼领都元帅,移赉勃极烈宗翰兼左副元帅先锋,经略使完颜希尹为元帅右监军,左金吾上将军耶律余睹为元帅右都监，自西京入太原。六部路军帅挞懒为六部路都统,斜也副之,宗望为南京路都统,阇母副之。"

《金史·完颜希尹传》:"再伐宋,执二主以归。"清初萨英额《吉林外记》曾记："读《宋史》，徽、钦二帝初移韩州，后移冷山，遍考不知何地。"韩州，今属吉林四平。冷山，据洪皓《松漠纪闻》所述，为完颜希尹的老家，应为今吉林舒兰小城镇。

《金史·太宗本纪》记载，天会五年(1127)二月丙寅，金太宗"诏降宋二帝为庶人"，其后，封宋徽宗赵佶为"昏德公"，封宋钦宗赵桓为"重昏侯"。这大概是采用了当年宋太祖赵匡胤封南唐后主李煜为"违命侯"的典故。宋徽宗为亡国之君，留有《燕山僧寺题壁诗》："九叶鸿基一旦休，猖狂不听直臣谋。甘心万里为降虏，故国悲凉玉殿秋。"

065 完颜希尹与康王赵构

康王赵构(1107—1187)，宋徽宗第九子，后自立于睢阳，是为宋高宗。宋高宗于国破家亡之际能够协调各种关系，在历史的夹缝之中谋得了生机，建立了南宋王朝，定都于临安(今浙江杭州)，实属不易，应是一个实至名归的政治家。

完颜宗翰伐康王，完颜希尹追之于扬州，康王遁去。《陈王悟室加恩制》词说希尹"指顾以定朔南之地"，应指此事而言。《宋史·高宗本纪》：建炎三年(1129)，"金人陷天长军……帝被甲驰幸镇江府……金兵过扬子桥……入真州……焚扬州"。《完颜希尹神道碑》："无何，宋康王构自立于睢阳，我军遂复渡河，取澶、濮、大名诸城……追至淮阳，遣精骑逾淮袭构。复及扬州，构仅以轻舸渡江遁去。"

《大金吊伐录》卷四记载了完颜悟室、耶律余睹的《回康王书》：

天会五年(1127)十月四日，元帅右监军、右都监同致书于前宋康王阁下：

且以亡宋，累违誓约，故前年有城下之盟。洎成之后，不务遵奉，反图不轨。虽使悔之，终无悛改，故今年有灭国之举。汴人既与执迷，理宜夷戮，而登城不下，择立贤人。盖以罪有所归，肯多杀人而违安全之心乎？至于告谕诸路，不许复思赵氏，亦使后世为人上者吝于盟信，不敢放纵，以为深戒，岂是已甚耶？

今阁下身既脱网，亦合守分，辄敢窃人汴邑，僭称王号，遣使诣府，一无逊辞，反求父兄、宗亲、官联，而阴遣军兵频来战斗。详味其意，全无追悔父兄之误，特有以力抗拒之心。况朝廷所立大楚皇帝，不言所在之处，帅府议定割与夏国陕西诸路之地，有无已未依从。阁下之请，难议允听。今因人使回，专奉书陈达。不宣，谨白。

066 完颜希尹与西夏

完颜希尹为西南西北两路都统，主持处理西夏事务。《宋史·西夏传》："靖康元年(1126)三月，夏人遂由金肃、河清渡河取天德、云内、武州、河东八馆之地。四月，陷震威城，兵马监押朱昭死之。继而金贵人兀室以数万骑阳为出猎，掩至天德，逼逐夏人，悉夺有其地。夏人请和，金人执其使。""建炎元年(1127)……十月，通问使傅雱见金左监军希尹于云中，希尹以国书授雱，为夏国请熙宁以来侵地。盖彼既夺其地，乃责偿于宋以报之。"

《完颜希尹神道碑》："初，夏人声言与辽为援，据有天德、云中、六馆之地，并招纳我已获奚、契丹人。我方事灭辽，姑置之，弗取。夏为宋所侵，求援于我，乃治书于王，以为我为失信者，辞意不逊。王复书责让，且理索当还之人。尚复迁延至克宋，建立张楚，画大河为界，遂尽复旧疆，并还我官民。"

067 完颜希尹与萌古斯

辽金时期，蒙古称为“萌古斯”。完颜希尹在时，预见到了蒙古的崛起，视之为劲敌。尼鲁温蒙古的孛端察儿一支，至迟在成吉思汗前五代至四代已经在斡难河流域形成较大的部落联盟，并向外扩张，掳掠别部人口为奴。其后推举敦必乃之子合不勒为汗。合不勒汗，《元史》作葛不律汗，曾应召入朝觐见金主。但金朝君臣觉其势力已强，对朝廷构成威胁，在他回部途中派兵追捕。合不勒汗逃脱后，遂与金朝为敌，故有扰边之事。

萌古斯扰边，完颜希尹与太师宗磐奉熙宗诏北征，得胜而归。《完颜希尹神道碑》：“萌古斯扰边，王偕太师宗磐奉诏往征之。”《建炎朝野杂记》：“蒙古国在女真之东北，唐谓之蒙兀部，金谓之萌骨。绍兴初始叛，都元帅宗弼用兵连年，卒不能讨。”《松漠纪闻》：“盲骨子，《契丹事迹》谓之朦古国。”

《金史·撒八传》：“贼将有前孛特本部族节度使逐斡者，言：‘昔谷神丞相，贤能人也，尝说：“他日，西北部族当有事。”今日正合此语，恐不可降也。’于是，窝斡遂决意不复肯降矣。”此中所说的“他日，西北部族当有事”，或指预见蒙古崛起一事。西北部族，亦为蒙古族之谓。

068 完颜希尹与悼平皇后

悼平皇后（？—1149），金熙宗的皇后裴满氏。《完颜希尹神道碑》：“天眷中，车驾幸燕，帝当服衮冕、乘玉辂以入。后欲共载，王不可，曰：‘法驾所以示礼四方，在礼无帝后同辂者。’后藏怒，未有以发。”又说：“自悼后正位中宫，以巧慧当帝意，颇干预外政。王杜遏其渐，每以正理谴之，由是大忤后旨，得罪暧昧，或者以为后之谮焉。”裴满氏后为金熙宗所杀。

069 完颜希尹与天祚帝元妃萧氏

天祚帝元妃萧氏，即萧贵哥。《辽史·后妃传》：“天祚元妃萧氏，小字贵哥，燕国妃之妹。年十七，册为元妃。性沉静。尝昼寝，近侍盗貂裀，妃觉而不言，宫掖称其宽厚。”萧氏为完颜希尹伐辽作战中所俘，后宗翰纳为次室。《完颜希尹神道碑》：“天会二年（1124），获其八宝、妃嫔、公主及群侍从与诸部族之人。”

萧氏举止端庄，行事检点，魅力惊人，如萧太后[①]宛在。然而，对于这位修炼完美的女神，完颜希尹的处理方式令人颇为沮丧。耶律余睹之叛，使完颜希尹深忌其才德，恐不利，遂杀之。《续资治通鉴》：“宗翰次室萧氏，本天祚之元妃，希尹杀之，谓宗翰曰：‘彼与兄实为仇雠，然忍死事兄者，盖有待也。今事既不成，它日帷间，寸刃不测，可以害兄矣。希尹以爱兄，故擅杀之。’宗翰泣谢。于是宗翰令诸路尽杀契丹。”

①萧太后：即萧绰（953—1009），小字燕燕，契丹族，辽代政治家、军事家，辽圣宗尊萧绰为皇太后，称萧太后。她摄政期间，辽朝进入了鼎盛时期。

070 完颜希尹与洪皓

洪皓（1088—1155），南宋学者，建炎二年（1128）五月乙酉日以朝散郎为大金通问使。建炎三年（1129），奉命出使金国，被金人扣留十五年（1129—1142），流放冷山八年，其间含辛茹苦，秃节效贞而归。南宋绍兴十二年（1142），洪皓归宋，授徽猷阁直学士，卒后封太师、魏国公，谥号“忠宣”。

《宋史·洪皓传》：“及至云中，粘罕迫二使仕刘豫，皓曰：‘万里衔命，不得奉两宫南归，恨力不能磔逆豫，忍事之邪！留亦死，不即豫亦死，不愿偷生鼠狗间，愿就鼎镬无悔。’粘罕怒，将杀之。旁一酋唶曰：‘此真忠臣也。’目止剑士，为之跪请，得流递冷山。”“皓虽久在北廷，不堪其苦，然为金人所敬，所著诗文，争钞诵，求锓梓。既归，后使者至，必问皓为何官、居何地。”

洪皓后被辗转流放到完颜希尹族居之冷山，为诸子教学，在此生活八年。完颜希尹爱惜洪皓的人格与才学，延请他教授儿子和孙子们学习儒家经典。冷山当地无书可读，洪皓凭记忆将《论语》《孟子》《大学》《中庸》的内容默写在桦树皮上，时称“桦叶四书”。

洪皓还在闲暇时深入其他女真人聚居地考察，向当地老人了解历史和民俗，从而搜集了许多关于女真族的历史资料。为了考察东北的山川地理，洪皓还曾深入虎狼出没的旷野荒山。在其后撰写的《松漠纪闻》中，洪皓记叙了女真人族源、历史发展及与宋、辽、西夏王朝的关系。洪皓对中原文化的传播做出了贡献，其《松漠纪闻》成为宋史、辽史和金史极为重要的参考书籍。

071 完颜希尹与耶律余睹

耶律余睹（？—1132），也作“余笃”“余都”“伊都”，因与辽主天祚帝政见不合而降金，在伐辽作战中发挥了重要作用，是完颜希尹并肩作战的战友。在辽中京（今属内蒙古自治区宁城县）之战中，完颜希尹命耶律余睹为先锋，占领辽中京。《三朝北盟会编》卷五：“兀室悉帅师渡辽，而用降将余睹为前锋。正月十四日，以劲骑一日一夜行三百里，至其中都攻之。自旦至日中，遂陷焉。”

《完颜希尹神道碑》：“王命耶律余笃急追至白水泺，相去不远，辽主遁之。”《金史·太宗本纪》：天会三年（1125）“十月甲辰，诏诸将伐宋。以谙班勃极烈杲兼领都元帅，移赉勃极烈宗翰兼左副元帅，先锋经略使完颜希尹为元帅右监军，左金吾上将军耶律余睹为元帅右都监，自西京入太原”。

天会十年(1132)九月，完颜希尹的部下元帅右都监耶律余睹阴谋造反。他的同党燕京统军使萧高六伏法，蔚州节度使萧特谋葛自杀。由于密谋泄露，金天会十年(1132)九月，耶律余睹父子逃入西夏，西夏知其只带亲兵二三百，不敢接纳，耶律余睹父子遂北投鞑靼。鞑靼首领部族节度使土古厮受金朝之命，十一月二十六日捕杀了耶律余睹以及他的儿子们，包着他们的头颅献给了完颜希尹。金朝皇帝的诏书《陈王悟室加恩制》有“雍容以折肘腋之奸”，应指此事而言，另说是指解决与西夏的领土纠纷。

072 完颜希尹与成吉思汗

天会十三年(1135)，萌古斯扰边。完颜希尹和宗磐奉诏出兵北征，击退了萌古斯的侵扰，维护了边境的安宁。那时蒙古首领成吉思汗还没有出世。完颜希尹年长于成吉思汗将近一百年，因而二人的人生轨迹没有发生过交集。但是，在历史的天空中，二人之间关系非常密切。完颜希尹与成吉思汗各为星神，完颜希尹为羊神，称

甘肃武威出土东汉天狼星木俑

“白羊星”，成吉思汗为狼神，称“天狼星”，两颗星宿在星空中占据了非常显赫的位置。

羊神与狼神，西汉时为留侯张良与汉高祖刘邦。道教中，刘邦与张良各为星神：刘邦为狼神，为天狼星；张良为羊神，为天羊星。六朝时，石勒为狼神，张宾为羊神。到了金元时期，完颜希尹为羊神，成吉思汗为狼神。天羊星与天狼星两位星神亦敌亦友，对中华民族的历史进程产生了深刻影响。

《开元占经》是一部古代天文的典籍，对狼星的品性有很深刻的记载，是“主侵掠”“主忧兵”的星神。《开元占经·石氏外官·狼星占二十七》引《黄帝占》曰：“狼星，一名夷将。其星色欲黄白，无光芒，不动摇，天下宁，兵不起；其星色赤而大，光芒四张，动摇变色，天下乱，大兵起，盗贼起于道路，人主不安，百姓忧苦。”《元命苞》曰：“狼星变色，盗贼萌。”石氏曰：“狼星色赤而光明，芒角长大，天下兵起，将军有死者，期二年。”巫咸曰：“狼星易其处，不如其故，天下饥，兵士满野，其国凶荒，期不出年。”郗萌曰：“狼星白芒，百徒聚天下。”又占曰：“狼星躁走，为人主不静；不居其宫，驰骋天下。”《荆州占》曰：“狼星芒角多，多盗贼；芒角少，少盗贼。”《荆州占》曰：“狼星非其故，人相食。”《石氏赞》曰：“狼星在参东南有常，芒角变动为忧兵。”天狼性情狡诈、贪婪、狠毒，善用权谋，不劳而获。《史记·天官书》：“参为白虎……其东有大星曰狼。狼角变色，多盗贼。”《晋书·天文志》云：“狼一星，在东井东南。狼为野将，主侵掠。”

刘邦是西汉的开国皇帝，在汉民族的形成过程中发挥了重要作用，但是他对自己参与缔造的汉民族似乎很不满意，所以民间传说，天狼星每一次转世都意味着深重的灾难。而羊神以其机智和耐心与之周旋，深受百姓拥戴。完颜希尹即为羊神转世，他吃苦耐劳，勤谨好学，谦恭低下，有优秀的个人品质和素养，是以能隳突万里，所向则克。完颜希尹的成就，远远超越了他所处的时代，后世史家无不给予极高的评价，盛赞其作为。

073 完颜希尹与天师张继先

张继先（1092—1127），中国道教第三十代天师，西汉留侯张良直系后裔，思想家、军事家、文学家。完颜希尹为战神，为羊神，为西方白虎座第六星毕宿之内的一颗大星。张继先是昴宿下界，属鸡神，也为战神，曹操《鹖鸡赋序》：“鹖鸡猛气，其斗终无负，期于必死。”天鸡为西方白虎座第四星，神格其实比羊神要高。天鸡为白虎座第四星，即昴宿，是中国传统图腾。鸡是中国人最早驯服的家禽之一，以鸡为图腾起源于上古，“上三皇”祭祀区已见有天鸡之山。

张继先为北宋时期的道教理论家，通音律、诗文，年幼时有偈曰：“灵鸡有五德，冠距不离身。五更张大口，唤醒梦中人。”鸡，十二生肖之一，可以辟邪，是张继先赞扬的偶像。

张天师家族世系为西汉留侯张良的后代。在正统汉族人的心目中，张天师一脉是汉家江山不倒的旗帜。张天师世家的兴衰荣辱

“上三皇”祭祀区内的天鸡之山（山西省左权县麻田镇）

是汉民族史的缩影。张继先为西汉政治家、军事家留侯张良的直系后代，张道陵、张衡、张鲁的裔嗣，道教第三十代天师。但在有宋一代，没有人知道他会行军打仗，故而终不为所用，张继先只能隐居民间，做一个山水田园诗人，不以战神名世。天会四年(1126)，金兵再伐宋，闰十一月克汴京。张继先深知责任所系，于金兵克汴之日死，卒年三十六岁。[①]鸡神本为战神，从此形象大跌，在后世民间成为了胆小怕事者的代名词。

①一说其人未死，只是化名而逃，隐居而终。

074 完颜希尹与张邦昌

张邦昌(1081—1127)，字子能，永静军东光张家湾人(今河北省阜城县大龙湾)。进士出身，徽宗、钦宗朝时，历任尚书右丞、尚书左丞、中书侍郎、少宰、太宰兼门下侍郎等职务。金兵围开封时，他力主议和，与康王赵构作为人质前往金国，请求割地赔款以议和。北宋靖康二年(1127)，完颜希尹使民众推选张邦昌为皇帝，以楚为号，故称张楚。归宋后，张邦昌任河北路割地使。建炎元年(1127)九月，南宋下诏将张邦昌赐死。

《大金吊伐录》卷四记载了完颜希尹给张邦昌的通信，是很珍贵的史料。完颜希尹的信称《元帅右监军与楚书》，内容如下：

天会五年(1127)七月日，元帅府右监军谨致书于大楚皇帝阙下：

昨者宋人不幸，赵氏败盟，由此出师，至于国都，乃废宋而造楚，本以示惩劝于后来者也。班师之日，定约具存。贵心腹以相知，凡事为而必达。距今累月，曾无一音，缅想其间，不知何似？所约陕西之地，以属夏国之疆，顷被彼人请分兹土，伏冀早为割画，用副悃诚。睽违去此既遥，动静于兹未悉，回复之际，次第相闻。商气方清，愿膺繁戬。

今差朝散大夫、少府少监、飞骑尉、县开国男、食邑三百户、赐紫金鱼袋牛庆昌，六宅使、银青荣禄大夫、检校太子宾客、兼殿中侍御史、云骑尉乐诜专奉书陈达，不宣，谨白。

《大金吊伐录》卷四同时记载了张邦昌的回信，是回复给国相撒改和皇子宗望的，称《楚回书》，并没有提及完颜希尹，内容如下：

天会五年(1127)三月日，大楚皇帝邦昌谨致书于国相元帅、皇子元帅：

比遣使指，申谕夏疆，已附致于悃诚，复勤书于诲示。恭闻宣命，俾分画之从长，兹奉令慈，指地名而开示：

东自鳞府路洛阳沟，东底黄河西岸，西历暖泉堡，鄜延路米脂谷、大谷、米谷、开光堡、临夏城、圣塔谷、威戎城、万安川、殄羌寨、杏子堡、鹁鸽谷、万全寨、木场口、累胜寨，环庆路威边寨、麦川堡、定边军贺家原、阿原堡、木瓜堡、九星原、通归堡、定戎堡、卧山台、兴平城、巢寨谷、曙鸡岭寨、秦市川、委布谷口，泾原路威川寨、贺罗川、贺罗口、板井口、通关堡、古萧关、秋山堡、绥戎堡、锹镢川口、中路堡，西安州山前堡、水泉堡、定戎寨、乱山子、北谷川，秦凤路通怀堡、打乘川、征原堡、古会州自北直抵黄河，依见今流行分熙河路尽西边，以限楚、夏之封。其间悬邈，各许相度其宜，以至接连，两相从便。已具导于定议，当即接于伻图。其或未安，尚容再禀。仰祈英览，洞照微衷。

谨奉书复，不宣，谨白。

075 完颜希尹与刘豫

刘豫(1073—1146)，字彦游，建炎二年(1128)任知济南府，见北方大乱，请改派江南一郡，被执政拒绝。金兵围城，他杀勇将关胜而降。建炎四年(1130)，受金册封为“大齐皇帝”，建都大名(今河北大名)。先用金天会年号，不久，奉金朝的命令，改元阜昌。刘豫受金册封为“大齐皇帝”，与完颜希尹有直接的关系。

《大金国志》卷六载：天会八年(1130)春，粘罕、兀室、余睹居云中，窝里嗢居燕山，议立刘豫，于是令右监军兀室驰请于朝。国主从之，故豫得僭位。《金史·百官志》：“天会十五年(1137)，罢刘豫，置行台尚书省于汴。天眷元年(1138)，以河南地与宋，遂改燕京枢密为行台尚书省。天眷三年(1140)，复移置于汴京。”

076 完颜希尹与赵良嗣

赵良嗣(？—1126)，即马植，原为辽人，仕辽至光禄卿。宋徽宗派童贯出使辽国，随童贯归宋。徽宗召见，他进联金灭辽之议，被赐姓赵，任秘书丞。宣和二年(1120)后多次使金，与阿骨打谈判攻辽事。宋攻克辽燕山府后，官至光禄大夫，靖康元年(1126)死于郴州。

《大金国志》卷二七记载：“武元割燕六州与南宋，时索百万租赋，方交割城子，宋使赵良嗣请以十万之数，兀室笑而不答。复云：‘二十万。’兀室曰：‘此一小县之数也。皇帝已与两府议，不须论租赋，止于岁币外增一百万缗。倘有难色，不如且画契丹旧疆。’良嗣力争不胜，自此国中有背盟意。”

077 完颜希尹与呼延庆

呼延庆，字夏都，并州太原人，呼延守用之子，呼延赞曾孙，宋朝著名军事将领、外交官，宋徽宗时期任平海军指挥使。“呼延庆善外国语，又辨(辩)博”(《三朝北盟会编》)，所以多次出使金国。

宣和元年(1119)十二月二十五日，呼延庆在女真数度求见阿骨打，一再说明攻辽的好处。阿骨打、宗翰、希尹经过多次商议，决定让呼延庆回宋。《三朝北盟会编》卷四：“国主与粘罕、兀室议论，复遣呼延庆归。”

078 完颜希尹与茂德帝姬

帝姬，公主之谓，宋时蔡京改制，称公主为“帝姬”。茂德帝姬，即赵福金，宋徽宗赵佶第四女。文献记载，宋徽宗养育了34个女儿、31个儿子。其中第四女福金才貌双全，被宋徽宗视为掌上明珠。《开封府状》：“帝姬二十一人。茂德帝姬，二十二岁，即福金。”

《宋史·公主传》：“茂德帝姬，初封延庆公主，改封康福。寻改号帝姬，再封茂德。下嫁宣和殿待制蔡鞗。”《宋史·蔡京传》：“鞗尚茂德帝姬。”《宋俘记》：“长女赵玉盘、次女赵金奴、三女赵金罗、四女赵福金、五女赵瑚儿、七女赵巧云，均已嫁。……福金六年(1128)八月殁于兀室寨。”

据文献记载，金太宗天会六年(1128)七月，完颜希尹正率金兵南下攻南宋，鏖战之中。赵福金“六年八月殁于兀室寨”，她死的时候，完颜希尹领兵于外，并没在家。温室里的鲜花，不会变成傲雪的青松。在国破家亡的季节，鲜花一样的茂德帝姬凋谢了。

079 完颜希尹与宇文虚中

宇文虚中(1079—1146)，字叔通，别号龙溪居士，成都人，宋黄门侍郎，以使臣的身份出使金国，被留用为礼部尚书、翰林学士。宇文虚善作诗，为博学大家，藏书尤多。后为金熙宗所杀。

洪皓《松漠纪闻》记载：“庚申年(1140)，星守陈。太史以告宇文，宇文语悟室(悟室时为陈王)。悟室不以为怪，至九月而诛。盖亦应天道如此。”太史通过星占预见到了完颜希尹之死，宇文虚中及时将此事告诉了完颜希尹，要他注意。但完颜希尹不以为意，果应。

080 完颜希尹与元好问

元好问（1190—1257），字裕之，号遗山，太原秀容（今山西忻州）人，祖先为北魏鲜卑拓跋氏，金代著名文学家、历史学家，宋金对峙时期北方文学的主要代表，其诗、文、词、曲各体皆工。他的诗奇险而不事雕饰，巧密而不追求华丽，五言诗高古而深刻，七言诗不泥古而另有深意。

元好问晚年专门从事著作。他认为金朝的典章制度超过了汉、唐，金国灭亡后，应该为其书写国史。因此，凡是金国的君臣言论，他四处搜寻，记录在卡片上，乃有百万之巨。《金史·元好问传》记载，后世撰写《金史》中的史料大多来自于元好问。金源郡王完颜希尹是金代的开国功臣，完颜希尹的史料不少是因为元好问的工作而流传于世。

081 完颜希尹与女真族

金朝是我国北方少数民族女真建立的王朝。女真的祖先可以追溯到黄帝时代，历史上称为“肃慎”“淑士”“扶余”“附禺”，也称“胡不与”，因为是上古圣王之一颛顼后裔的封国，所以也被称为“颛顼国”，是一个以渔猎为主的北方部族。《山海经·大荒西经》：“有国曰淑士，颛顼之子。”意思是说，肃慎是颛顼儿子的封地，肃慎是颛顼后裔。淑士，即肃慎。远在传说时代，肃慎就与中原有联系。《竹书纪年·五帝纪》：“帝舜有虞氏二十五年，息慎氏朝，贡弓矢。”

女真族人像

肃慎其中一支到汉魏时称“挹楼”，南北朝时称“勿吉”“窝集”。历史上，他们仰慕中原文化，注重引进人才，向中原学习。到了宋时，女真民族兴起，相继消灭了辽和北宋，建立了金王朝。

从其历史源流和作为来看，女真是中华民族中的重要一员，可谓根正苗红。《金史》记载，女真的元老和保守分子曾经把谙熟汉文化的金熙宗称为“汉儿”，而金熙宗反称这些女真遗老为“夷狄”，俨然已自视为中华民族的主流正宗。完颜希尹有深厚的汉文化基础，金熙宗的汉文化情结与完颜希尹有直接的渊源关系。

完颜希尹本人及其子弟均具有较高的汉文化修养。完颜希尹之子把答曾担任的同修国史，漫带曾担任的符宝郎，完颜希尹之孙完颜守道先后担任的应奉翰林文字、太子少师、平章政事、丞相、监修国史等职，都是有很高文化含量的职位，需要具有很高的文化水准才能胜任。

082 完颜希尹与女真大字

《金史·完颜勖传》：“女直既未有文字，亦未尝有记录，故祖宗事皆不载。”完颜希尹在文化上的一大贡献是和叶鲁一起设计发明了女真文字，结束了女真没有文字的历史，改变了女真的文化面貌。

金朝建立后，完颜希尹受命创造女真文字，他组织了叶鲁等人，在家乡冷山潜心研究一年有余，领悟了汉字和契丹字的精要，确定了“仿汉人楷字，因契丹字制度，合本国语，制女真字”的原则，

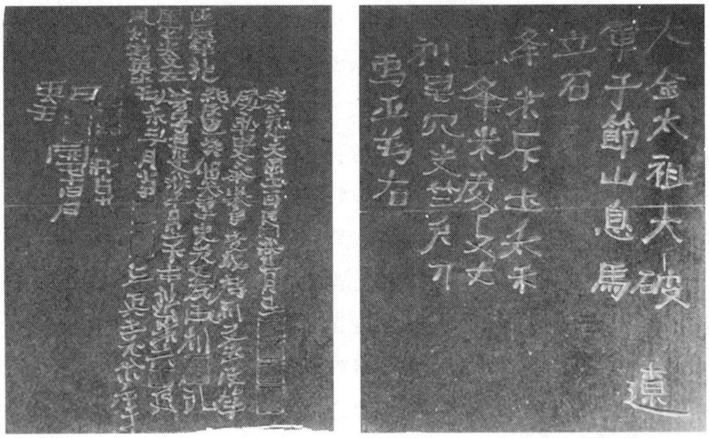

吉林梅河口庆云女真文石刻

研究出了女真文字。从此女真人有了自己的语言符号，金朝有了官方通用的文字，完颜希尹也因此被誉为“女真仓颉”。女真文字创立后，女真口述的历史得以形成文献。《金史·完颜勖传》：“宗翰好访问女直老人，多得祖宗遗事。……天会六年(1128)，诏书求访祖宗遗事，以备国史，命勖与耶律迪越掌之。”

《金史·完颜希尹传》载：“金人初无文字，国势日强，与邻国交好，乃用契丹字。太祖命希尹撰本国字，备制度。希尹乃依仿汉人楷字，因契丹字制度，合本国语，制女直字。天辅三年(1119)八月，字书成，太祖大悦，命颁行之。”完颜希尹所制称“女真大字”，后熙宗所制称“女真小字”。女真字从颁行起，到明万历二十七年(1599)创制满文颁行国中止，通行了400多年。

083 完颜希尹与帝制

天会四年(1126)闰十一月，金克北宋，需要立新的皇帝治理国家，完颜希尹主张民主推选。民选国家领导人的做法，突破了皇位世袭制的局限。当时的榜文《为推选皇帝告汴京官民书》说：“耆老、僧道、军民、百姓，遵依圣旨，共议荐举堪为人主者一人，不限名位尊卑，所贵道隆德茂。"《大金吊伐录》卷三："今月初八日准元帅府札子节文，再请恭依已降圣旨，早举堪为人主者一人，如或京内及外俱难自举，仍请诸官各叙名衔，速具管依元帅所举推戴状申。"其中记载了推选皇帝的原则和方法。

《靖康纪闻》收录了以耶律余睹、完颜希尹、宗望、宗翰、斜也名义发布的榜文，即《为推选皇帝告汴京官民书》，云：

元帅府近以宋王降表奏，今回降圣旨："先皇帝有大造于宋，而宋人悖德，故去岁有问罪之师。乃因嗣子，遣使军前，哀鸣祈请，遂许向新。既不改前迹，悖德愈甚，是至再讨。犹敢抗师，洎官兵力击，京城摧破，方伸待罪之请。追寻载书，有违斯约，子孙不绍，社稷倾危，父子败盟，其实如一。今既伏罪，宜从旧约。宋之旧封，颇亦广阔，既为我有，理宜混一，但念出师止为吊伐，本非贪土，宜别择贤人，立为藩屏，以王兹土。其汴都人民听随主迁居。"

右所降圣旨在前，今请前宋宰执、文武百官、在京臣僚，一面共请上皇并后妃儿女及亲眷、王公、公主之属出京。仍集耆老、僧道、军民、百姓，遵依圣旨，共议荐举堪为人主者一人，不限名位尊卑，所贵道隆德茂。勋业耆旧素为众所推服，长于治民者，虽无众善，有一于此，亦合荐举，当依圣旨备礼册命。赵氏宗人不预此议。旧宋之百姓并宜从新其国，候得姓氏，随册建号，所都之地，临期共议。

天会五年(1127)二月六日

右金吾卫上将军、都监(耶律余睹)[①]

右监军(完颜希尹)

皇子左副元帅(斡里不)[②]

骨卢你移皆勃极烈、左副元帅(粘罕)押

谱(谙)板勃极烈、都元帅在国(斜也)[③]

①右金吾卫上将军、右都监：耶律余睹。
②斡里不：也作斡离不，即完颜宗望。
③谱(谙)板勃极烈、都元帅在国：指完颜杲，即皇弟辽王斜也。谱板，即谙班。谱，谙之讹也。

084 完颜希尹与官制

完颜希尹参与制定了金朝的礼仪、法律制度和社会的框架，对后世产生了深远影响。《陈王悟室加恩制》词说他“缉熙百度，董正六官”。他参考唐、宋、辽的社会建制体系，对金朝的版图进行了系统的整理和规划。天眷元年(1138)七月十八日，希尹罢相，但他参与制定的官制得以在八月甲寅诏令颁行。

洪皓《松漠纪闻续》记载天眷二年(1139)完颜希尹奏《请定官制》札子，是一篇重要的历史文献。全文录入如下：

“窃以设官分职、创制立法者，乃帝王之能事而不可阙者也。在昔致治之主，靡不皆然。及世之衰也，侵冒放纷，官无常守，事与言戾，实由名丧，至于不可复振。逮圣人之作也，铲弊救失，乘时变通，致治之具，然后焕然一新，‘九变复贯，知言之选’[①]，其此之谓矣。

太祖皇帝圣武经略，文物度数，曾不遑暇。太宗皇帝嗣位之十二载也，威德畅洽，万里同风，聪明自民，不凝于物。始下明诏，建官正名，欲垂范于将来，以为民极。圣谟弘远，可举而行，克成厥终，正在今日。伏惟皇帝陛下，天性孝德，钦奉先猷，奚命有司，用精详订。

臣等谨按：当唐之治朝，品位爵秩，考核选举，其法号为精密。尚虑拘牵，故远自开元所记，降及辽宋之传，参用讲求。有便于今者，不必泥古；取正于法者，亦无徇习。

今先定到官号、品次、职守，上进御府，以尘乙览，恭俟圣断，曲加是正。言顺事成，名宾实举，兴化阜民，于是乎在。凡新书未载，并乞姑仍旧贯。徐用讨论，继此奏请。臣等顾惟虚薄，讲究不能及远，以塞明命是惧。倘涓埃有取，伏乞先赐颁降施行。”

答诏曰：“朕闻‘可则循，否则革’[②]，事不惮于改为；‘言之

①“九变复贯，知言之选”：《汉书·武帝纪》引用《诗》中佚文。

②“可则循，否则革”：语出自于西汉扬雄《法言·问道》，原文作“可则因，否则革”。

①"言之易，行之难"：语出自于《吕氏春秋·不苟》。

易，行之难'①，政或讥于欲速。审以后举，示将不刊。爰自先皇，已颁明命；顺考古道，作新斯人。欲端本于朝廷，首建官于台省。岂止百司之职守，必也正名；是将一代之典章，无乎不在。能事未毕，眇躬嗣承。惧坠先猷，惕增夕厉。勉图继述，申命讲求。虽曰法唐，宜后先之一揆；至于因夏，固损益之殊途。务折衷以适时，肆于今而累岁。庶同乃绎，仅至有成。掇所先行，用敷众听。作室肯构，第遵底法之良；若网在纲，庶弭有条之紊。自余款备，继此施陈。已革乃孚，行取四时之信；所由适治，揭为万世之常。凡在见闻，共思遵守。"

085 完颜希尹与官奴制

有称官奴为"奴隶"者，当为训诂失当。完颜希尹参照唐、宋、辽的社会制度对金代的社会建制进行了大刀阔斧、卓有成效的改革，但根植于北方社会的传统的官奴制度依然保留，并未废止。这是因为官奴制度并非是一个腐朽的社会制度，而是有着十分积极的社会意义。

官奴制，即公务员制度的早期雏形，不仅不落后，反而十分先进。官奴，即在官家为奴。官奴制不是奴隶制，与奴隶制有本质的不同。官奴制是以公有制为基础的，是以服务社会、服务大众为目的的，是促进社会发展进步的体系。奴隶制是以私有制为基础，为统治者个人服务，不是以服务社会为目的。官奴的一个来源是战争中的俘虏，是战利品，要作为战争的果实参与再分配，本身是十分宝贵的公共资源。

官奴要由一定年纪和社会经验的人来担任，是一个社会职务。官奴制度脱胎于原始社会，比中原地区的宦官制度和外戚制度要先进。然而，另一方面，官奴虽然有一定的社会保障，但因其战俘的出身，待遇仍然十分低下。南宋洪迈《容斋三笔》卷三："自靖康之后，陷于金虏者，帝子王孙，官门仕族之家，尽没为奴婢，使供作务。

每人一月支稗子五斗，令自舂为米，得一斗八升，用为糇粮。岁支麻五把，令缉为裘，此外更无一钱一帛之入。”

086 完颜希尹与金代礼仪

完颜希尹参与了金代礼仪制度的构建，精通礼仪之事。金代的礼仪采取了中国古代礼仪的长处，有自己的特色，与中原不同。如，《女真传》记载：“其礼则拱手退身为喏，跪左膝，蹲右膝，拱手摇肘为拜。”

《完颜希尹神道碑》记载，天眷年间，金熙宗以车驾前往燕京，按照礼制，应当穿着衮服、戴着王冠、乘坐华丽的辂车进城。皇后要与皇帝一同乘辂车，但作为礼仪专家的完颜希尹不同意，说：“皇帝的法驾是向四方显示礼仪的，按照礼仪还没有皇后与皇帝一同乘辂车的。”皇后只好隐藏了怨怒，并没有发作出来。

087 完颜希尹与正妻乌古论曷罗哂

完颜希尹正妻为乌古论曷罗哂，金穆宗之妻贞惠皇后乌古论氏的侄女，系穆宗内弟挞懒之女，与希尹年令相仿。《金史·完颜欢都传》：“穆宗德欢都言，后以挞懒女曷罗哂妻其子谷神。”挞懒，即富者挞懒，女真乌古论氏酋长，穆宗盈哥的内弟。谷神，即完颜希尹。

088 完颜希尹与次室忽土特满

忽土特满，为完颜希尹次室。.天辅六年(1122)三月伐辽之战，完颜希尹追击逃亡的辽天祚帝于白水泺，途中见一女名忽土特满，携六岁子石抹荣流离于道路，衣食无所，靠行乞度日，希尹为之涕下，遂给以衣食，纳为次室，以石抹荣为义子。

石抹荣(1116—1179)，为完颜希尹义子。天眷年间，金熙宗诛杀宗室，凡七十二王。天眷三年(1140)九月，完颜希尹在燕京被屈杀，其子把答、漫带一同被杀。其余的儿子不在京师，也遭捕杀，唯石抹荣因与完颜希尹没有血缘关系而幸存。

《金史·石抹荣传》："石抹荣，字昌祖。七世祖仕辽，封顺国王。辽主奔天德，荣父惕益挺身赴之。是时，荣方六岁，母忽土特满携之流离道路，宗室谷神得之，纳为次室，荣就养于谷神家。惕益既见辽主，委以军事。军败被执，将杀之，金源郡王银术可曰：'彼忠于所事，杀之何以劝后。'遂释之。"《金史·石抹荣传》还说："天德初，除开远军节度使。入谢，不觉泣下。海陵问其故。对曰：'老母在谷神家，违去膝下，是以感泣。'乃诏其母，与之俱行，仍赐钱万贯。"可见，天德初年(1149)，完颜希尹之妻忽土特满仍然在世，没有株连被杀。

完颜希尹得忽土特满于军旅，临阵收妻，影响了行军速度，严重触犯了军纪，天祚帝因此得以逃脱。但是，因为完颜希尹有统帅的身份，后来又因功获得誓券，有"余释不问"的特权，死罪才没有得到追究。当初，如果不是完颜希尹以身犯死，忽土特满母子必殒殁于道路，尸骨不存。完颜希尹胸怀大义，能决策于两难之间，其妻忽土特满因此走进了历史，成为正史之中为数不多的乞丐之一。

089 完颜希尹与儿子挞挞

完颜希尹晚年深陷宗室内斗。挞挞，为完颜希尹第三子，参与平定宗磐之叛。杀宗磐、宗隽一事，由熙宗组织，希尹参与谋划。为此完颜希尹动用了自己的亲兵，早朝时埋伏在朝堂内，在宗磐、宗隽毫无防备的情况下，突起擒之。宗磐身高力大，是挞挞亲手擒住的。①

天辅三年（1140）正月十六日，依旧俗为“放偷”之日，也就是可以到处偷盗而不违犯法禁。挞挞带领奴仆到寡婶家“放偷”，长子发现此事，告诉了父亲，完颜希尹得知十分恼怒，让人绑了挞挞，杖打百余下。但是，按照金代的规矩，只要捆绑了，那人必死。挞挞无辜被捆被打，感情上接受不了，受到了惊吓，于是变得疯癫，不久就死了。完颜希尹失去了一个重要的助手，为此痛哭流涕，极为伤心。

洪皓《松漠纪闻》：“悟室第三子挞挞，劲勇有智，力兼百人，悟室常与之谋国。蒲路虎（宗磐）之死，挞挞承诏召入，自后执其手而杀之。为明威将军。正月十六挟奴仆入寡婶家烝焉。悟室在阙下，虏都也。其长子以告，命械击于家。悟室至，问其故，曰：‘放偷敢尔。’悟室命缚，杖其背百余，释之，体无伤。虏法缚者必死，挞挞始谓必杖，闻缚而惊，遂失心，归室不能坐，呼曰：‘我将去。’人问之，曰：‘适蒲路虎去。’后旬日死。悟室哭之恸，曰：‘折我左手。’是年九月，悟室亦坐诛。”

①挞挞，一说即把答，在内斗中与完颜希尹一起被杀，事见《续资治通鉴》。

090 完颜希尹与弟子纥石烈良弼

纥石烈良弼，本名娄室，完颜希尹的弟子，为金代良相。《金史》

有传，从中可以看到当时推广女真文字的一般情况与人们对希尹的崇拜。

《金史·纥石烈良弼传》:“纥石烈良弼，本名娄室……天会中，选诸路女直字学生送京师,良弼与纳合椿年皆童丱,俱在选中。是时,希尹为丞相,以事如外郡,良弼遇之途中,望见之,叹曰:‘吾辈学丞相文字,千里来京师,固当一见。’乃入传舍求见,拜于堂下。希尹问曰:‘此何儿也?’良弼自赞曰:‘有司所荐学丞相文字者也。’希尹大喜,问所学,良弼应对无惧色。希尹曰:‘此子他日必为国之令器。’留之数日。年十四,为北京教授,学徒常二百人。时人为之语曰:‘前有谷神,后有娄室。’其从学者,后皆成名。年十七,补尚书省令史。簿书过目,辄得其隐奥。虽大文牒,口占立成,词理皆到。时学希尹之业者称为第一。”纥石烈,后世作赫舍里。

091 完颜希尹与外甥徒单克宁

完颜希尹的外甥徒单克宁(? —1191),本名习显,文武双全,被希尹推荐为熙宗侍卫,封为符宝祗候。后又充护卫,转符宝郎,死后谥号为太师、尚书令、淄忠烈王,后为金源郡王,与完颜希尹同时配享于太庙衍庆宫内。

《金史·徒单克宁传》记载:“徒单克宁,本名习显,其先金源县人[①],徙居比古土之地,后徙置猛安于山东,遂占籍莱州。父况者,官至汾阳军节度使。克宁资质浑厚,寡言笑,善骑射,有勇略,通女直、契丹字。左丞相希尹,克宁母舅。熙宗问希尹表戚中谁可侍卫者,希尹奏曰:‘习显可用。’以为符宝祗候。是时,悼后干政,后弟裴满忽土侮克宁,克宁殴之。明日,忽土以告悼后,后曰:‘习显刚直,必汝之过也。’已而充护卫,转符宝郎,迁侍卫亲军马步军都指挥使,改忠顺军节度使。”

①金源县：清代张文治、项蕙纂修《广宁县志》卷一《地理志》:“金源县,义州北二十五里,辽置,以地有金甸,故名。隶中京,金因之。元改隶大宁路,明废。故址无考。”义州,今辽宁锦州义县。

092 完颜希尹与军队膳食

完颜希尹深谙作战之法，尤其擅长与汉族军队作战，是一位极其出色的战术专家，也是一位军队膳食营养专家。当时的汉族人称完颜希尹为“黠虏”（《三朝北盟会编》卷三），即“狡猾的胡虏”，无数人谈之色变。

完颜希尹深谙汉文化，所以他能掌握与汉族人作战的窍门，取胜得心应手。汉族人以米为主食，一日三餐，军力不能保持长久。而金兵以肉为主食，文献提及有熟牛肉、烧饼等，可以一日一食，甚至可以坚持三日一食仍有战斗力。每次大战之前，完颜希尹都要亲自督促伙食，使每个士兵都必须吃肉，而且要吃饱，以备有长久的体力和战斗力。大战之前一定要给战士吃肉，这是完颜希尹取胜的秘技之一。

在灭宋作战之时，两军交兵，从日出到日落，汉族军队因不得机会吃饭，鏖战一天之后早已体力尽失。而金兵因为完颜希尹的科学指导，掌握了膳食之法，依然体力充沛，所以战场上占尽了先机。此时金兵战宋兵，以一敌十，成为不知疲倦的作战机器。

据史料记载，天会七年（1129）初，完颜娄室兵至渑池，大破宋师，“范致虚勤王之师三十万僵尸盈沟”（《完颜娄室神道碑》）。此后，娄室又率1万余众在一日之内连打了三场大胜仗：先是在早餐之前打败3万宋兵于武功，在午饭之前打败了附近的3万宋兵，后又在晚餐之前破15万援军于渭南。《完颜娄室神道碑》：“败敌三万于武功，日中复败三万于近地，又破十五万于渭南。”

面对强敌，完颜娄室率领金兵之所以取得辉煌的战果，是因为他们抓住了汉族人在体质上的缺陷，又掌握了宋军的作息时间和生活规律，以此合理用兵，科学指挥。金兵这些知识的取得，应该离不开完颜希尹的科学指导。

093 完颜希尹与腹式呼吸法

腹式呼吸法，与胸式呼吸法相对应，是指以腹部和膈肌的运动为主的呼吸方式。腹式呼吸法，也是中国传统气功的功法之一。腹式呼吸以膈肌运动为主，吸气时胸廓的上下径增大，左右径相对固定，将肺部变成一个可以上下拉伸的风箱。腹式呼吸时，横隔肌会下降，腹压增加，感觉好像是空气直接进入腹部，呼吸一次10~15秒，能吸入约500毫升空气。

与胸式呼吸法相比，腹式呼吸法有很多的优势，因而历史上会腹式呼吸的人会显得与众不同。古时高道行道时诵说经义，声如洪钟。明代冯梦龙《东周列国志》第七十二回："忆胥目如闪电，声如洪钟。"这里之所以"声如洪钟"，都是腹式呼吸法在起作用。

完颜希尹擅长使用腹式呼吸法。《吉林通志》称其"身长七尺余，言如巨钟"。声如巨钟，是腹式呼吸法的反映。腹式呼吸法尤其适用于军队，骑兵使用腹式呼吸法，使内脏处于挤压的状态，减少了骑行过程中内脏和盆底的颠簸震动，使战马与人成为和谐的一体，增加了骑行的舒适感，也增强了部队的战斗力。

094 完颜希尹与图书收藏

完颜希尹热爱学习，刻苦钻研，对中原王朝先进的知识如饥似渴地吸纳。北宋的印刷术十分发达，完颜希尹征集与收藏了一批珍贵的宋版图书。《完颜希尹神道碑》记载："既克汴，诸将帅争取珍异，王独先收宋图籍。"这些图籍成为女真民族进步的重要知识来源。

以完颜希尹为代表的女真贵族虚心向学，读书勤恳。而在北宋，书籍虽多却不能读，统治者不愿学习，不学无术，以致官僚横行，享乐成风。这也是北宋灭亡的一个重要原因。

095 完颜希尹与子女教育

完颜希尹受汉文化熏陶，十分重视子女的教育，延请南宋大金通问使洪皓教授儒家经典。《宋史·洪皓传》："悟室敬皓，使教其八子。"八个儿子和诸孙十分淘气，难于教化，完颜希尹于是将学堂设置得如同监牢一般。《完颜希尹神道碑》："诸孙幼学，聚之环堵，中凿圜窦，仅能过饮食。先生晨夕教授其义方如此。"

金代普及了文化教育，学校除了教授女真文字，也讲授经史。《金史·温迪罕缔达传》："初，丞相希尹制女直字，设学校，使讹离剌等教之。其后学者渐盛，转习经史，故纳合椿年、纥石烈良弼皆由此致位宰相。"

096 完颜希尹与占星术

星占，是中国传统文化的重要内容，起源于远古时代，深深植根于传统社会，对现代天文学、建筑学、地理学等学科有重要影响。完颜希尹对星占很有研究，通过星占预测吉凶。洪皓《松漠纪闻》记载："己未年(1139)五月，客星守鲁。悟室占之，太史曰：'不在我分野，外方小灾无伤。'至七月，鲁、兖、宋、滕、虞诸王同日诛。"悟室，即完颜希尹。

另一方面，当星占涉及自己的时候，完颜希尹并不为意。《松漠纪闻》记载了星占已经预告了他的死："庚申年(1140)，星守陈。太史以告宇文①，宇文语悟室（悟室时为陈王）。悟室不以为怪，至九月而诛。盖亦应天道如此。”

①宇文：指宇文虚中（1079—1146），文学家，建炎二年（1128）出使金国，被软禁，获释后仕金，为金熙宗所杀。

097 完颜希尹之死

完颜希尹是中华民族史上杰出的军事家，经过战争的洗礼，人格也塑造得纯粹完美。他一心为国，毫无私心杂念，晚年却因为受到诬陷被杀。

《三朝北盟会编》引苗耀《神麓记》：“唔室、兀术言语相及，兀术告秦王宗干，宗干遮护之。宗弼泣告皇后，后具以语东昏。兀术已朝，辞至良乡（今北京良乡），召回。是夜，诈称有诏，入唔室所居第，执而数之，赐死。”唔室，即希尹；东昏，即东昏王，金熙宗死后的封号。受完颜希尹的株连，完颜希尹的两个儿子把荅、漫带以及右丞相契丹人萧庆和他的儿子同时被处死。希尹另外四子卧鲁、南撒瀛、虚哥濛、铁哥滋仍年幼，也在别处受诛，第三子挞挞此前已死。完颜希尹八子除义子石抹荣外，都在内斗中身死。南宋洪适《先君述》：“到燕一月，越王兀术族悟室，党与坐死数千百人，独先君（洪皓）故与悟室持论，身几死数矣。兀术知之，故得免。”

完颜希尹晚年虽遭构陷，血洒朝堂，但比之终老于屋檐之下，亦得其所，故仍可谓善终。死是客观规律所在，人总归是要死的。完颜希尹如果不是为完颜宗弼所杀，也不会长生不死。对于一个杰出的军事家而言，战死沙场，马革裹尸，是最好的归宿，终老于屋檐之下才是最大的悲剧和耻辱。完颜希尹在内斗中被屈杀，后又被平反，并且奉祠立庙世代祭祀，已足显其哀荣。从这一点来说，完颜希尹之死并不委屈。

金熙宗在诏书中讲述了他诛杀完颜希尹一家和左丞萧庆的理由，《诛希尹、萧庆诏》云：

> 朕席祖宗之基，抚有万国，仁帱德覆，罔不臣妾，而帷幄股肱之旧，敢为奸欺！

开府仪同三司、尚书、左丞相、陈王希尹，猥以军旅之劳，浸备宰辅，阴愎险恶，出其天资，蔑视同僚，事辄异论。顷更法令之始，永作国朝之规，务合人情，每为文具。比其改革，不复遵承，几丧淳风，徒成浇政。

至乃未有诏谕，遽先指陈，或托旨以宣行，每作威而专恣。密置党与，肆为诞谩，僭奉玉食之尊，荒怠枭鸣之甚，外擅国家之利，内睽骨肉之恩。

日者帅臣密奏，奸状已闻，弗早加诛，死不瞑目。顾虽未忍，灼见非诬，心在无君，言尤不道，逮燕居而窃议，谓神器以何归？稔于听闻，迄致彰败，躬蹈前车之既覆，岂容蔓草之弗图。

特进尚书左丞萧庆，迷国罔悛，欺天相济，将致于理，咸服厥辜。

鸣呼！赖天之灵，既诛两观之恶，享国无极，永保亿年之休。咨尔臣民，咸体予意。

《舒兰县志》记载："天眷三年(1140年)九月，宗弼朝见熙宗，辞行时众官在宗弼驻地饯行。夜阑酒酣，希尹喝多了，口出狂言，称宗弼为'鼠辈'，宗弼对希尹怀恨在心。第二天，宗弼联合悼平皇后，诬告希尹私下议论皇帝熙宗无子，皇位无传，熙宗大怒，遂以'奸状以萌，心在无君，言宣不道'的罪名，下诏将希尹赐死。把希尹的两个儿子把答、漫带和左丞肖庆同时杀掉，株连家族数百人，造成特大冤案。三年后，真相大白，希尹冤案得到平反昭雪，恢复名誉，'赠希尹仪同三司，邢国公，改葬之'。葬在本县小城乡新开岭西麓希尹家族墓地。"

第五篇　完颜希尹的传统文化基因

098 哀兵必胜

完颜希尹礼贤下士，谦恭低调，以慈悲的心态面对胜利，胜不骄，败不馁，显示出了卓越的军事才干。哀兵必胜，出自于《老子》第六十九章："抗兵相若，哀者胜矣。"意思是说，两军对抗、兵力相当的时候，善于处下持守的一方可获得胜利。哀，低调持守，慈悲。在推翻强大统治者的对抗战中，胜利者往往不是最有能力的人，而是最能耐久的人。因而，势均力敌之时，善于持守的一方可以获得胜利，即所谓"哀兵必胜"。

099 赑屃

完颜希尹神道碑的龟趺，称为"赑屃"，为"龙生九子"之一，用于驮碑负重。这让人们容易联想到大禹的父亲鲧。在传统文化中，鲧为熊神，力大无穷，是一位大力神，常被用于托举重物。《山海经·海内经》郭璞注："鲧死三岁不腐，剖之以吴刀，化为黄龙

(熊)。”《国语·晋语》:“昔者鲧违帝命,殛之于羽山,化为黄熊,以入于羽渊。”《楚辞·天问》:“阻穷西征,岩何越焉? 化为黄熊,巫何活焉? ”

半拉山[1]遗址位于辽宁省朝阳市龙城区召都巴镇尹杖子村大杖子组东北，包括墓葬、祭坛和神庙，年代距今5305—5045年。2014年9月至2016年12月发掘78座墓葬,主墓M12墓主是一个无头的男子,一说是大禹的父亲,称鲧。上古时期,洪水肆虐,帝尧命鲧治水。鲧采用筑坝拦截的办法,治水失败,为帝舜所杀(一说流放),于是帝舜命大禹治水。祭坛上有神庙建筑的遗迹,其性质为大力神庙(后世也称“二郎庙”)。大力神,鲧的神格所在,为熊神的形象。

①半拉山，从高空俯瞰，周围的大山如同是羽毛之形，古籍称之羽山，山形也应该就是中国最早的“羽”字。半拉山并不是完整的一座山，为什么只有半拉？对于这个问题，古人演绎出了一个在中国家喻户晓的神话故事，即“劈山救母”。

100 鞭神

完颜希尹善于骑射,扬鞭策马,行动迅速。女真族的骑兵马具齐全,不仅装备了马鞍、马镫,而且装备了马鞭。对于游牧民族和骑兵来说,马鞭是基本的装具。

鞭神,是上古时期发明鞭子的人。传说“上三皇”时期,畜牧业开始兴起,出于驱赶牲畜的方便,有人发明了放牧用具——鞭子,发明者被后世奉为鞭神。

在中国古典天文中,鞭神称“策星”,在北方玄武座中。《开元占经·甘氏中官占五·策星占十六》:“甘氏曰:‘策一星,在王良前。’巫咸曰:‘策星,天子兵马,金官。’郗萌曰:‘策星,主天子之仆御。’《甘氏赞》曰:‘策执御右,螣蛇先驱。’”

101 扁担神

扁担，挑夫之器，是中国上古时期的重要发明。完颜希尹家在纳里浑庄，扁担是农村基本的生活用具，女真族的生产生活也离不开扁担。

扁担神是上古时期发明扁担的人，在中国古典天文中称“担星”，应是北方玄武第二星牵牛星里的一颗小星，起源古远。在“上三皇”祭祀区内，或许有担星的人形山，是扁担神山川望祭的场所。在贵州、广西、湖北等地有扁担山，应是担星的分野所在。

102 兵贵神速

兵贵神速，语出于《孙子兵法·九地》：“兵之情主速，乘人之不及，由不虞之道，攻其所不戒也。”完颜希尹善于用兵，而且擅长行军，速度惊人。《完颜希尹神道碑》：“王驰驿，一日而至西京。”北京居庸关到山西大同的直线距离大约是500里，完颜希尹一日到达。南宋张棣《金虏图经》：“虏人用兵专尚骑。”《三朝北盟会编》卷五：“兀室率师度辽，而用降将余睹为前锋。正月十四日，以劲骑一日一夜行三百里，至其中都，攻之，自旦至日中，遂陷焉。”

103 不苟言笑

"不苟言笑",不随便说笑,仪态庄重严肃。完颜希尹墓前的武官像都是不乐的状态。这是一个道家典故。《老子想尔注》说:"不乐者,墨(默)以不言。"又说:"道人恬惔,不美兵也,若美,必乐之。"

在古代道家看来,战争是残酷的,不能加以美化,战胜之后,也不能得意忘形,要以慈悲的心态面对胜利。《老子》第三十一章说:"胜而不美,而美之者,是乐杀人。"《老子想尔注》改称"道人恬惔,不美兵也,若美,必乐之",看似曲解《老子》原文,实际上另有深意。此规定了道教造像的一般原则,手执利器的神仙道士在任何场合下一定都是不乐的。佩有利器的神像表情或是肃杀,或是怒视,不能呈现喜庆的神态。这一思想深刻影响了道教造像的方法。手执利器的兵俑不为胜利而乐,反映了道家"不美兵"、不以杀人为乐的观念。

104 不咸之山

不咸之山,即巫咸之山,为巫咸星的地象所在。巫咸,商朝太戊时期的天文学家,精通星占之术。不,与无、乌音近义同,巫与无、乌音同,故巫咸常讹为"不咸"。

《山海经·大荒北经》:"大荒之中有山,名曰不咸,有肃慎氏之国。"《山海经·大荒西经》:"有国名曰淑士,颛顼之子。"意思是说,肃慎是颛顼儿子的封地,肃慎是颛顼后裔。淑士,即肃慎,音近通假。《晋书·四夷传》记载:"肃慎氏,一名挹娄,在不咸山北。"清萨英额《吉林外记》记载:"吉林,古肃慎氏遗墟。"不咸,即巫咸。咸州,今

巫咸星地象（辽宁新宾南杂木镇）

属辽宁开原，为巫咸星的地表投射点，咸州之名与巫咸星相对应。咸州有人形山，神主应为巫咸。

长白山占地广阔，包含众多的人形山，巫咸之山在吉林、辽宁交界地带，仍属长白山余脉，故而巫咸之山包含于长白山之内。巫咸之山，表现了古圣巫咸的形象，被人们赋予了相应的文化内容，体现了人的精神和意志。

105 “不战而屈人之兵”

“不战而屈人之兵”，是指不使用武力就能使人屈服的作战方法，被认为是古代为兵者的最高境界，语出于《孙子兵法·谋攻篇》：“百战百胜，非善之善者也；不战而屈人之兵，善之善者也。”早期也作“大武辟兵”，意思是说，使用武力的最高境界是绝少使用武力。

战争不是目的，只是手段。完颜希尹在伐辽灭宋的战斗中，善于团结对手，很多人听说完颜希尹的仁义之名，纷纷投降归顺，是《孙子兵法》“不战而屈人之兵”的写照。《完颜希尹神道碑》记载：“辽卫士习尼烈者遽来投附。”《金史·银术可传》记载：“（银术可）从杲取中京，与希尹等袭走迪六、和尚、雅里斯等，败奚王霞末，降奚部西陈度讹里剌。”

106 菜神

史籍记载,金代北方已经普及种瓜种菜。南宋洪皓《松漠纪闻》记载了他在完颜希尹家吃西瓜的事情。完颜希尹家种植瓜菜菽豆,是中华民族古老传统的延续。

我国原始先民发明了种粟、种菜、种瓜、种豆,知道了“种瓜得瓜,种豆得豆”,种植业因此得到了发展。在“上三皇”祭祀区,有粟神、菜神、瓜神和豆神之山,是山川望祭的对象。粮食、蔬菜和瓜豆的种植,改善了人类的饮食结构,为人类的文明进步做出了历史性的贡献,人类至今得其惠。《黄帝内经·素问·藏气法时论》:“五谷为养,五果为助,五畜为益,五菜为充,气味合而服之,以补精益气。”

在中国古典天文中,发明种麻者为麻神,称“麻星”,在北方玄武第三星女宿之内,其地象在麻田(今属山西省左权县),即最早的种麻之地;发明种粟者为粟神,称“粟星”,在南方朱雀第一星井宿之内,其地象在粟城(今属山西省左权县),即最早的种粟之所;发明种菜、渍酸菜(制作泡菜)和腌制咸菜的人为菜神,称“菹星”,是白虎座第三星胃宿里的一颗大星;发明种瓜者为瓜神,有两位,分别称为“匏瓜星”“败瓜星”,是西方白虎第二星娄宿里的大星;发明种豆者为豆神,称“豆星”,后来分为大豆和小豆,均在南方朱雀第一星井宿之内。此外,还有始发采摘野菜的神,在中国古典天文中称“左更星”,在西方白虎第二星娄宿之内。《开元占经·甘氏中官占五·左更星占六十九》:“甘氏曰:‘左更五星在娄东(注曰:左更,山虞之官,主川泽、林薮、竹林、菜蔬之属)。’”“《甘氏赞》曰:‘左更采薪,菟园采茹。’”

南宋洪皓《松漠纪闻续》说:“回鹘豆高二尺许,直干,有叶,无旁枝,角长二寸。每角止两豆,一根才六七角,色黄,味如栗。”洪皓所记载的女真人种豆之事,是一项十分古老的民俗。豆是女真人的辅食,不仅作为蔬菜,也可以制作豆浆、大酱,丰富了餐桌。《大金国志》:“饮食甚鄙陋,以豆为浆。”

金代以农业为立国之本。阿骨打建国时,“阿离合懑与宗翰以耕具九为献,祝曰:‘使陛下毋忘稼穑之艰难。’”(《金史·阿离合懑传》)《老子》第五十九章:“治人事天莫若啬。”啬,通穑,即稼穑,种植粮食和蔬菜。金人重视农业,不忘先王遗训,行之则笃。《金史·撒改传》:“撒改为人,敦厚多智,长于用人,家居纯俭,好稼穑。”

107 蚕神

蚕神,为发明养蚕的人,为轩辕黄帝之妻嫘祖的称谓。在中国古典天文中,嫘祖为织女星,也称“天蚕星”,是北方玄武第三星女宿的神主,为桑麻之神。《开元占经·石氏中官占上·织女占十二》:“石氏曰:‘织女,主经纬丝帛之事。’”嫘祖发明养蚕之后,进一步发明了缫丝成衣之法,中国人因此穿上了华丽的绫罗,文明程度大幅度提高。金人钟爱丝绸,不仅因为丝绸的华贵美丽,也是因为丝绸维系了远古祖先与后世子孙的联系。完颜希尹死后,其骨灰即以丝绸包裹。

“欧丝之野”地象(河北平泉)

辽宁朝阳牛河梁有女神庙，为蚕神庙，是祭祀蚕神嫘祖的场所。《山海经》中记载有“欧丝之野”，是先民缫丝的场所。《山海经·海外北经》：“欧丝之野在大踵东，一女子跪据树欧丝。三桑无枝，在欧丝东。”欧丝，即吐丝。“欧丝之野”地象在河北平泉县南五十家子乡小马杖子村北。跪坐吐丝的女子，即中国最早的“女”字，记住这个字，走在山里就不会迷路，其实是一幅远古时期的地图。

108 仓神

完颜希尹所在纳里浑庄，以农业和渔猎为主，也搞种植和采集，粮仓是基本的设施。仓神，为上古时期发明粮仓的人，是农业文明的体现。我国原始先民学会了种麻，发明了织布，人类从此有了衣装。随之，人类开始种植粮食和蔬菜，粮仓也随之产生。在中国古典天文中，仓神有胃宿、天仓、天廪、天庾、刍藁、天囷等多位，负责储存不同用途的作物。

109 厕神

完颜希尹的家乡纳里浑庄地处冷山，聚落百余家。厕所是其农村生活的基础设施。行军打仗也需要有厕所。厕神，是远古时期发明设计厕所的人，在中国古典天文中，为天溷星、厕星或天厕星。天溷，发明了厕所和猪圈的组合，为畜牧之神，厕所同时积肥养猪，种植作物。

厕星也担当医生之职。因为粪便和排泄物与疾病发生的关系十分密切，故厕星负责观察天下疾病。《开元占经·石氏外官·厕星占二十三》：“郗萌曰：‘厕星主观天下疾病。’《黄帝占》曰：‘天厕星欲黄赤。黄赤而明，吉；苍黑，凶。'石氏曰：'厕星不具，贵人多病，一曰夭，一曰陷厕。'"

110 娼妓神

女真族民风淳朴，起初并无娼妓之事，也无娼妓的观念，更无老鸨、妓院之类的人员和设施。及金灭辽宋，受华风浸染，或有之。北方女子性情放达，及年长，歌舞于市，伸求侣之意，是一种婚恋习俗。《三朝北盟会编》卷三载：女真人"贫者则女年及笄，行歌于途。其歌也，乃自叙家世、妇工、容色，以伸求侣之意。听者有未娶纳之者即携而归，其后方具礼偕女来家以告父母"。

娼妓神，是历史上创办娼妓行业的人，历史人物原型为春秋时期的管仲。《战国策·东周策》记载："齐桓公宫中七市，女闾七百，国人非之，管仲故为三归之家，以掩桓公。"《韩非子·说难》云："昔者桓公宫中二市，妇闾二百。"

娼妓，由唱歌跳舞一事转义而来，最初为倡伎，即唱歌跳舞之意，起源古远。在"上三皇""中三皇""下三皇"祭祀区内，以及后来的"五帝"祭祀区内，都可见有歌神和舞神的人形山，有山川望祭的场所，表明唱歌跳舞是古老的传统，是深受民众喜爱的文化活动。

在中国古典天文中，倡伎之神称"天倡星"，为歌舞伎乐之神，在南方朱雀第六星翼宿之内。《开元占经·南方七宿占四·翼宿占六》："石氏曰：'翼二十二星，十八度(注曰：古十三度)。度距中央西星先至，去极九十九度(注曰：在黄道外二十度半)。春夏为金，秋冬为土(注曰：巫咸曰：翼，金星也)。翼北十二尺，是中道(注曰：楚之分野)。'《南官候》曰：'翼主天昌，五乐八佾也。一名化宫；一名天都市；一名天徐，以和五音。'石氏曰：'翼，天乐府也，主辅翼，以卫太微宫，法九州岛之位。入为将士相，绳直有例。内外小星四十六，官各随其度，小臣之象也。'《圣洽符》曰：'翼者，宾客也。'《孝经章句》

曰:'翼者,市也。'《百二十占》曰:'翼为天倡,倍海也,天旗天都也,其国楚,其木茱萸也,其物辕干也,奴婢、毛羽、节器也。'《黄帝占》曰:'翼和五音,调笙律、五辅,以卫太微宫,九州岛之位,入为宰相。其星明,则帝德明,王者纳贤征圣,有进言之庆,礼乐大兴,天下和平;其星不明,天子有忧,将有负海之客,礼乐不和,律吕不调。'巫咸曰:'翼,天羽翼,又为负海。'《天官书》曰:'翼为羽翮,主远客。'《二十八宿山经》曰:'翼山、轸山相连,在楚门山中央最高,翼、轸星神,常居其上。'郗萌曰:'将有负海之事,则占于翼也。'《列宿说》曰:'翼主蛮夷,其星动,则蛮夷来见天子者。'《黄帝占》曰:'翼星光芒明,帝臣群圣,三王清澈,圣贤有期,集会之庆,礼乐大兴,天下和平。'郗萌曰:'翼明大,则四夷宾服。翼星从天子举兵征伐:其星就聚,天下相伐;其星明,旗用;其星不明,天下无忧。'《石氏赞》曰:'翼主天倡以戏娱,故近太微并尊嬉。翼二十二星主天倡,建旗秉节物满张。'"

111 长白山

魏晋时,勿吉人把所居长白山视为灵山,非常崇敬。《大金国志》:"金俗好衣白。"长白山,为白衣观音之所居,故得此名。[①]古时土名为"歌尔民商坚阿邻",《山海经》中记述的"不咸之山""附禺之山""大荒之山""孰湖之山(英招之山)""颛顼国""扶余国""长臂国""淑士国"等均属于今长白山系。

对长白山的祭祀和崇拜是源远流长的历史文化,体现了古人对人与天地宇宙关系的深刻反省。古时没有"人类""民族""国家"这一类抽象的名物观念,故以"神"当之。山神的形象,是远古时期为人类文明进步做出卓越贡献的历史人物的影像,是民族的祖先,也代表着伟大的、万能的人类,故有祭祀之事。祭祀的主体包括多座史前人形山,其文化衍生物包括祭坛、神庙、墓葬、聚落、岩画(壁

①长白山,尚白之意。宋洪皓《松漠纪闻》:"长白山在冷山东南千余里,盖白衣观音所居。其山禽兽皆白,人不敢入,恐秽其间,以致蛇虺之害。"

画）、遗骨、遗迹、遗物等，具有十分丰富的内涵。

金代继承了远古的传统，保留着山川望祭的习俗，因而对大山基本形态有准确的认识。金世宗祭祀长白山的册文说："望秩山川，于稽《虞典》。厥惟长白，载我金德，仰止其高，实惟我旧邦之镇。……四海之内，名山大川，靡不咸秩……维金之祯，与山无极，岂不伟欤。"意思是说，山川望祭的古俗，远古的典籍就有记载，那长白山的山神，是我金国德行的记载，瞻仰高山，实际上是我国古老历史的客观见证。……四海之内的名山大川，没有一处不是望祭祖先之所。……金国的祯祥，像那大山一样没有穷尽，那该多么伟大啊！金世宗在册封静宁山山神的时候还说："古之名山，咸在祀典。轩皇之世，神灵所奉者七千。虞氏之时，望秩每及于五载。"（《金史·礼志·诸神杂祠·镇安公》）意思是说，古代的名山都是需要祭祀的神山。在轩辕黄帝的时候，崇奉祭祀的神山有七千座，到了帝舜的时候，山川望祭的典礼每五年进行一次。望秩，即望祭于群神。

长白山主峰白头山，位于吉林省东南部，海拔2691米，是东北地区的最高山峰。长白山天池，又称"白头山天池"，水面海拔2150米，是火山喷发产生的火山口经过积水而成。长白山不只是山，山上山下还有水，山水之间是渔猎的场所。作为当地民俗文化的代表，长白山自古形成了其独具特色的山神和水神文化。

在古时，长白山为千里林莽，只有经验丰富者才能找到前往长白山和天池的门路。长白山是山神的所在，瞻仰了长白山的山神，记住了山神的模样，走在山里就不会迷路，就可以获取大山的丰富馈赠。当地百姓长期依赖于大山的资源，产生了对长白山的信仰与崇拜，即山神崇拜。在民间信仰中，长白山为众神的居所，也是民族祖先的所在，是民族精神之源和灵魂的归宿。至今，山神崇拜仍然是当地各族群众生活的一个组成部分。

古人所谓的山神，即大山的形态，因其为人形，故称为神。其中，山神置于水边者，主水，即水神。这些人形的大山，开脸自然，比例匀称，各具神态，各显神通，反映出了原始祖先的阅历和风貌，代表了民族的精神和品格，因而古人极其重视祭祀。

长白山天池旁边有多处人形山，即长白山天池的水神，应为新

长白山天池的全貌及其水神局部（长春韩冬摄）

石器时代晚期山川望祭的对象，整体布局反映了那个时期的家庭和社会的面貌。其中一男一女为主神，应是一对夫妻的形象，男性主神的眼睛和牙齿之处另有一女一男，为主神的侍者，应为目神和齿神，即传统意义上的“五官”。

长白山男性主神造型复杂，为群神之主，体现了父系氏族社会的男权思想。他头戴巾冠，鼻子扁圆，眼睛和牙齿各有一神，为较小的人头像。目神之处应是一女子，齿神应是一男子，其双手置于胸前。《山海经·大荒西经》：“大荒之中，有山名曰大荒之山，日月所入。有人焉，三面，是颛顼之子，三面一臂。三面之人不死，是为大荒之野。”晋代郭璞注：“玄菟太守王颀至沃沮国，问其耆老，云：‘复有一破船，随波出在海岸边，上有一顶，中复有面，与语不解，不食而死。’”长白山天池的水神，与《山海经》大荒之山中三面一臂之神相符，可知神主的身份为古圣颛顼的后裔。长白山四位山神的造型，极具地域文化特色和民族风情。他们一起组成了长白山天池的水神，为白山黑水平添了神韵，使人们对这块神奇土地更加向往。

《金史·礼志·诸神杂祠·长白山》记录了金世宗对长白山的祭祀和册文。据《金史·王庭筠传》记载，《长白山册文》的作者是金代文学家、史学家党怀英。全文如下：

> 大定十二年(1172)，有司言：“长白山在兴王之地，礼合尊崇，议封爵，建庙宇。”十二月，礼部、太常、学士院奏奉敕旨封兴国灵应王，即其山北地建庙宇。十五年(1175)三月，奏定封册仪物，冠九旒，服九章、玉圭、玉册，函香、币、册、祝。遣使副各一员，诣会宁府，行礼官散斋二日，致斋一日。所司于庙中陈设如仪。庙门外设玉册、衮冕、幄次、牙杖、旗鼓、从物等视一品仪。礼用三献，如祭岳镇。
>
> 其册文云：“皇帝若曰：自两仪剖判，山岳神秀各钟于其分野。国将兴者，天实作之。对越神休，必以祀事。故肇基王迹，有若岐阳，望秩山川，于稽《虞典》。厥惟长白，载我金德，仰止其高，实惟我旧邦之镇。混同流光，源所从出，秩秩幽幽，有相之道。列圣蕃衍炽昌，迄于太祖，神武征应，无敌于天下，爰作神主。肆予冲人，绍休圣绪，四海之内，名山大川，靡不咸(成)秩。矧王业所因，瞻彼旱麓，可俭其礼？服章爵号，非位于公侯之上，不足以称焉。今遣某官某，持节备物，册命兹山之神，为兴国灵应王，仍敕有司岁时奉祀。於戏！庙食之享，亘万亿年。

维金之祯，与山无极，岂不伟欤。”

自是，每岁降香，命有司春秋二仲择日致祭。明昌四年(1193)十月，备衮冕、玉册、仪物，上御大安殿，用黄麾立仗八百人，行仗五百人，复册为开天弘圣帝。①

①金代祭祀长白山的山神庙，位于今吉林省安图县二道镇宝马城遗址。

112 长袖善舞

长袖善舞，成语，是说衣服的袖子越长，跳舞就越好看。原指有所依靠，事情就容易成功，后形容善于钻营取巧，会走门路。《韩非子·五蠹》:“鄙谚曰:‘长袖善舞，多钱善贾。’此言多资之易为工也。”完颜希尹家族墓地的地象是一个长袖善舞的男子，两只衣袖很长，作翩翩起舞之状，是成语“长袖善舞”的历史发生地。

跳舞是中国古代十分重要的发明，在“上三皇”“中三皇”“下三皇”祭祀区内，都可见有舞神之山，表明跳舞在远古时期是人类重要的精神文化活动。

“上三皇”祭祀区内的舞神之山（河北涉县）

113 车神

金代交通落后，完颜希尹改进了车船，使运输的效率大幅度提高。他广纳贤士，设计改进了战车，被覆坚甲，大大提高了作战的安全性，此即“装甲车”。

历史上，发明造车的人为车神，为远古星神。在中国古典天文中，车神称“奚仲星”，在北方玄武第三星女宿之天津星以北。奚仲为夏之车正，任姓，黄帝后裔，为薛姓始祖。此外，车神还有天辐星、车府星、轩辕星、阵车星、骑阵将军星、车骑星、轸宿等多位。其中，天辐星载乘舆之官，是高端的豪华车辆，阵车星、车骑星为作战车辆。

奚仲像

据《山海经》记载，奚仲发明了轮子，他的儿子吉光发明了车。《山海经·海内经》：“番禺生奚仲，奚仲生吉光，始以木为车。”晋葛洪《抱朴子·对俗》：“腾（乘）黄之马，吉光之兽，皆寿三千岁。”《开元占经·巫咸中外官·奚仲星占二十》：“巫咸曰：‘奚仲四星，如衡状，在天津北。’巫咸赞曰：‘奚仲弥轮，路軨优绔。’（注曰：奚仲，车正也，軨在轼前，优绔，覆軨者也。）”吉光，一说为良马之名，《云笈七签》卷八四：“天马者，吉光、腾黄之兽也。”

114 城东放火，城西打劫

“城东放火，城西打劫”，为中国传统的作战方法，即“声东击西”“趁火打劫”的组合。完颜希尹为军事家，也是战术专家，善用战法。《完颜娄室神道碑》：“王（娄室）攻东南隅，选壮秉苋倚梯，望其楼橹，乘风纵火。”完颜娄室乘风纵火，即中国传统的“趁火打劫”之术。

115 城神

女真为氏族部落的管理方式，是不同形式的村落，起初并没有城市。金朝建国后，引进中原文化，大规模修筑城池，开始有了城市生活。城市是政治、经济、科学、文化活动的中心场所，城市的出现是人类文明进步的重要成果，具有重要的历史意义。

城神，远古时期发明城防建筑和设计规划城市的人，后世奉以为神。民俗中，城神也称“城隍”。在中国古典天文中，城神称“建星”，是一个主管城市建设的星神，在北方玄武第一星南斗的北面。《开元占经·石氏中官占上·建星占二十三》：“巫咸曰：‘建星， 土官也。’”“《海中占》曰：‘斗建者，阴阳终始之门，大政升平之所，起律历之本原也。’”“《诗雅度览》曰：‘建星动，劳未央。’”城神，一说为鲧，《吕氏春秋·君守篇》：“奚仲作车，仓颉作书，后稷作稼，皋陶作刑，昆吾作陶，夏鲧作城，此六人者，所作当矣。”

中国古典天文中还有土司空星， 位于西方白虎第一星奎宿之内，主土建之事，也是一位城神。《开元占经·石氏外官·土司空星占十五》：“石氏曰：‘土司空一星，在奎南。’（注曰：入壁七度太，去极百二十度少，在黄道外二十四度也。)《春秋合诚图》曰：'司空主土城。'石氏曰：'土司空星大，天下安，又曰：色黄明则吉。一曰知祸殃。'《黄帝占》曰：'土司空星明而黄润，则天下安吉，王者吉；其星不明，若亡不见，其国有丧，若土功之事，若有旱灾。'"

116 "出其不意，攻其无备"

"出其不意，攻其无备"，中国传统作战思想。完颜希尹善于使用此术，在伐辽灭宋过程中发挥了重要作用。《孙子兵法·始计篇》："攻其无备，出其不意。此兵家之胜，不可先传也。"《孙子兵法·九地篇》："兵之情主速，乘人之不及，由不虞之道，攻其所不戒也。"《完颜希尹神道碑》："王以偏师又袭之于沙漠，掩其不备而及之。"《完颜娄室神道碑》："(娄室)率其已降，卷旆径进，掩其不备，大破之，追杀千余人。"

117 出奇制胜

《孙子兵法·始计篇》："兵者，国之大事，死生之地，存亡之道，不可不察也。"完颜希尹善于用兵，善于以少胜多，出奇制胜。《完颜希尹神道碑》称他"出奇纵横，以寡覆众"，典故出自于《老子》第五十七章："以正治国，以奇用兵，以无事取天下。"

出奇制胜，是中国传统的作战思想，又见于《孙子兵法·兵势篇》："凡战者，以正合，以奇胜。故善出奇者，无穷如天地，不竭如江海。"女真是我国北方的少数民族，早期人口只有80万，常规兵力只有几千人，但是因为有优秀的将领，最终完成了伐辽灭宋的壮举，书写了人类战争史的传奇。

118 出生入死

出生入死，出自于《老子》第五十章，后来用来形容人作战英勇，冒着生命危险，不顾个人安危，这也是完颜希尹生平的写照。

完颜希尹为军事家，多次参与指挥重大的战役，甘冒矢石，身为士先。天辅六年(1122)，宗翰率部出瓢岭，追辽帝于鸳鸯泺。《金史·完颜希尹传》：“宗翰袭辽帝于五院司，希尹为前驱，所将才八骑，与辽主战，一日三败之。”完颜希尹一行八个人追击辽天祚帝，连续多次打败辽帝的卫军。第二天，又接着追击辽主于白水泺，辽帝被迫以轻骑遁去。《完颜希尹神道碑》说：“剿杀甚重，悉获其甲胄、辎重。”

119 刍藁神

完颜希尹身在军旅，善于骑射，马匹是必需的牲畜，同时也需要牛拉车负重。刍藁，也就是供应牛马的草料。刍藁神，远古时期为牛马牲畜储备草料的神，是草原游牧文化崇拜的神。

中国人驯服了牛马，有了游牧文化，随之产生了刍藁神，在中国古典天文中称“刍藁星”，也作“天积星”。《开元占经·甘氏外官·刍藁星占二十四》：“甘氏曰：‘刍藁六星，在天苑西。’郗萌曰：‘刍藁，一曰天积。天积，天子之藏府也。’《黄帝占》曰：‘天积中星盛，则百库之藏存；中星无，百库之藏散出。’郗盟曰：‘刍藁星见，刍藁贱，不即刍藁贵。’又曰：‘天积中星繁，则岁丰穰，民乃安宁；星希则货财散出。’《甘氏赞》曰：‘刍藁甸服，纳铚总输。’(注曰：生草曰刍，禾稗曰藁，故《禹贡》曰：百里赋纳总，二百里纳铚。川藁曰总，刈穗曰铚，谓甸服入之以供牛马之食也。)”

120 厨神

厨神，一作灶神，是发明烹调之术的远古圣贤，即彤鱼氏。彤鱼氏的历史贡献是发明了筷子和烹调术（即煎、炒、烹、炸、炖之类）。上古女神弇兹发明了钻木取火，结束了茹毛饮血的时代，有了烧烤的熟食。中国早期只有火神，并没有独立的灶神和厨神。到彤鱼氏时，烹调术发明，食品的制作多样化，有了现代意义的中餐，她也因此被奉为厨神，也称“灶神”。传说轩辕黄帝之妻彤鱼氏生挥公，即张挥，是为张姓之始。

完颜希尹所在的女真族，以中餐为主食，出土的餐具有锅、碗、盘等，可以为其证。女真人以铁锅随葬，体现了金人对于饮食之事的重视，也是对发明中餐的远古祖先的怀念。

在中国古典天文中，厨神有多位，有内厨星、外厨星、天厨星、帝席星等。其中外厨星负责肉食供应，主军食，为行军打仗时的饮

金代六耳铁锅

食之需。《开元占经·甘氏外官·外厨星占三十九》："甘氏曰：'外厨六星，在柳南。'《甘氏赞》曰：'外厨烹沦，鸡羊犬猪。'"

外厨星与天纪星关系密切。天纪星负责审查牲畜的年龄，不杀孕，不夭幼。《开元占经·甘氏外官·天纪星占三十八》："甘氏曰：'天纪一星，在外厨南。'（注曰：天纪，主知禽兽年齿，凡所烹宰，不杀孕，不夭幼，以致繁盛，故处外厨之门也。）《甘氏赞》曰：'纪别少齿，胎夭不屠。'"

121 杵神

杵，指木杵或石杵，系棍棒之类，是古人基本的生活用具。在金代，杵用来碾米磨面，满足人们的饮食之需。完颜希尹家族墓地所在的新石器时代王磨坊遗址，有石杵、石臼之类的石器出土，应是早期磨制粮食用的，相当于后世的磨盘。磨盘，是与磨棒复合使用的脱谷工具，为西团山文化中常见的器物。磨棒就是杵。

中国古典天文中，杵神与臼神为一对组合，有杵星、败臼星以及内杵星、臼星，都是主管粮食饮食的天官。《开元占经·甘氏中官占五·臼星占二十二》："《论语谶》曰：'杵臼七星，主给庖。'郗萌曰：'杵臼主军粮食。'《黄帝占》曰：'天杵臼星不具，民卖其釜甑，去其处。'郗萌曰：'天臼之星众，则岁乐；星疏，则岁饥。'又曰：'杵臼离，黎民饥。'陈卓曰：'杵臼星不具，民失杵臼。'《甘氏赞》曰：'杵臼充舂，主给养厨。'"此外，还有天杵一星，为妖星之一。《开元占经·妖星占中·天杵二十二》："《河图》曰：'太白散之精为天杵。'石氏曰：'天杵主牂羊。'"

杵还是刑罚用具，用来惩罚不道。在中国古典天文中，杵神也称"杠星""天杠""天棓大杖"。杠，旧语，指天上的彩虹。因此，天棓大杖是一根弯曲的大棒。《开元占经·石氏中官占一·天棓占七》："石氏曰：'天棓……五星，在女床东北。'……郗萌曰：'天棓

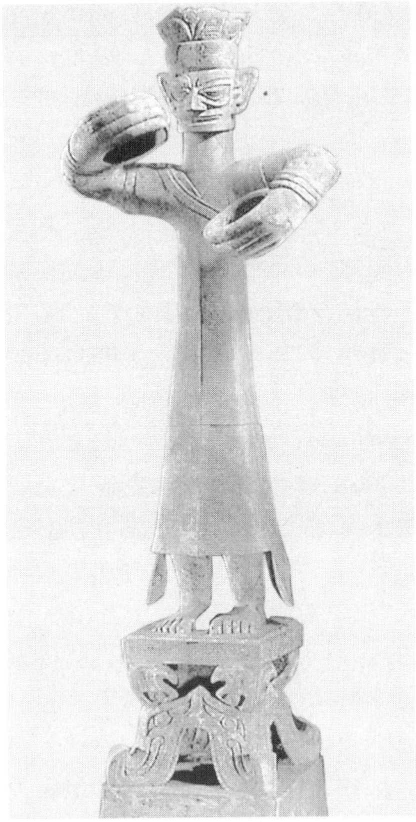

天棓之神：四川广汉三星堆出土青铜大立人像

者，先驱也。'石氏曰：'天棓五星，天之武备也。棓者，大杖，所以打贼也。皆所以禁暴横，备不虞也。'《黄帝占》曰：'天棓五星，天之武备也，以防不虞。其星不明而静，则天下无兵；其星明大，动摇，则兵大起，五仗用。'石氏曰：'天棓一星不见，其国兵起。'郗萌曰：'天棓星微细则吉，变明则凶，有忧愁。'《荆州（占）》曰：'天棓一星不见，天下有大兵。'"

四川广汉三星堆出土了一尊青铜大立人像，手持弯曲状态的大杖已缺失。手中大杖，即杠，弯曲为彩虹的样态。因此，神主的身份应为杠星，也就是世俗崇拜的杵神。《山海经》载有"并封之兽"，是双头的怪兽，是一座大山的形态，在辽宁朝阳牛河梁以南，应为杠星的地象所在。

122 船神

女真人以渔猎为主，所用的船只仍然是上古时期的设计样式。完颜希尹引进了中国南方的人才和技术，改进了舟船设计，深刻改变了东北地区交通落后的面貌。

船神，也称"天船星"，为最早发明制作舟船的人。《黄帝占》

曰："天船，主帝王济渡之官，常居汉中。"中国早期的舟船是独木舟，实际上是行走的大树。古人把树根之下的泥土移走，并设法将树置于水中，制作大船。中国远古的舟船形制巨大，航行江海，成为中国古人远洋航行的重要工具。

天船星，是西方白虎座第三星胃宿之内大陵星下的一颗小星，神格等级不高，但起源十分古远。天船星与积尸星位置接近。积尸星为林神，积尸为林，盛产大树，天船星以大树制作舟船，两位星神的关系十分亲密，因而被安放在了一起。《山海经·海内经》："帝俊生禺号，禺号生淫梁，淫梁生番禺，是始为舟。"中国人发明舟船的历史十分古远，发明者造船的番禺也许只是轩辕黄帝的一位"天孙"，也就是其远古祖先在天界的称谓。

积水星是一位与船神关系密切的星神，是上古时期设计发明水库的人。水是生命之源，水库蓄水保证了水的供应，是一种必要的抗旱设施，对于人类生存的意义重大。同时，水库也方便了打渔和船只出行。《山海经·大荒北经》："应龙蓄水。"《开元占经·甘氏中官占五·积水星占六十七》："石氏曰：'积水星明，则水大出，船行人道，必有沦邑者。星动摇而行上，舟船摩天。"

中国古典天文中还有另一个设计发明水库的星神，称"天渊星"，主灌溉之官，为农神。远古时期，中国人发明了种麻、种粮和种菜，生活水平大幅度提高。水库的设计发明，有了灌溉之事，因此有了农业的进步。

123 大房山

大房山位于北京西部的群山之中，是金朝的王陵所在。《金史·礼志·诸神杂祠·大房山》引皇帝册文："古之建邦设都，必有名山大川以为形胜。"形胜，指大山造型优美挺拔。设定王陵，也要以堪舆古法考察山形，获取形态学的信息，以此确定陵园的所在。大房山是一座人形山，神态活泼，是中国文明历史的一处重要地点。

金代山神保陵公：大房山金陵的人形山

北京房山夏后氏祭祀区的人形山

金代王陵建立在远古人形山之旁，显示了金代皇帝对祖先的皈依，文化内涵十分深刻。大房山山神封有爵位，称“保陵公”。北京房山有多座远古人形山，俯仰于天地之间，形态多样，应是历史上夏后氏的山川望祭之所。

《金史·礼志·诸神杂祠·大房山》记载了金代对大房山神的册封和献礼之事：“大定二十一年(1181)，敕封山陵地大房山神为保陵公，冕八旒、服七章、圭、册、香、币，使副持节行礼，并如册长白山之仪。其册文云：‘皇帝若曰：古之建邦设都，必有名山大川以为形胜。我国既定鼎于燕，西顾郊圻，巍然大房，秀拔混厚，云雨之所出，万民之所瞻，祖宗陵寝于是焉依。仰惟岳镇，古有秩序，皆载祀典，矧兹大房，礼可阙欤？其爵号、服章俾列于侯伯之上，庶足以称。今遣某官某，备物册命神为保陵公。申敕有司，岁时奉祀。其封域之内，禁无得樵采弋猎。著为令。’是后，遣使山陵行礼毕，山陵官以一献礼致奠。”

124 “蹬鼻子上脸”

“蹬鼻子上脸”，俗语，亵渎神灵，对神灵的不尊敬，引申为贪得无厌。上古时期，大型人形山被人们认为是历史人物的雕像，供后世瞻仰和凭吊，形成了中国古代山川望祭的传统。为了祭祀的方便，人形山的附近往往建有金字塔式的祭坛，称“望山”。但是，也有人不到祭坛上望祭，而是爬上了神像的鼻子和脸，即“蹬鼻子上脸”，也就是不尊重神灵的意思。

完颜希尹家族墓地位于群山之中，有人形山和祭坛(望山)。鼻子和脸可以作为地理标志物，记住了大山的模样，走在山里就不会迷路。古人常以此为戒，记载于《山海经》中。比如，广西兴安县华江镇有人形山，如同一尊巨人雕像，有鼻子有脸。右侧有金字塔式的望山，是山川望祭的场所。

广西兴安县华江镇的人形山及其望山

125 赌神

赌神，即中国古代发明赌博术的人，是博彩行业的创始人。女真自古民风淳朴，起初并无赌博之术。汉人嗜赌，起源于汉魏时期，及金灭辽宋，浸染华风，方才学会了赌博。

赌神，即中国历史上发明赌博术的人，是道教嗣师张衡，即道教中的新出太上老君，为东汉时人。张衡发明了蒲博之戏，设计了蒲博的场所和游戏的规则。博戏出现在汉代以前，到东汉时演变为蒲博。汉哀帝建平四年（公元前3年）夏："京师郡国民聚会里巷阡陌，设张博具，歌舞祠西王母。"（《汉书·五行志》）西晋张华《博物志》说："老子入胡作樗蒲。"（《艺文类聚》卷七四）此是言老子发明了樗蒲之物。

此并非虚言。但此老子非彼老子。东汉马融《樗蒲赋》："昔有玄通先生，游于京都，道德既备，好此樗蒲，伯阳入戎，以斯消忧。"玄通先生，早期道士之谓。"伯阳入戎"指老子西域化胡一事，时在东汉。《晋书·陶侃传》："诸参佐或以谈戏废事者，乃命取其酒器、蒱（蒲）博之具，悉投之于江，吏将则加鞭扑，曰：'樗蒱（蒲）者，牧猪奴戏耳！老庄浮华，非先王之法言，不可行也。君子当正其衣冠，摄其威仪，何有乱头养望自谓宏达邪！'"

126 盾神

盾牌，是古时作战的防护器具。盾，一作楯。远古时期发明盾牌的人，为盾神。金兵作战，盾牌是重要的装备。同时，金兵在车辆上安装了重甲，即后世所说的"装甲车"。在中国古典天文中，盾神称"天楯星"，一说即"摄提"。《开元占经·石氏中官占一·摄提占一》："《乐纬叶图征》：'摄提为楯，以其夹捧帝席也。'"一说梗河星为天楯。

127 方位神

行军打仗时能够准确判断方向方位，是一项重要的生存技能。

完颜希尹带兵远征，跋山涉水，从未发生迷路的情况，这需要有深厚的科学素养。

中国人对方向方位的认识源自于上古时期，人们已经可以根据日月星辰的位置来判断方位和方向。但是，远古时期不仅是有东、西、南、北四个方向，而是有六个方向（东、西、南、北和上、下），一说即“六甲”。但后来，“四方”取代了“六方”，又发展成了“八方”。

在中国古典天文中，方位神称“六甲星”，在北方玄武第一星斗宿之内，是“纪阴阳而纪时”“布政授民”的星神。《开元占经·甘氏中官占五·六甲星占五》：“甘氏曰：‘六甲六星，在华盖杠傍。’《春秋纬》曰：‘六甲中为辅，包罗物类，为神户。’（注曰：六甲，所以纪阴阳而纪时，所以在杠旁，以布政授民。）《甘氏赞》曰：‘六甲中候，出入有须。’”布政授民，即观象授时。

中国古典天文中另一个与方向有关的重要星神称“北斗星”。《开元占经·石氏中官·北斗星占五十八》：“《黄帝占》曰：‘北斗为帝车，运于中央，临制四方，分别阴阳，建于四时，均立五行，移应节度，定诸纪纲，太一之事也。配于二十八宿，天所以发其时也，地所以成万物，诸侯属焉。’……巫咸曰：‘北斗，天子受命之使士官也。’”

128 放偷

金代北方有放偷之俗，即放任偷窃，不管不问。正月十六日，旧俗为放偷之日，这一天可以到处偷盗甚至偷婚而不违犯法禁。[①]但是，完颜希尹并不认可放偷之事，据洪皓《松漠纪闻》记载，其第三子挞挞因组织放偷而受到希尹严厉责罚，并因此病死。

①见南宋洪皓《松漠纪闻》。

放偷，起源于上古时期，是一项雅俗，而非愚俗、陋俗。放偷于贫弱，是一种社会救济措施。社会救济是远古时期的一项发明，人世间因此少了痛苦，多了幸福，有重要的社会意义，发明人因而被后世奉以为神。中国古典天文中有施救济之神，称“天樽星”。《开元占经·甘氏中官占五·天樽星占五十九》：“《甘氏赞》曰：‘天樽慜民，怜育幼孤。’”

129 蜂神

蜜蜂是华夏部族的早期图腾，如同蚕神之制。七千多年前，中国应该已经开始养蜂，提取蜂蜜。女真因袭上古，蜂蜜是日常辅食。《大金国志》：“次进蜜糕，人各一盘，曰‘茶食’。”

远古时期发明养蜂之人，即蜂神，古称“骄虫”，《山海经》记载了祭祀蜜蜂之神的古俗。《山海经·中山经》：“（平逢之山）有神焉，其状如人而二首，名曰骄虫，是为螫虫，实惟蜂蜜之庐。其祠之：用一雄鸡，禳而勿杀。”《老子》第五十五章：“蜂虿虺蛇弗螫。”《诗经·周颂·小毖》：“莫予荓蜂，自求辛螫。”《左传·僖公二十二年》：“蜂虿有毒，而况国乎！”《史记·五帝本纪》：“（轩辕黄帝）淳化鸟兽虫蛾。”虫，指养蜂。辽宁朝阳牛河梁红山文化遗址出土玉蜂2件，反映了先民对蜜蜂的崇拜。玉蜂的形体狭长，不是一只普通的蜜蜂，而是一只蜂王的形象。

养蜂和蜂蜜之术是古代中国的一项重要发明。蜂蜜不仅满足

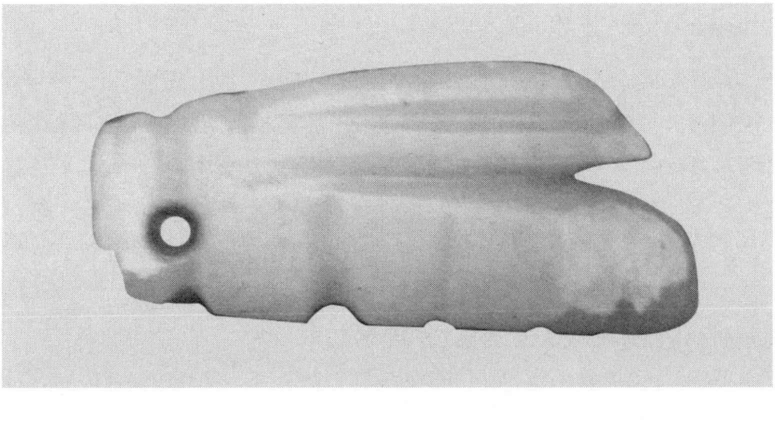

辽宁朝阳牛河梁遗址出土玉蜂

了先民日用之需，还是中药制剂的基质。中药和蜜为丸，称“蜜丸”。因而，蜂蜜的发明对中医中药的发展起到了很大的推动作用。另外，蜂蜜也是食品的辅料，可以制作果脯，称”蜜饯”；也可以制作糕点，称“蜜糕”。这些都大大提高了先民的生活质量。

130 凫徯

凫徯，即飞机，一作凫舄。《山海经·西山经》：“（鹿台之山）有鸟焉，其状如雄鸡而人面，名曰凫徯，其鸣自叫也，见则有兵。”凫徯，是古代的飞行器。凫，飞鸟。舄，音细，大鞋。“凫”与“飞”同义，古音相同；“舄”“徯”与“机”古音相同，故“凫舄”古语读为“飞机”，即今名。晋郭璞《山海经图赞》：“凫徯朱厌，见则有兵。类异感同，理不虚行。惟之自然，厥数难明。”完颜希尹善于学习，刻苦钻研，又能礼贤下士，天下艺能之士多归之。他于民间访得失传已久的凫徯之术，秘密研究，应在伐辽灭宋中发挥了重要作用。

131 斧神

斧子，是女真人生产和生活所必需，起源于上古时期。斧子是砍伐树木、营建房屋的器具，在完颜希尹家族墓地所在的新石器时代遗址中，经常有石斧出土。历史上，发明和使用斧子的人被后世奉为斧神，在中国古典天文中，称“铁锧星”，一说称“钺星”。铁，斧子；锧，砧石。《开元占经·甘氏外官·铁锧星占二十》：“甘氏曰：‘铁锧五星，在天仓西南。’《甘氏赞》曰：‘铁锧剉钧石有饶。’”《太平御览》卷七六三引《龙鱼河图》：“斧神名狂章。”

斧子，古时也为执法行刑的器具，主斩杀。《开元占经·巫咸中外官·铁锧星占四十二》:“巫咸曰:‘铁锧三星,在八魁西北,一曰铁钺。’《元命苞》曰:‘铁锧主乱行斩,诛枉诈。’郗萌曰:‘星欲不明。明,若动,皆为铁锧用。’又曰:‘铁锧非其故,兵起,铁锧用。’《荆州占》曰:‘星非其故,兵将有忧。’《巫咸赞》曰:‘铁锧拒难,斩伐奸谋。”

132 皋媒神

完颜希尹的妻子,名为乌古论曷罗哂,是女真乌古论部酋长富者挞懒的女儿,也是穆宗贞惠皇后的侄女。《金史·完颜欢都传》:“穆宗德欢都言,后以挞懒女曷罗哂妻其子谷神。”穆宗和皇后亲自做媒,撮合了完颜希尹的婚事,这是中国传统的婚姻样式。

历史上,发明皋媒之事、置婚姻的人为皋媒之神,即媒神,历史人物原型是“下三皇”时期的女娲,为中华文明人文初祖之一。罗泌《路史·后纪二》注引《风俗通》云:“女娲祷祠神,禅面为女媒,因置婚姻。”又“以其载媒,是以后世有困,是祀为皋媒之神”,是说她制定婚礼和婚俗,繁育了中国人。

133 歌神

完颜希尹家族墓地处于万山环绕之中,附近地表存有多处远古人形山,其中有张嘴唱歌的歌神形象,表达了《老子》“大音希声”的思想意境。歌神,远古时期发明唱歌的人。歌唱是语言的一种特殊方式,因而第一个开始唱歌的人为歌神。歌神与舞神一般相伴存在。《山海经·海内经》:“帝俊有子八人,是始为歌舞。”在“上三皇”“中三皇”“下三皇”祭祀区内,都可见有歌神舞神之山,表明歌唱跳舞是自古以来流行的民俗活动。

女真族歌舞发达，在婚嫁、宗教仪式和宴会中都有歌舞。《三朝北盟会编》卷三载：女真人“贫者则女年及笄，行歌于途。其歌也，乃自叙家世、妇工、容色，以伸求侣之意。听者有未娶纳之者即携而归，其后方具礼偕女来家以告父母。”

134 功成身退

《老子》第九章：“功成名遂身退，天之道。”《史记·范雎蔡泽列传》引《书》曰：“成功之下，不可久处。”左思《咏史》其一：“功成不受爵，长揖归田庐。”李白《留别王司马嵩》：“愿一佐明主，功成还旧林。”完颜希尹辛劳一生，晚年的时候曾因党争受到排挤，产生了隐退的想法，但是没有得到皇帝的批准。

135 “工欲善其事，必先利其器”

“工欲善其事，必先利其器”，意思是说，好的工匠要把工作做好，一定先要工具锋利。语出于《论语·卫灵公》：“子贡问为仁。子曰：‘工欲善其事，必先利其器。居是邦也，事其大夫之贤者，友其士之仁者。’”

完颜希尹善于学习钻研。他引进了中原地区的造船技术，改变了东北地区交通落后的局面。同时，他也设计并改进了多种作战工具，满足于战争的需要，成为金兵伐辽灭宋的基本工具。金人开发出了大炮、装甲车、火药等新型作战工具，并陆续投入战场，揭开了人类战争史的崭新一页。

136 钩神

女真是渔猎民族，渔猎文化很发达。鱼钩是渔猎文化的产物。钩神，远古时期发明鱼钩的人，人类由此学会了钓鱼。钩神，也为秤钩之神，钩，早期是鱼钩，后来也是秤钩，为称量用具。

钩神，在中国古典天文中称“钩星”。《开元占经·巫咸中外官·钩星占二十一》：“巫咸曰：‘钩九星，如钩状，在造父北。’《礼含文嘉》曰：‘王者赐命，诸侯皆如其德，则阴阳和，风雨时，其九为钩，曲直。’（注曰：宋均曰：‘天之九星，主珍异，今赐诸侯，亦所以显异之也，应于主珍之星，故为之曲，有直者也。’）《荆州占》曰：‘钩星非其故，地动。’《巫咸赞》曰：‘钩星戒道，传路宣舆。’”

137 钩吾之山

钩吾山，上古山名。《山海经·北山经》记载，钩吾山属于远古时期的北山第二山系，位于敦头山以北三百五十里。钩吾山盛产玉石和铜矿。其山中有一种叫“狍鸮”的兽长相奇特，非常贪婪，而且吃人。

完颜希尹家族墓地北方的大山，从高处俯瞰，群山组成了一只人面虎头羊身的瑞兽，与《山海经》记述的“狍鸮”形象相符，而且，据此可知，完颜希尹家族墓地所在的大山，即远古时期的钩吾之山。

《山海经》传世，不只是有文字，还有古图。但是因为历史久远，原版的古图已经失传，后世根据文字重新补了图，但均非其原貌。

"狍鸮"古图

现据现场考察，狍鸮之兽的历史形象当与舒兰小城完颜希尹家族墓地的地象相符。

138 狗神

狗神，一作"天狗""天犬"，为儒神，忠勇仁义的化身。东汉应劭《风俗通义》说："狗别宾主，善守御，故著四门，以辟盗贼也。"《晋书·天文志》云："西北三大星出而白，名曰'天狗'，出则人相食，大凶。"

完颜娄室的神格为狗神，为十二生肖之一。娄室作战勇猛，战功卓著，同时怀有仁慈之心，声名远播。完颜希尹是娄室的上级，伐辽时一同完成了出河店大捷。娄室活捉辽天祚帝，是在完颜希尹的布置下完成的。

历史上，天狗为北方犬戎的图腾，南方的畲族、瑶族也为狗神图腾。中国古典天文中，狗神有狗星、狗国星和天狗星。另外，天狗也为妖星。广西阳朔黄布滩有狗神之山，附近还有鸡神，正是"鸡犬之声相闻"的表达。俗语说："一人得道，鸡犬升天。"桂林山水中鸡神之山和狗神之山，反映了当地历史上狗神崇拜的存在。

广西阳朔黄布滩天狗之山

桂林山水中的狗神之山

139 弓神

完颜希尹在金代历史中有举足轻重的作用，也是民间故事中的传奇人物。传说，他能够呼鹿搏熊，拉硬弓，骑烈马，不仅文采出众，而且武艺超群。使用弓箭是女真人一项历史悠久的民俗。与之相伴随的，是弓神崇拜。弓神，即弓箭之神。弓箭之中凝聚了人类不朽的精神，因此中国人崇祀弓神，世代传承不息。

历史上，发明弓箭的人称“弓神”。他的名字叫作“挥”，即挥公，是后世张姓的始祖。张挥，一说是轩辕黄帝之孙，一说为轩辕黄帝之子，为彤鱼氏所生。但是，弓箭的发明应是要远远早于黄帝时代的。

张挥所葬的大山，是脊背长了两只眼睛的神羊，称“羴”，地象在今内蒙古自治区宁城县。在“中三皇”祭祀区内，有弓神之山，是弓神山川望祭的场所。古时人们对弓神的景仰和祭祀，是在此处大山完成的。在中国古典天文中，弓神有三位。一位称“天弓星”，是西方白虎座第七星参宿下面的一颗大星，也称“参旗”，为白虎的利爪。第二位弓神称“弧星”，在南方朱雀第一星井宿之内。第三位为

“弓神”之山：“中三皇”祭祀区内的远古人形山（山西和顺县）

“天矢星”。此外，还有枉矢，为妖星。

在远古时期，弓箭之事关乎社稷兴亡，极受重视。《开元占经·石氏外官·天矢星占二十四》：“石氏曰：‘天矢一星在厕南。’（注曰：入参七度，去极百二十三度，在黄道外五十三度也。）石氏曰：‘天矢星，主候吉凶，色黄即吉，青、白、黑，凶。’《黄帝占》曰：‘天矢星明，万物有命。’《黄帝占》曰：‘天矢星微，万物流；星不具，多疾死；星亡，万民大瘠。’又占曰：‘常以春秋分候，矢星明黄而润泽，则天下人民无疾病，王者安；其星不明，色青、黑，天下人民有腰肠之病，其国饥，人民饿死。’《黄帝占》曰：‘天矢色黄，为贵人吉；青、白，为贵人疾；黑，贵人死。期三年。’石氏曰：‘秋分候。天矢星亡，万民大乱。’《荆州占》曰：‘天矢星亡，万民多死。’《石氏赞》曰：‘天矢星在南，色欲黄。’”《开元占经·石氏外官·弧星占二十八》：“石氏曰：‘弧九星，在狼东南。’（注曰：西星入井十六度，去极百二十二度少，在黄道外五十二度半也。）石氏曰：‘弧星者，天弓也，以备贼盗。狼星为奸寇，弧星为司其非，其矢常欲直，狼则不敢动，天下安宁，无兵起；若矢不直，弧其不张，天下多盗贼，兵大起，国不宁。’《黄帝占》占：‘弧星，主弓矢之府，以备非常；其星大而齐明，其色黄润，则四方安静，天下无兵；其生色变，不如其常，天下皆兵，弓矢大贵，人主不安。’《荆州占》曰：‘弧星主武官，弧张，迎战者不胜；弧动，先用兵吉，后者凶。'《黄帝占》曰：'狼旗七星屈曲者，夷狄弱可攻。'《洛书》曰：'狼弧张，害及胡。'《尚书纬》曰：'黑帝亡也，狼弧张。'《春秋纬》曰：'狼弧张，四年之后，天下永乱。'焦延寿曰：'天弓张，天下尽兵，主与臣相谋。'郗萌曰：'有兵，若弧星张，先起兵者利，后起兵者不利。'《荆州占》曰：'弧星青黑，有大忧。'《荆州占》曰：'弧矢动摇，明大多芒，变色，不如常者，多盗贼，胡兵起。'《石氏赞》曰：'弧在东南，阴谋张也。'"

弓神，神主另一说为少昊之子般。《山海经·海内经》："少皞生般，般是始为弓矢。"弓箭发明以后，很快普及到世界各地，大幅度提高了生活水平。《山海经·海内经》："帝俊赐羿彤弓素矰，以扶下国，羿是始去恤下地之百艰。"

140 鼓神

鼓是作战装备，也是娱乐乐器，在中国民俗中有深刻的历史背景。女真人作战善于使用战鼓，民俗中则以鼓为乐。《大金国志》："金之先辈，其乐唯鼓、笛。"

鼓神，远古时期发明战鼓的人。在中国古典天文中，鼓神称"河鼓星"，是北方玄武第二星牵牛星北方的一颗大星。河鼓星，一作"天鼓星"，附近为天桴星，桴即鼓槌。天鼓星和天桴星配合成一对，诠释了战鼓在远古时期的发明和应用。中国人发明了战鼓，通过鼓音编码传递军情。5000多年前，黄帝战蚩尤于涿鹿，"黄帝杀夔，以其皮为鼓，声闻五百"(《太平御览》卷五八二引《帝王世纪》)。夔，即鳄鱼。黄帝以鳄鱼皮为鼓，一字排列，以鼓音传递军情。

《开元占经·石氏中官·河鼓星占二十五》："石氏曰：'河鼓三星在牵牛北。'……《合诚图》：'河鼓备关梁，设难距鼓，金声无口，以音守，闻远知近，达志意。"《开元占经·甘氏外官巫咸中外官·天桴星站二十二》："石氏曰：'天桴星明，军鼓鸣。'《荆州占》

曰：'天桴星不明，度数改，漏刻失时。'"古制十里为一亭传，千里传音，设置一百处亭传即可。以鼓音为编码传递信息，可迅速传至千里之外，十分高效。《山海经》中有鼓山、鼓镫山，应是桴鼓的地象。

141 瓜神

瓜神，是传统的星神，起源十分古远。麻是人类第一种人工种植的作物，人类从此有了衣装，步入了文明时代。受到这一事件的鼓舞，中国古代的种植业有了很大的发展，其间发明了种瓜。发明种瓜的古神称"匏瓜星"，是远古时期一位十分重要的星神。匏瓜，即匏和瓜。匏，即葫芦。另外，还有败瓜星，也是一位种瓜的星神。两位星神均在南方朱雀第一星井宿之内。

辽金时期，种瓜在北方早已普及，是蔬菜副食的重要来源。而且，西瓜已经开始大面积种植。洪皓《松漠纪闻》记载了他在完颜希尹家时吃西瓜的事情，是一则很重要的史料。

142 龟神

中国古典天文中，龟神有多位，北方玄武为龟蛇的形象，另外北方玄武座中还有龟星。完颜希尹神道碑的碑座是一只巨大的乌龟，为龟神，是一神鳌的形象，称"赑屃"，为"龙生九子"之一，为传统的大力神。在传统文化中，大禹的父亲鲧是熊神，力大无穷，也是一位大力神，用于托举重物，为传统建筑或器物上的装饰图案。熊神和龟神都是大力神。

历史上，轩辕黄帝的部族称"有熊氏"，是一个熊崇拜的部族。

鲧是大禹的父亲，死后化为黄熊，即熊神，是一位远古的生肖神。《山海经·海内经》郭璞注引《归藏启筮》："鲧死三岁不腐，剖之以吴刀，化为黄龙〔熊〕。"《国语·晋语八》："昔者鲧违帝命，殛之于羽山，化为黄熊，以入于羽渊。"屈原《天问》："阻穷西征，岩何越焉？化为黄熊，巫何活焉？"《左传·昭公七年》郑子产云："昔尧殛鲧于羽山，其神化为黄熊，以入于羽渊。实为夏郊，三代祀之。"杜预注："鲧，禹父，夏家郊祭之，历殷、周二代，又通在群神之数，并在祀。"

上古洪水滔天，帝尧命鲧治水，鲧采用筑堤的办法拦截洪水，是继承了前辈祖先的方法。在中国古典天文中，河堤神称"水府星"，是南方朱雀第一星东井南的一颗大星。水府星是河堤海防之神，是上古时期堤坝的设计发明人。《开元占经·甘氏外官·水府星占三十》："《甘氏赞》曰：'水府堤防，开道激满。'"

143 "国之利器，不可示人"

"国之利器，不可示人"，意思是说，国之利器不能向人夸饰、炫耀。语出于《老子》第三十六章："邦之利器，不可以示人。"国，原作"邦"，西汉时避汉高祖刘邦讳而改。这是弱小的国家避免兵祸、谋求生存以至夺取天下的策略。兵力一旦强大，被强大的对手所知，军队就会被消灭，统治者就会被推翻，国家就要灭亡。统治者要深藏于人民群众之中，不要成为强敌的进攻目标。国之利器不能向人夸饰、炫耀，尤其是不能被强大的对手知道。

金兵在伐辽灭宋之前蓄谋已久，有知识、人才、技术、装备、设施的基础和储备，不是盲目而为。金兵之所以取得胜利，依靠的是科学的技术、合理的管理和有效的指挥。这样的体制下，完颜希尹个人的能力和魅力得到了充分的展现。《孙子兵法·军形篇》说："善用兵者，修道而保法，故能为胜败之政。"辽和北宋被金所灭，证明了"落后就要挨打"的铁律。

《孙子兵法·火攻篇》说："亡国不可以复存，死者不可以复生。故明君慎之，良将警之，此安国全军之道也。"金军有非常严格的保密制度，保证了金兵由弱到强，逐步地成长。完颜希尹作为军事家，深知秘密的重要性，因为他的智慧和参与，保证了胜利的大局。金兵善于隐藏实力，不露锋芒，减少了战争的成本。这是金兵取得南北战争胜利的根本，正如金海陵王完颜亮的《书壁述怀》诗："蛟龙潜匿隐苍波，且与虾蟆作混和。等待一朝头角就，撼摇霹雳震山河。"

144 海神

海神，即沿海地区或大海中的人形山或人头山，是史前历史文化遗存，有着十分丰富的历史文化内涵。人类从海洋中走来，最初是向大海讨生活，与大海的关系十分密切，《山海经》中记载了许多远古海洋文化的遗迹和遗物。《山海经·海外南经》说长臂国"捕鱼水中，两手保操一鱼"。完颜希尹家族墓地地象为长臂国，最初应是一个海中捕鱼的部落，崇拜海神。

中国沿海有不少的人形的海岛。人形或者人头形的岛屿，是人

山东新泰谷里镇的人头形山（龟山）

福建省漳州市东山县澳角村虎屿

类早期海洋文化的反映，是珍贵的史前遗存。它们的出现，主要基于如下原因：

一是海神崇拜。人类与大海的斗争史极其深远，海神是人类与大海斗争中的英雄人物，海神崇拜体现了人类对大海的斗争和征服。

二是宣示主权。古人把海岛赋予了自己的形象，反映了对相关海域的所有权。

三是婚俗。古人结婚时为了铭记一段人间的伟大爱情，让后世子孙瞻仰和铭记，将海岛想象为新郎或新娘的模样，即后世所说的“海誓山盟”。

四是葬俗。古人死后，形象不存，故立尸以为存念。

145 海誓山盟

海誓山盟，也作“山盟海誓”，起源于上古时期，是指古时男女结合所立的誓言和盟约，包括“海誓”和“山盟”，使之见证于来者也。婚姻制度是中国古代的重要发明。古时婚姻通过“海誓”“山盟”的形式得以固定。

完颜希尹家族墓地有人形的大山，有男有女，是夫妻的合影，是远古时期的婚姻家庭制度的客观反映。中国的人形山为数众多，往往不是单独出现，而是以夫妻和家庭为单位集体出现。比如，安徽六安舒城县的“情侣峰”，是一对青年男女的头像，山体不高，但保存完整，神态清晰自然，反映了那个时期的婚姻家庭观念。

海誓山盟，是上古时期的婚俗，是爱情和婚姻的见证。古人将海岛想象或刻画成自己的模样，是为“海誓”；将大山想象或刻画成自己的模样，是为“山盟”。因此，“海誓”和“山盟”有相同的文化本原，都是指人形山而言，只是发生地有所不同。

河北省承德县上谷村西的大山，山峦的外形是一位仰卧的女神，其头发、发冠、前额、眼睑、鼻、口唇、下颌、颈、放在胸腹的双手、

安徽六安舒城县汤池镇“情侣峰”

嫘祖之山（河北省承德县上谷村）

躯干、腰间的服饰、膝盖、裙摆、脚的结构清晰明确，比例匀称，是轩辕黄帝之妻嫘祖的形象，为其侧身的剪影。①传说轩辕黄帝与嫘祖相恋之时，曾有“海誓”“山盟”。为了让高山见证他对嫘祖的崇敬和爱，轩辕黄帝将嫘祖的形象镌于峰峦之间，使永存于后世。这座大山也就作为新婚的礼物分封给了嫘祖，《山海经》称“嬴母之山”。嬴母之山是轩辕黄帝与嫘祖伟大爱情的见证，因为他们之间有“天荒地老”“海枯石烂”的约定。

①尹国兴：《红山密码》，齐鲁书社2014年版，第58页。

146 狐神

九尾狐，水伯之名。《山海经》中的水伯为朝阳谷之神，即“谷神”，是完颜希尹的小名。晋代郭璞在《山海经图赞·天吴》中赞美说：“耽耽水伯，号曰谷神。八头十尾，人面虎身。龙据两川，威无不震。”完颜希尹虽有“谷神”这个狐神的称呼，但其神格为羊神，与狐神并没有关系。

在远古民俗中，九尾狐为水伯，为主水之官，并无贬义。在中古古典天文中，狐神称“狐星”，在西方白虎第七星参宿之内。《开元占经·东方七宿·箕宿七》：“狐星，主狐貉。”狐星与狼星相距很近，并称为“狼狐”。《开元占经·石氏中官·北斗星占五十八》：“天库虚，狼狐张。”

狐星和狼星虽为星神，为正面的形象，但是并不为道教所喜，《老子想尔注》说：“兵者，非吉器也，道之设形，以威不化，不可专心甘乐也。道故斥库楼，远狼狐。”道教之所以排斥库楼星、狼星和狐星，究其原因，库楼是阴谋藏兵之所，而民间传说狐星和狼星分别是蜀相诸葛亮和汉高祖刘邦的神格所在，代表了蜀汉和西汉以杀伐为主的政权，与早期道教走的是不同的道路，所以受到了早期道教的排斥，成为星神中最下者，地位近于妖星。《开元占经》引《彗星要占》曰：“参者，天之市也；伐者，天之都尉也，天之车骑也，与狼狐同精。天之候，蜀也。”

147 虎神

虎神，即白虎，为“四象”之一，代表西方。虎神，也为十二生肖之一，为战神，主军事，是武将的崇拜偶像。虎神，是完颜宗翰的神格所在。完颜希尹与宗翰关系密切，二人并肩作战，是亲密的战友。

南京博物院藏西汉骀吾金兽

广西阳朔黄布滩人面虎身之山（金志方摄）

白虎，又名“驺吾”“驺虞”。《山海经·海内北经》：“林氏国有珍兽，大若虎，五采毕具，尾长于身，名曰驺吾，乘之日行千里。”《山海经·大荒西经》：“有神，人面虎身，有文有尾，皆白。”广西阳朔黄布滩存世有人面虎身之山，形体巨大，其面部为一位儒雅的男子，人面长须，头戴长巾。这是传统虎神文化的延续，应为驺吾之兽的夏代地象。虎神文化历代延续。如南京博物院藏西汉金虎1件，是为汉代崇拜的虎神驺吾。

148 画地为牢

上古时期，帝尧的大臣皋陶负责审理案件，发明了监狱和司法制度。他画地为牢，规定了罪犯的活动区域，是监管罪犯的场所。女真族是颛顼后裔，延续了远古“画地为牢”的司法传统，《大金国志·科条》：“其狱掘地数丈，置囚于其中。”可见，金国的监狱是“画地为牢”的延伸，形制如同陷阱。

149 混同江

《宋史》中的混同江，即今吉林松花江，《山海经》中称“黑水”①。洪皓《松漠纪闻》：“长白山在冷山东南千余里，盖白衣观音所居。其山禽兽皆白，人不敢入，恐秽其间，以致蛇虺之害。黑水发源于此，旧云粟末河。契丹德光破晋，改为混同江。”可知松花江古名黑水，又名粟末河，东晋后改名为混同江。长白山与松花江合称为“白山黑水”。《金史·世纪》：“生女直地有混同江、长白山，混同江亦号黑龙江，所谓‘白山黑水’是也。”

①黑水：古代的黑水有多处。黑水之名源自于《山海经》，多处黑水为黑水的分野。分野，为天文地理名词，星宿在大地表面的投射点有多处，互为分野。

金朝是建立在渔猎文化基础上的王朝。混同江与当地百姓的生产生活的关系十分密切，因而江神崇拜由来已久。江神是松花江边的人形山，是远古先哲的形象。松花江和松花湖边上有长须男子之形的大山，应为江神的一处所在。江神，江边的人形山。

《金史·礼志·诸神杂祠·混同江》记载了对混同江的封赠和祭祀：“大定二十五年(1185)，有司言：‘昔太祖征辽，策马径渡，江神助顺，灵应昭著，宜修祠宇，加赐封爵。’乃封神为兴国应圣公，致祭如长白山仪，册礼如保陵公故事。其册文云：‘昔我太祖武元皇帝，

人形山：松花江畔的水神（吉林省吉林市，长春郝金芳摄）

受天明命，扫辽季荒茀，成师以出，至于大江，浩浩洪流，不舟而济，虽穆满渡江而鼋梁，光武济河而水冰，自今观之无足言矣！执徐之岁，四月孟夏，朕时迈旧邦，临江永叹，仰艺祖之开基，佳江神之效灵，至止上都，议所以尊崇之典。盖古者五岳视三公，四渎视诸侯，至有唐以来，遂享帝王之尊称，非直后世弥文，而崇德报功理亦有当然者。矧兹江源，出于长白，经营帝乡，实相兴运，非锡以上公之号，则无以昭答神休。今遣某官某，持节备物，册命神为兴国应圣公。申命有司，岁时奉祀。於戏！严庙貌，正封爵，礼亦至矣！惟神其衍灵长之德，用辅我国家弥亿年，神亦享庙食于无穷，岂不休哉！'"

150 婚姻

《大金国志》："金人旧俗多指腹为婚姻。既长，虽贵贱殊隔亦不可渝。"婚育文化是中国传统文化的重要内容。俗语说"嫁鸡随鸡，嫁狗随狗"，提到的就是婚育文化。笔者对完颜希尹家族墓地进行了地面观察，发现山形是一男一女，应是远古时期的一对夫妻，是古代婚姻制度的体现。古时父母、夫妇、兄弟称为"六亲"。婚姻确定

女娲之山（辽宁省凌源市前进乡）

了夫妻的人伦关系，是中国人重要的制度发明，也是人类文明进步的重要成果。金代稳定的婚姻家庭观念早已形成，与中华民族的历史进程是一致的。

远古时期，伏羲女娲制定婚姻，繁育儿女，为其后中华民族的形成奠定了基础。在“三皇”祭祀区内，有伏羲和女娲的人形山，是二人巨大的雕像，女娲是一个怀孕的妇女，表达了后人对其繁育产生了中华民族的铭记和热爱。陪祀于女娲旁边的是伏羲山，山峦间为伏羲氏的侧影。

151 鸡神

鸡神，一作“天鸡”，即昴宿，二十八宿之一，为西方白虎座第四星，为传统的战神。甘肃武威磨嘴子曾经出土了一件天鸡木俑，上下两片木板分别表示天和地，鸡置于天上，所以为天鸡。《老子》第八十章：“鸡犬之声相闻。”

鸡神主战事。《开元占经》引《黄帝占》说：“野鸡，大将也，主屯营，军之号令，警急设备。其星明大，则主将猛，士卒强；其星不明，主将弱，兵士离散。”汉应劭《风俗通义·祀典》引《山海经》说：“祠鬼神皆以雄鸡。”又引《青史子书》说：“鸡者，东方之牲也，岁终更始，辨秩东作，万物触户而

甘肃武威磨嘴子汉墓出土的天鸡木俑

出，故以鸡祀祭也。”曹操《鹖鸡赋序》：“鹖鸡猛气，其斗终无负，期于必死。”《晋书·天文志》云：“狗国北二星曰天鸡，主候时。”东晋葛洪《肘后备急方》：“禳一切疟。是日抱雄鸡，一时令作大声，无不瘥。”

天鸡为西方白虎座第四星，传说是北宋时期第三十代天师张继先的神格所在，比完颜希尹羊神的神格要高。张继先为西汉政治家、军事家留侯张良直系后裔，深得家传作战之法，然终不为宋徽宗所知所用。天会四年(1126)闰十一月，宗翰与希尹克宋，张继先闻之而后身死。

152 箕神

远古时期，随着种植业和农业技术的发展，一些制备粮食的实用工具也发展起来。簸箕是其中之一。完颜希尹家居乡下，制备粮食离不开簸箕。簸箕的作用是借用风力把粮食和糠皮区分开来，二者各得其用。

箕神，是远古时期发明簸箕的人，在中国古典天文中称“箕宿”，为东方青龙第七星。发明用糠去喂养牲畜的人为糠神，在中国古典天文中称“糠星”。《开元占经·甘氏外官·糠星占六》：“甘氏曰：‘糠一星，在箕舌前。’《甘氏赞》曰：‘箕主簸扬，糠给大猪。’”箕宿和糠星，反映了中国远古农业初兴时的面貌。

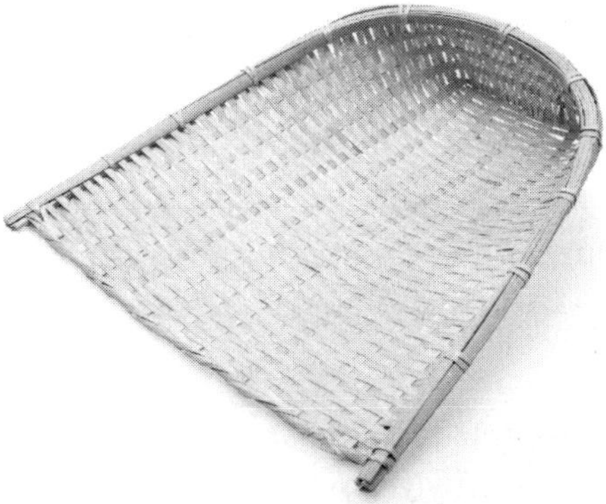
簸箕

箕神，一说为帝尧之师许由。许由殁，葬于箕山，尧因号之“箕山公神”，奉祀不绝。箕山，箕宿的地表投射点，为其地象所在。

153 极乐

极乐，也称“安平大乐”，是早期道教造像常用的一种表情神态。完颜希尹神道两侧的石羊、石虎面带笑容，即是“极乐”之意。极乐，宗教用语，最初的意思为极度快乐。《老子想尔注》称为“安平大乐”，又自注为“甚大乐也”，即大乐之极。汉魏时期，道教的生肖如马、狗、猪、牛都是设计成安平大乐的表情神态，反映了早期道士乐观豁达的人生境界。这些生肖大乐的表情也是断代的依据。

甘肃武威出土的东汉大乐马

154 间谍术

间谍术，一种刺探情报、窃取机密的战术，古代中国的传统发明，起源古远。《孙子兵法·用间篇》：“昔殷之兴也，伊挚在夏；周之兴也，吕牙在殷。故惟明君贤将，能以上智为间者，必成大功。”

完颜希尹是军事家，同时也是一位策反专家。他善于说教，向对手晓以人间大义，很多对手因此就直接投降了，甚至成为自己的间谍。完颜阿骨打、完颜希尹、宗翰在战争中皆善于使用间谍术。

155 “金玉满堂，莫之能守”

“金玉满堂”民俗花钱

金玉满堂，民俗吉语，民俗器物中很常见。但是，完颜希尹并不热衷于此。“金玉满堂，莫之能守”，语出于《老子》第九章，意思是说，满屋子的金玉珠宝，没有人永远守护。一作“金玉盈室”。

完颜希尹为金代的开国元勋，居高位显。他廉洁奉公，毫无私心杂念，因而取得了很高的成就。完颜希尹墓已被发掘，其中没有私人的物品，都应是皇帝赏赐的礼制性的纪念品，表明完颜希尹生前十分清廉，生活并不富裕。

完颜希尹是杰出的军事家，对胜利充满了渴望，绝不宝爱财货。《孙子兵法·用间篇》：“相守数年，以争一日之胜，而爱爵禄百金，不知敌之情者，不仁之至也，非人之将也，非主之佐也，非胜之主也。”完颜希尹的不贵宝货的做法，正合《孙子兵法》。

156 井神

水井是古代中国重要的发明，沿用至今。远古时期，设计发明水井的人，被后世崇奉为井神。

完颜希尹行军、打仗、驻防都离不开水，在其老家纳里浑庄，也有水井。在中国古典天文中，井神称“东井”，即井宿。此外井神还有玉井星、军井星，为给水之官。《开元占经·甘氏外官·军井星占二十九》：“《甘氏赞》曰：‘军井给水，师用不竭。’”军井星为军队提供饮用水，也提供其他各类水源。

井神不仅指水井本身，也包含汲水之械，称“桔槔”，古时用于引水和灌溉，是中国古代十分重要的农用机械。桔槔利用杠杆原理，在竖立的架子上加一根横杆，当中是支点，一端悬挂重物，另一端悬挂水桶，汲水节省人力。《庄子·天运》：“且子独不见夫桔槔者乎？引之则俯，舍之则仰。”《淮南子·氾论训》：“斧柯而樵，桔皋而汲。”

157 “静如处子，动如脱兔”

“静如处子，动如脱兔”，比喻军队未行动时就像未出嫁的女子那样沉静，一出动就像逃脱的兔子那样敏捷。《孙子兵法·九地篇》：“是故始如处女，敌人开户；后如脱兔，敌不及拒。”

完颜希尹勤奋谦谨，刻苦好学，他身上的精神和品格是中华民族优秀传统美德的发展和延续。他文静时是谦谦的学子，出动时是骁勇的猛将。《神麓记》称完颜希尹“少须髯，常闭目坐，怒睁如环，创撰女真文字。动静礼法、军旅之事暗合孙、吴，自谓不在张良、陈平之下”。孙、吴，指孙子和吴起，春秋战国时期的军事家。

158 酒神

酒神，酿酒之神，发明造酒的人传统上被奉为酒神。曹操《短歌行》：“何以解忧，唯有杜康。”杜康，是民间崇奉的一位酒神。金国招

河南偃师二里头遗址出土夏代乳钉纹爵

待南宋的使节，酒是必需的物资。洪皓《松漠纪闻》："金国待中朝使者、使副，日给细酒二十量罐。"《金史·完颜守道传》记载，大定二十六年（1186），完颜守道恳求致仕，"优诏许之，特赐宴于庆春殿，帝手饮以卮酒，锡与甚厚"。完颜守道退休的时候，金世宗亲手为他敬酒，给了很多的赏赐。

五千多年前，轩辕黄帝之妻彤鱼氏发明了中餐。在此基础上，后来发明了酿酒术。1974年，河南偃师二里头文化出土了青铜爵和青铜斝，为夏代的饮酒器，表明酿酒术在夏代已经发明。到西周时期，周康王时期的大盂鼎铭文中已经有禁酒的记载。

酿酒术也流传于北方地区。《隋书·靺鞨传》有"嚼米为酒，饮之亦醉"的记载。嚼，通窖，为酿酒之法。那时，造酒的原料多为糜子，即黄米。至辽金时期，此法又被后世女真人所承袭。一说蒸馏法酿酒的技术为金代所发明，是酿酒技术的飞跃。[1]金代所见酒器品种不少，有铜鍑、四系罐、执壶等。金代元好问有《骤雨打新荷》词："命友邀宾玩赏，对芳樽浅酌低歌。且酩酊，任他两轮日月，来往如梭。"其中描述了饮酒作乐的情景。《大金国志》记载，金人"嗜酒好杀，酿糜为酒。醉则缚之，俟其醒。不尔，杀人"。

在中国古典天文中，酒神称"酒旗星"。《开元占经·甘氏中官占五·酒旗星占五十八》："甘氏曰：'酒旗三星，在轩辕右角。'（注曰：酒，酒官也。旗，旗官也。）《元命苞》曰：'酒旗，主上尊大帝，运枢阴阳，满陈列宿，成德五星，布恩神明，和合四节，并宣历纪，齐得诸灵合欢，故设酒旗以人侑神。'焦延寿曰：'酒旗不具，天下有燕，大丧，以酒亡。'《甘氏赞》曰：'酒旗燕会，情意欢娱。'"此外，另有积水星，与酒旗星近，为积水酿酒之神，也是一位酒神。

①苍杰、关伯阳：《金朝对中华民族的特殊贡献》，见政协哈尔滨市阿城区委员会编《阿城文史资料》第十二辑《大金建都九百年》，2015年印行，第99~106页。出土资料表明，中国西汉时期应该已有蒸馏酒，金元时期的蒸馏酒非首创。

159 厩神

完颜希尹擅长骑马，统率骑兵部队，马厩是基本的设施。上古时期，伏羲氏驯服了牛马，与之相伴随的则是马厩的设计发明。厩神，是远古时期发明设计马厩的人。

在中国古典天文中，厩神称“天厩星”，在东壁北近王良星。《开元占经·巫咸中外官·天厩星占四十三》：“巫咸曰：‘天厩星非其故，有庙戒之事，人主以马为忧，否则马疾。’《巫咸赞》曰：‘天厩置驿，逐漏驰骛。’（注曰：天厩主马，如令驿马其行急，疾与晷漏竞也。）”

160 炕神

宋代洪皓《松漠纪闻》记载我国北方地区：“地苦寒，四月草生，八月已雪。穴居百家，陈王悟室聚落也。”完颜希尹的老家在上京纳里浑庄，是半地下的穴居建筑群。其中，炕是屋中重要的取暖的设施，赖以度过冬日和夜晚的严寒。《旧唐书·东夷传》中说高丽“其俗贫窭者多,冬月皆作长坑(炕),下燃煴火以取暖”。《大金国志》：“穿土为床，煴火其下，而寝食起居其上。”北方祭祀的炕神，是床神和火神的结合体，具有鲜明的北方民俗特色。

床的发明，使人类结束了席天苇地的生活方式，步入了一个新的文明时代。据统计，人的一生有三分之一的时间是在床上度过的，床的发明对人类的文明进步贡献很大。所以，发明床的人被奉为床神，在中国古典天文中称“天床星”“女床星”，是北方玄武座第六星室宿里的一颗大星。《开元占经·甘氏中官占五·天床占十一》：“《甘氏赞》曰：‘天床寝舍，解息燕休。’”在“上三皇”祭祀区，有床神

“上三皇”祭祀区床神之山（河北涉县辽城乡）

之山，为床神的望祭之所。

161 抗旱之神

人类在文明进步过程中，经常要受到水旱灾异的困扰。旱魃的出现，往往导致人们产生抗旱行为，因而中国人抗旱的历史由来已久。女真人重视农事，重视水利，源于上古。远古时期，中国人有了抗旱的意识和方法，战胜自然的能力因而大大增强。抗旱之神，就是远古时期发明水渠沟渎，从事抗旱之事的人。

中国古代的干旱之神，《山海经》中记载有黄帝女魃，为止雨之神。她所到之处，风停雨止，故有干旱之事。《山海经·大荒北经》：“有人衣青衣，名曰黄帝女魃。……蚩尤请风伯、雨师，纵大风雨。黄帝乃下天女，曰魃，雨止，遂杀蚩尤。魃不得复上，所居不雨。叔均言之帝，后置之赤水之北（今内蒙古自治区敖汉旗北）。叔均乃为田祖。魃时亡之。所欲逐之者令曰：‘神北行！’先除水道，决通沟渎。”

在中国古典天文中，抗旱之神称“九坎星”，在北方玄武座第二星牵牛内。《开元占经·石氏外官·九坎星占十一》：“石氏曰：‘九坎九星，在牵牛南。’（注曰：西南星入斗十四度半，去极百三十六度，在黄道外十九度太。）巫咸曰：‘九坎，水官也。’《荆州占》曰：‘九坎九星，主水旱之事。’《黄帝占》曰：‘九坎，主通水泉。星明，则阴阳调

黄帝女魃之山（内蒙古自治区敖汉旗）

和，百川通流，皆注于海；星若不明，百泉不通，河海枯竭，天下大旱，人民饥馑，国有忧。'石氏曰：'微，吉；明，不吉。'《石氏赞》曰：'九坎九星水泉通。'"九坎星地象，一说在内蒙古自治区敖汉旗兴隆洼镇。

162 筷子

筷子，古称"箸"，是中餐的用具，与中餐一起，传说为轩辕黄帝之妻彤鱼氏发明。《说文》："箸，饭攲也。"完颜希尹家族墓地是长臂国地象，应是黄帝之妻彤鱼氏的故乡，因而完颜希尹的故乡舒兰小城应是筷子的一处发源地。

中国远古历史的传承，口述历史是一个重要的方式。轩辕黄帝设有史官，负责历史文化的记载和传承。那时的记言记事，仍以史官的口传为主，口述的历史以固定的版本世代相传。而且，这种口传心授要配合

商代青铜箸（河南安阳出土）

历史的遗迹遗物来进行，所以，这些口述的历史更像是解说词，对着遗迹遗物解说远古的历史文化，即所谓睹物思人，看到了文物古迹，就想起了先贤的功业。以这些历史的遗留为基础，远古的历史一直流传到了现在。彤鱼氏发明筷子和中餐，应该是依靠口述历史传承下来的。《金史·完颜勖传》："宗翰好访问女直老人，多得祖宗遗事。"可见，女真历史的传承，也是一度依靠口述。

163 筐神

筐，是劳动工具，为重要的民俗用器，百姓生产生活多有涉及。女真族历史久远，百姓日常生活中自古离不开筐。筐神，即远古时期发明编筐的人。远古时期，筐是重要的盛具量器，人们以筐论多少。所以，筐神不仅是善于编筐，而且通计量，在经商贸易活动中发挥着重要作用。

在中国古典天文中，筐神称"扶筐星"，在北方玄武第三星女宿之内。《开元占经》引《春秋元命苞》曰："扶筐主藏盖，量入，知息耗。"

最初筐为盛具，也为量具，后来又发展出来了专门的量具，即斗，对应着斗神，是远古时期发明称量术的人，在中国古典天文中有四位斗神，有斗星、南斗、北斗、斛星之别，是古代十分重要的星神。《开元占经·石氏中官占上一·斗星占十七》："石氏曰：'斗五星，在宦者西南。'(注曰：第一星入尾十度少，去极七十二度，在黄道内二十五度。)郗萌曰：'斗者，主也，署物散也，其星明，吉；不明，凶。若其星亡，岁饥。或其星仰，则天下升斛不平；覆，则岁穰。又：斗星不明，谷不成，岁大饥，人相食。'《石氏赞》曰：'南有斗星主平量。'"斗星的旁边，有斛星，斛，也是量具。《开元占经·甘氏中官占五·斛星占三十三》："甘氏曰：'斛四星，在市中斗南。'《论语谶》曰：'天斛星主量则。'《甘氏赞》曰：'斗斛称量，尺寸分铢。'"

164 雷神

雷神，是雷部的主管，是风伯、雨师、雷公、电母的上级天官。他统领雷部仙班，是中国重要的民俗崇拜对象，民间常以“雷霆万钧”“五雷轰顶”“晴天霹雳”“暴跳如雷”“如雷贯耳”之类的词汇来形容雷神之妙。道士中修习雷法者称“神霄派”，是道教中一个很重要的门派。

雷神文化源远流长，历史的雷神有多位。雷神为风雨之神，司祈雨，是风伯雨师的上级星官。但是，雷神本身并不会打雷下雨，而是以书法、绘画之类见长，是一个艺术家的形象。雷神，还可以是龙王的形象。《山海经》时代的“应龙之山”，是一个长须男子的巨型头像，神主应是黄帝的战将应龙，为后世崇拜的“龙王”，主管打雷下雨。[①]另说为九坎星，为抗旱之神，主修沟渠水道。

①应龙之山，在内蒙古自治区敖汉旗兴隆洼镇。应龙，另说为九坎星，为抗旱之神，主修沟渠水道。

《山海经·西山经》：“其子曰鼓，其状如人面而龙身。”《山海经·海内东经》：“雷泽中有雷神，龙身而人头。鼓其腹。在吴西。”郭璞《山海经图赞》：“雷泽之神，鼓腹优游。”雷神，亦作雷兽，郭璞注：“雷兽即雷神也，人面龙身鼓其腹者。”吉林省长白县北部的山区，高空俯瞰之下是一只龙身人首、腹部突出、生出双翅的瑞兽，应为《海内东经》所说的雷兽之山。

另外，龙身人首，也可解读为人面蛇身，北方山系的山神。《山海经·北山经》：“其神皆人面蛇身。”《山海经》涉及的人面蛇身之神有多位，如窫窳、贰负神、鸣蛇、化蛇等。化蛇主水灾，是长着翅膀的

内蒙古敖汉旗兴隆洼镇的“应龙之山”

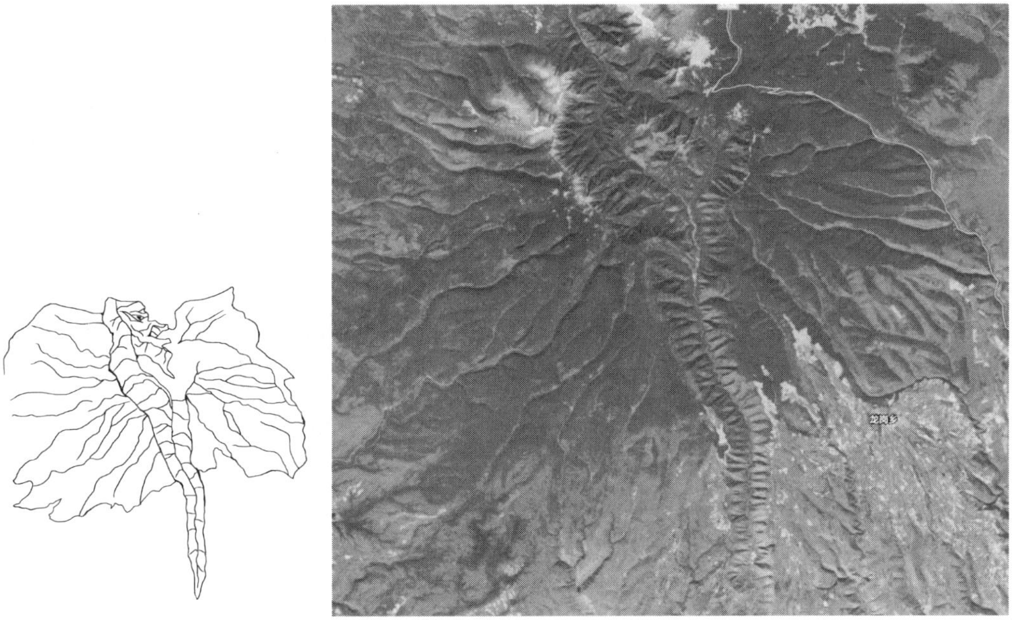

雷兽之山地象（吉林省长白县）及其线图(赵咪雪绘)

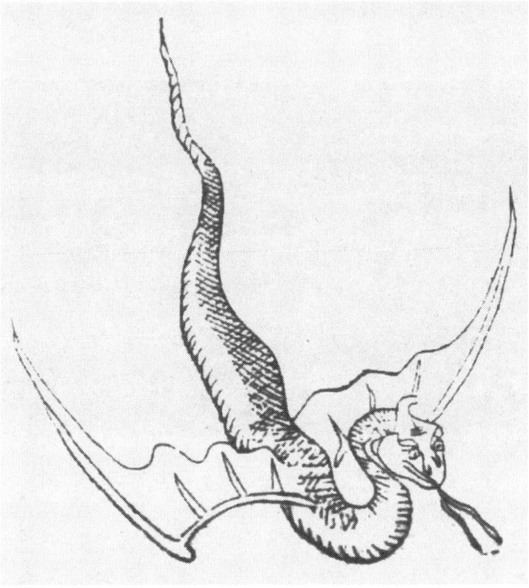

“化蛇”古图

蛇，人面蛇身，其形态也与此处地象相符合。郭璞《山海经图赞》：“鸣化二蛇，同类异状。拂翼俱游，腾波漂浪。见则并灾，或淫或亢。”

165 砺神

砺神，远古时期发明磨制石器的人。砺，砺石，磨石。人类早期使用的是打制石器，即旧石器，后来，中国人发明了磨制石器，打制石器变为精致的磨制石器，即新石器，从而完成了人类社会由旧石器时代向新石器时代的转变。在中国古典天文中，砺神称“砺星”，在西方白虎座第五星毕宿之五车星的西方。砺星的神格等级虽不高，但在人类文明史中的贡献十分突出。《开元占经·甘氏中官占五·砺星占六十四》：“《甘氏赞》曰：‘砺石砥刃，百工淬治。’”

完颜希尹家族墓地处于新石器时代西团山文化王磨坊遗址之内，多见有石器出土，而且见有磨制细石器。磨制石器的出现，与砺神和砺神崇拜有直接的关系。

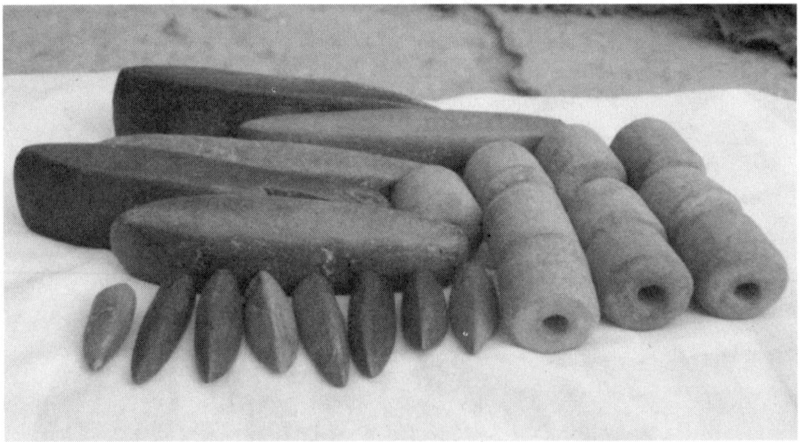

西团山文化磨制石器

166 枥槽神

枥槽，是喂养牛、马、猪、鸡、羊等牲畜的器具。枥，食槽。枥槽神，是指远古时期发明枥槽的人。《开元占经·甘氏外官·天园星占二十五》：“郗萌曰：‘……天苑南牛马枥也，其中小星枥槽也。不见者，牛马羊多死伤。’”女真人擅长饲养家畜家禽，枥槽是基本的设施。

167 连年有余

“连年有余”为民俗吉语，称颂富裕之意，最初与鱼神崇拜有关，是渔猎文化的反映。鱼神崇拜起源于旧石器时代，甚至更早。渔猎文化是海洋文化的发展，也有鱼神崇拜的丰富内容。鱼身上有很多值得人类学习的优秀品质，比如，鱼妈妈可以很好照顾自己的孩子，是人类的榜样。

中国的远古文明先后经历过海洋文化时期、渔猎文化时期、草原文化时期和农耕文化时期，是中国文明的不同阶段。俗话说“靠山吃山，靠水吃水”，这是渔猎文化在民间的通俗表达。鱼神崇拜与女真族有直接的关系，也与完颜希尹有直接的关系。完颜希尹家族墓地的大山，是一个

“连年有余”民俗年画

男子抱着一条大鱼的形象，就是渔猎文化的历史遗存。男子怀抱大鱼，在后世演化成了“连年有余”的年画，是一个童子抱着大鱼的样子。

168 林神

女真族的文化是渔猎文化为主，对森林的感情很深厚。林神，即森林之神，是山林的主宰，是渔猎文化的神仙。

完颜希尹家族墓地在茂林深处，为林神所管。女真人祭祀林神，对原始森林十分崇拜，在金上京还建设有林神庙，有“嘉荫侯”的封号。完颜希尹家族墓地所在，也归属于金上京，应是金代上京护国林神辖地的延长地带。《金史·礼志·诸神杂祠·嘉荫侯》记载：“大定二十五年(1185)，敕封上京护国林神为护国嘉荫侯，毳冕七旒，服五章，圭同信圭，遣使诣庙，以三献礼祭告。其祝文曰：‘蔚彼长林，实壮天邑，广袤百里，惟神主之。庙貌有严，侯封是享，歆时蠲洁，相厥滋荣。’是后，遇月七日，上京幕官一员行香，著为令。”这里所说的“长林”，即原始森林。

在中国古典天文中，林神的神位应为积尸星，位在西方白虎座第二星娄宿之大陵星内，是一个主管远古丧葬制度的星神。《开元占经·甘氏中官占五·积尸星占六十八》：“甘氏曰：‘积尸一星，在大陵中。’石氏曰；‘大陵中有朽骨，古大陵中有积尸。若其星明大者，有大丧，死人如丘山。’《甘氏赞》曰：‘大陵表墓，积尸随居。’”积尸随居，意为陵墓旁边有高大的林木。

树葬是古代的一种丧葬样式。古人追求在精神世界里的永生，死后变成大树，荫庇子孙，是远古人类的精神文化追求。古人死后，以树为葬，在葬处种树，人的生命转换成了树，以树的形式延续。随着年代的推移，树进人退，于是造就了东北地区广袤的“原始森林”。因此，东北地区那些被“原始森林”覆盖的地区，实际上也是远古文明十分发达的地区。从卫星地图上看，《山海经》记载的“化蛇”

林荫下的完颜希尹家族墓地

"刑天舞干戚""雌""奢比之尸"等地象的所在都覆盖着大量的森林和植被,显示着"原始森林"与远古祖先的亲密关系。

在中国古典天文中,林神还有天阿星,主察山林之妖,在西方白虎第四星昴宿之内。《开元占经·甘氏中官占五·天阿星占七十六》:"甘氏曰:'天阿一星在昴西。偏高曰阿,亦曜候之处,以察山林之妖也。'《甘氏赞》曰:'天阿察近,岑蔚西隅。'"山林之妖,盖指藤妖树怪之类,应是被人遗忘而不被祭祀的远古祖先。《山海经·大荒东经》:"有大阿之山。"大阿之山,即天阿星地象所在,是天阿星的地表投射点。大阿,即天阿。此外,中国古典天文尚有左更星为林神。

169"龙首人身"

"龙首人身",《山海经》记载的雨神形象,处于光山,名字叫"计蒙”。《山海经·中次八经》:“又东百三十里,曰光山,其上多碧,其下多木,神计蒙处之,其状人身而龙首,恒游于漳渊,出入必有飘风暴雨。”

距离完颜希尹家族墓地以南,蛟河市拉法村西,高空俯瞰之下,可见大山呈现出一个跪坐的“龙首人身”的瑞兽,头西脚东,在孰湖之山(或英招之山)的西部,与孰湖之山(或英招之山)隔河相望。此一说为《山海经》中的计蒙之神,主管风雨。

“龙首人身”之山

《山海经》中的计蒙古图是明清时期所绘的,远不是古貌,所以与此处“龙首人身”地象有很大的差别。《山海经·南山经》还提到了龙首鸟身之神:“凡鹊山之首,自招摇之山以至箕尾之山,凡十山,二千九百五十里,其神状皆鸟身而龙首。”龙首鸟身也是远古地象,是山神的模样。

“龙首人身”之神古图

“鸟身龙首”之神古图

170 楼神

楼房，是古代中国的重要发明。在中国古典天文中，楼神称“楼星”“市楼星”。《开元占经·甘氏中官占五·市楼星占三十二》：“甘氏曰：‘市楼六星，在市中，临箕上。’又曰：‘楼星监市，斗食啬夫。’《合诚图》曰：‘天楼，主市贾。’”楼神还有库楼星，也作天楼，在南方朱雀第七星轸宿内，是后世的塔楼。《开元占经·石氏外官·库楼占一》：“石氏赞曰：‘库楼之官兵所藏，其中欲实恶虚空。’”

女真族早期房屋建筑水平低下，所居还是以低矮的半地穴式建筑为主。金代立国后，建筑技术发展迅速，很快市井中有了楼房建筑，庙宇中也有了高大的塔楼。

171 路神

金人重视兴修道路，以“路”为划治的依据。完颜希尹曾权西南西北两路都统。路，就是道路。道路是中国远古时期一项重要的发明，方便了人们之间的沟通往来。路神，也就是远古时期设计发明道路的人。

在中国古典天文中，路神有天街星、辇道星、平道星、阁道星、附路星、左更星等多位，各司其职。天街，也就是城市的街道。辇道，是御用的辇车车道。阁道，是山间的栈道。附路，是小路、岔路或是辅路。左更，主仁之道。

此外，还有平道星，是打扫和维修道路保持交通顺畅的神，在东方青龙第一宿角宿之内，位于龙头两个龙角之间。《开元占经·甘氏中官占五·平道星占四十四》：“《甘氏赞》曰：‘平道除道，涂辙宣输。’”

172 雒棠

神树(雒棠)地象

《山海经·海外西经》:“肃慎之国在白民北,有树名曰雒[①]棠。圣人代立,于此取衣。”雒棠,神树之名,地象在肃慎地域,也就是女真的居所。圣人,一说为颛顼,为“五帝”之一。《淮南子·墬形训》:“雒棠武人,在西北陬。”

肃慎所在的东北地区,有多处神树地象,也就是说,山脉造型和走势像大树一样,并且各有其名,如三株树、琅玕树、梧桐树。雒棠是神树之一。吉林省和龙市西的大山,布局如同是一颗高大的植物,或许为《山海经》所记载的“雒棠”。

①雒,一本作“雄”。

173 麻神

《魏书·勿吉传》记载,女真的先民“妇人服布,男子衣猪狗皮”。《大金国志》卷三九:“女真在契丹东北隅,饶裕山林,田宜麻谷。”洪迈《容斋三笔》卷三:“岁支麻五把,令缉为裘。”这说明,北方的妇女

"上三皇"祭祀区内的麻神之山

是以布为衣装的，有织布的传统。金代社会对丝绸极其喜爱，因而丝绸是南宋"岁币"的必备物资。丝绸和织锦比之于布，轻盈美观，是一个巨大的进步。其中有所谓"金锦"者，尤其名贵。

在中国古典天文中，织女星中有一位教民种麻的女神，称"麻星"。轩辕黄帝之妻嫘祖发明了养蚕和蚕丝之法，称"蚕神"，为织女星，是北方玄武座第三星。嫘祖为织女星，地象在河北省承德县上谷村的轩辕黄帝祭祀区内，是一位女神，即嫘祖之山。麻神之山在"上三皇"祭祀区之内，今山西左权麻田镇附近。麻田，即种麻之所。

174 马神

马神，早期的马神为辟火之神，是外形如马的神兽。成语有"马舞之灾"，即"火灾"的雅称。《山海经·北山经》："有兽焉，其状如马，一角，有错，其名曰臛疏，可以辟火。"臛疏是头上长角的马，一说也作"獬豸"，是大地表面大山的外观形态。臛疏地象，在今河北滦平县。早期的马神为辟火之兽，用来预防火灾。女真人日常生活要大量使用火，火灾时有发生。马神崇拜体现了当时的消防意识和安全用火的观念。

东汉马神及牵马人铜像

在汉文化中，马神为战神，在龙宿之内，司戍卫之职。其中最著名的有锋星和将军骑官。锋星，为冲锋陷阵之神。将军骑官为马祖神，是西汉时的养马官员，名为金日磾（前134—前86），即民间崇拜的马王爷。金日磾原是匈奴休屠太子，十四岁时，匈奴为霍去病所败，他没入汉宫为奴，专司养马，后来成了皇室的养马专家。金日磾曾经救过汉武帝的命，深得汉武帝的信任和重用，因而多见有两汉时期马神像的出土。

175 帽神

《大金国志》卷一："妇人以羔皮帽为饰，至直十数千，敌三大羊之价。"不过，制帽之事由来已久，一直可以追溯到史前时期。传说轩辕黄帝的大臣荀发明了帽子，为黄帝的"帽正"，主衣帽之事。帽正，即帽政，帽官也。帽正主衣帽之事。

发明帽子的人为帽神，帽子是其身份的象征。在中国古典天文中，帽正之官称"天弁"，是天帝的帽子，在北方玄武座中。弁，音变，

辽宁朝阳半拉山遗址出土红山文化石雕人头像

帽子。远古时期，帽子是集市贸易的重要商品，因而天弁星的职能不仅是制作帽子，也管理由帽子引申出来的贸易租税诸般事宜。《开元占经·石氏中官一·天弁星占二十四》：石氏曰：“天弁九星，在建星北。”石氏曰：“天弁九星，在天市垣外，天下市官之长也，主市中列肆诸价，入在市籍者，商税还，方持物来，皆当贵其租税。其星明大，则市物盛兴；其星不明，则万物衰耗。”

辽宁朝阳半拉山红山文化遗址出土了头戴帽子的石雕人像，反映了古人的帽神文化。

176 门神

金代女真族的房舍是半地穴式的建筑物，洪皓《松漠纪闻》中记载了纳里浑庄为“穴居百家”。其中，门是交通出入的重要部件，门内门外有阶梯相连。

门是远古时期的发明，发明门的人被后世奉为门神。后来，善于把守大门的人，也为门神。在中国古典天文中，门神有天门星、军南门星、南门星、阳门星等多位。天门星，在东方青龙角宿之内。军南门星，是西方白虎座第一星奎宿之下大将军星内的一颗小星。南门星，在南方朱雀第七星轸宿之内。此外，天关星也是天门的门神。

177 摩羯

摩羯，一作“鱼化龙”，是龙头鱼身的瑞兽。汉化的摩羯带有中国龙的元素，“鱼化龙”的形象一说就来自摩羯。摩羯类的文物存世尚多，比如辽代有三彩的摩羯陶像。

摩羯是西方神话中一种羊头鱼尾的神兽。完颜希尹的神格是羊神，墓地的地象是一个怀抱大鱼的男子，摩羯半鱼半羊的形象恰是对完颜希尹历史形象的诠释。羊神完颜希尹和地面大鱼构成了类似于西方天文摩羯座的完整星象。金代的摩羯崇拜，在一定程度上反映了对完颜希尹的崇拜。

辽三彩摩羯

与摩羯座相邻的有一个叫“人马座”（射手座）的星座，是一个人面马身的天神，其地表投影在蛟河拉法镇东，与完颜希尹家族墓地相距不远。这种对应关系诠释了摩羯座与完颜希尹家族墓地的对应关系，是有益的补充。

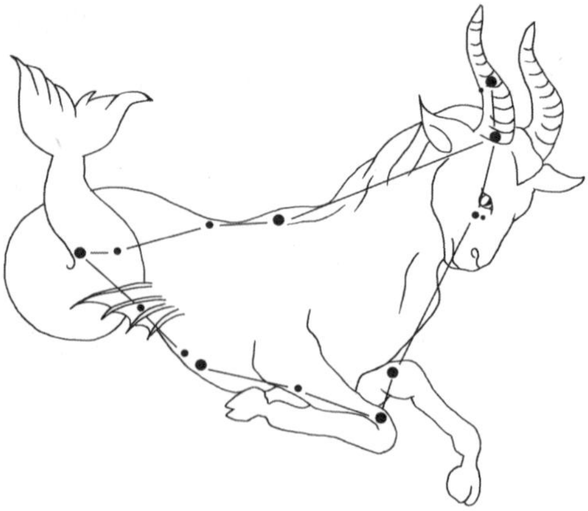
摩羯座星象图（赵咪雪绘）

178 牛神

牛与女真的生产生活关系密切。《大金国志》卷三九："多以牛驴负物，遇雨则张牛革以御之。"金代推崇农事，诸侯各有土地，为耕作之事。完颜希尹为陈王，在家乡纳里浑庄有封地。牛主农耕，是很重要的农业资产。在传统中国人的眼中，辛勤的老牛是中华民族远古祖先的象征，代表了中国人的精神品格。

牛神，即牵牛星，为北方玄武座第二星，中国传统图腾，为炎、黄二帝的神格所在。炎、黄二帝为农神，牛首人身的形象，曾广受世俗的崇拜。在中国古典天文中，炎、黄二帝为牵牛星，是农神，负责拉车耕作之事。

179 炮

炮，异体字为"砲"，指古代的投石机，起源古远，中国至迟在春秋晚期已经用于战场。古希腊的阿基米德（前287—前212）曾经利用杠杆原理制造出投石机。炮（砲）的造型如同是古写的"门"字，所以炮常以"门"作为计量单位。

完颜希尹善于搜罗天下英才，艺能之士多归之。在完颜希尹的参与领导之下，金代的武器装备有了很大的提高。金兵伐宋，砲是基本的作战装备。《续资治通鉴》卷一三七："（宋高宗绍兴三十二年）金人自五月至于今，增兵凡万五千骑，调丁夫五千余众，以牛车运炮坐六十有余所，增置憨皮袋，搜城车、呆楼、洞子十余所，自城东至于西南隅，共为六寨。"宋高宗绍兴三十二年，即金大定二年（1162），金兵攻宋使用了大炮，同时还使用了搜城车、呆楼、洞子等装备。这时完颜希尹虽已死二十多年，但这些兵器的制作，与他有着千丝万缕的联系。他生前秘密研发的装备和设施，后来陆续应用到了战场。

180 骑鞠

骑鞠，是古代社会的体育运动，今称“马球”。金章宗为原王时曾下诏给完颜希尹之孙完颜守道，让他“习骑鞠”，也就是练习马球。《金史·完颜守道传》：“章宗为原王，诏习骑鞠。”又说：“此习武备耳，自为之则不可。”意思是说，打马球可以提升武艺和战备，是一个集体活动，不是靠个人的能力。马球运动，汉魏所发明，能够提升整体意识，增加个体间的协作。三国曹植《名都篇》有“连骑击鞠壤，巧捷推万端”之句，描述了打马球的情景。

中国最早有蹴鞠，是早期的足球，骑鞠应是蹴鞠发展而来，只是由地面改到了马上。蹴鞠，也称“蹋鞠”，传为轩辕黄帝所发明。西汉刘向《别录》：“蹴鞠，传言黄帝所作或曰起战国之时。蹴鞠，兵势也，所以练武士知有材也，皆因嬉戏而讲习之。”桓宽《盐铁论》中说贵族权臣“蹋鞠斗鸡”，又说“康庄驰逐，穷巷蹋鞠”。宋元时期，蹴鞠依然十分流行。金代的铜镜有“鞠球射柳”题材的人物镜，反映了女真人的运动喜好。宋人有《蹴鞠谱》云：“蹴鞠初兴黄帝为，王孙公子戏相宜。世间子弟千般戏，惟有齐云实可奇。”

181 旗神

旗帜，是女真人作战、祭祀、出行和日常生活所需，用以标志身份、用途等。甲骨文中，“族”字是会意字，是人聚集在旌旗之下的样

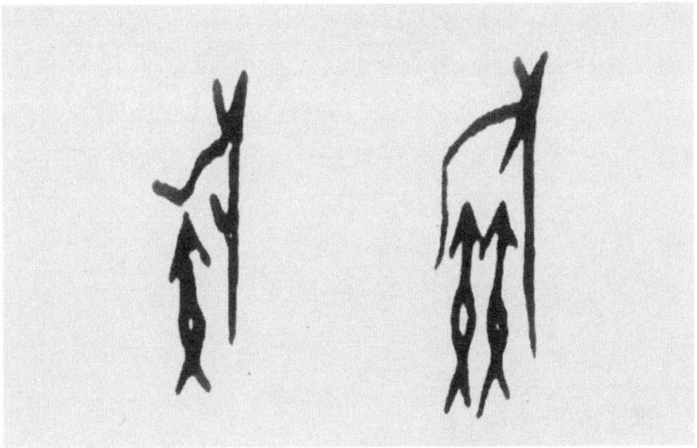

甲骨文中的“族”字和“兵”字

子。旗神，是远古时期发明旗帜的人。山西省平顺县有天脊山，或为旗神的形象。天脊，或为“天旗”音近之讹。

在中国古典天文中，旗神称“参旗星”“河鼓左旗星”“座旗星”“酒旗星”“虎贲星”“蚩尤旗”等，有多位。参旗，也称“天旗”，为作战令旗，主弓弩发射。河鼓左旗也是作战令旗，表示行动停止。座旗是标识旗，识别人员等级尊卑。酒旗，是聚会宴饮之旗。另有蚩尤旗，妖星之一，为红旗，是敌方的战旗。《开元占经·妖星占上·蚩尤旗九》：“夏氏曰：‘四望无云，独见赤云，蚩尤旗也。’”

《开元占经·甘氏中官占五·酒旗星占五十八》：“甘氏曰：‘酒旗三星，在轩辕右角。’（注曰：酒，酒官也。旗，旗官也。）《元命苞》曰：

“中三皇”祭祀区内的“旗神”之山（山西省平顺县）

‘酒旗，主上尊大帝，运枢阴阳，满陈列宿，成德五星，布恩神明，和合四节，并宣历纪，齐得诸灵合欢，故设酒旗以人侑神。’焦延寿曰：‘酒旗不具，天下有燕，大丧，以酒亡。’《甘氏赞》曰：‘酒旗燕会，情意欢娱。’”《开元占经·甘氏中官占五·座旗星占六十二》：“《甘氏赞》曰：‘座旗旗表别异，殊居以旗。’（注曰：表，则君臣之安立也。）”

182 麒麟之山

麒麟，上古神兽，一说即《山海经》中记载的开明兽。经典的麒麟是鹿身、牛尾、马蹄、鱼鳞、一角的形象，《说文》：“麒，仁兽也。麋身牛尾，一角，从鹿，其声。”《论衡·讲瑞》：“骐驎，兽之圣者也。”

麒麟之山是一处重要的史前地象，它与完颜希尹家族墓地相距数百里，在今吉林通化东昌区，高空俯瞰是一只牛尾、鹿身、马蹄、羊头（马头）、一角的瑞兽卧于草丛之间，头朝向东北，尾朝向东

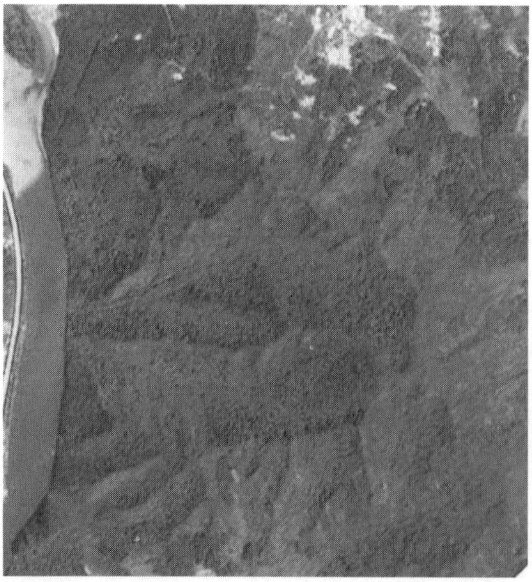

麒麟之山地象（吉林通化）及其线图（赵咪雪绘）

南。麒麟之山的东北方向为万发拨子(王八脖子)遗址,应是麒麟之山的文化衍生物,显示了麒麟与古人的密切关系。麒麟,为远古图腾,麒麟之山的所在是中国传统的麒麟崇拜的历史发生地。

麒麟原本是独角兽的形象,但其头部是羊头于史籍中未见载录。因而,后世在创作麒麟的艺术形象时,以龙头为麒麟之头,并且生出了两只龙角,实际上是讹传的结果,与历史上真实的麒麟形象有很大的差距。《山海经》记载了多个独角兽的形象,所兆或吉或凶,各有其名,但麒麟不在其列。传世的麒麟的形象,应是《山海经》中瑞兽騂马、马身龙首之兽、羬羊、㺄等的衍化。

騂马的所在古名为敦头山,据《山海经·北山经》记载,敦头山在诸余山(今辽宁省庄河市境内)以北三百五十里,钩吾山以南三百五十里。钩吾之山,为狍鸮之兽的所在,是完颜希尹家族墓地的地象。敦头山在钩吾之山以南三百五十里,应是舒兰完颜希尹家族墓地与通化万发拨子(王八脖子)遗址之间的距离①,可知万发拨子(王八脖子)遗址古名应为“敦头山”。

①舒兰小城完颜希尹家族墓地与通化万发拨子遗址相距2.8个纬度。《山海经·中山经》说:“天地之东西二万八千里,南北二万六千里。”以现代的标准,南北二万六千里应占据了180度的纬度,据此,2.8个纬度所对应的古制为404里,与《山海经》所述“三百五十里”大致吻合。

183 枪神

金代的兵器制造十分先进,长矛是主要的兵器种类。枪神,为远古时期发明长矛的人。枪,即长矛,早期作“鎗”。长矛,是冷兵器时代的重要标志物。长矛的发明,说明人类社会开始进入冷兵器时代。此即《山海经·中山经》中所说:“戈矛之所发也,刀铩之所起也。”

在中国古典天文中,枪神称“天枪”。《开元占经·石氏中官占一·天枪占六》:“石氏曰:‘……枪者,今之枪也,以竹为之,锐其头,以捶地,锋外向,以枪人。’……黄帝曰:‘枪三星,备非常,若今之机枪也。’”机枪,机发的巨弩。《开元占经·妖星占上·天枪三》:“《河图》曰:‘岁星之精,流为天枪。’……《河图》曰:‘天枪,主改修。’……巫咸曰:‘天枪出国,有功。’”

184 墙神

完颜希尹家在纳里浑庄，《宋史·洪皓传》说："地苦寒，四月草生，八月已雪。穴居百家，陈王悟室聚落也。"女真族所居的房屋，是半地穴建筑，仍然保留了史前时期的特色。墙是房屋的组件，筑墙术是中国古代一项十分重要的发明。

早期的人类从海边迁往内地，在地面上居住，经常受到洪水猛兽的侵袭，生存状态十分危险。后来，有巢氏教民在大树上建造房屋，结巢而居，所谓"构木为巢，以避群害"(《韩非子·五蠹》)，人类的生活条件大为改观。在中国古典天文中，有巢氏为柳宿，是南方朱雀第三星，他教民在大树上建造房屋，是木工的祖师。

但是，能够满足人类居住的大树毕竟有限，后来，中国人发明了筑墙术，重新返回地面生活。墙是房屋的基本组件，后来又发展出城墙，直至修筑了长城。发明筑墙术的人被后世尊为墙神，在中国古典天文中称"东壁"，是北方玄武座第七星。后来，在修建房屋的时候，不仅建墙，同时修建了广场或院落，所以东壁后来也称"天市垣星"。市，广场、院落；垣，墙也。在"上三皇"祭祀区内，有有巢氏

"上三皇"祭祀区内的有巢氏之山及其祭坛（山西左权县桐峪镇）

“上三皇”祭祀区内的墙神之山（河北涉县）

之山和墙神之山，是山川望祭的场所，后人到此纪念和凭吊他们的历史功绩。

185 桥神

金人重视道路的修建，也重视桥梁建设。完颜希尹率领军队远征，浮深涉浅，桥梁是重要的渡河设施。中国的桥梁早期为浮桥，漂浮在水面之上，后来又设计修建了木桥和石桥。

桥神，即远古时期设计发明桥梁的人。在中国古典天文中，桥神称“天潢星”，在西方白虎座第五星毕宿之五车星中。《开元占经·甘氏中官占五·天潢星占七十二》：“《合诚图》曰：‘天潢主河梁，所以渡神人，通四方。’《礼纬》曰：‘潢星明大，天子寿昌，万民无疾疫灾殃。’《甘氏赞》曰：‘天潢济渡，渐池濯高。’”

186 琴神

女真人很早以前就在劳动生活中创造了自己的音乐。《大金国志》卷三九：“其乐惟鼓、笛，其歌惟《鹧鸪曲》，第高下长短如鹧鸪声而已。”鼓和笛子，为中国上古时期发明的乐器。《大金国志》卷三九又说：“又以桦木为角。吹作呦呦之声，呼麋鹿而射之。”桦木角是狩猎工具，又可吹曲伴奏。

琴神，一作“乐神”，远古时期发明古琴和音乐的人。《山海经》记载了古琴的发明，《太平御览》卷五七七引《山海经》：“帝俊生晏龙，始为琴瑟。”《山海经·海内经》：“炎帝之孙伯陵，伯陵同吴权之妻阿女缘妇。缘妇孕三年，是生鼓、延、殳，始为侯。鼓、延是始为钟，为乐风。”在“中三皇”祭祀区内，有琴神之山，是琴神的山川望祭之所，附近有歌神舞神之山，显示了远古时期文化的昌盛。

在中国古典天文中，乐神称“器府星”，是南方朱雀第七星轸宿南方的一颗大星。器府，即乐器之府。《开元占经·甘氏外官·器府星占四十二》：“《甘氏赞》曰：‘器府掌故，管弦丝竹。’”

“中三皇”乐神祭祀区伯陵、阿女缘妇及鼓、延、殳之山（河北涉县更乐镇）

187 琴虫

琴虫，史前地象，兽首蛇身之形，为远古图腾。《山海经·大荒北经》：“大荒之中，有山，名曰不咸……有虫，兽首蛇身，名曰琴虫。”郭璞注：“琴虫，亦蛇类。”不咸，即巫咸，古圣之名。不咸之山，即巫咸之山，地象应在咸州，今辽宁开原。琴虫地象，一说即“蜀”字。

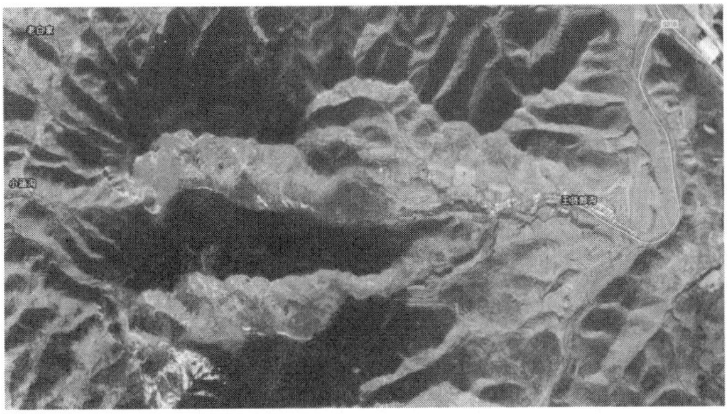

大蛇地象及其线图（赵咪雪绘）

中国北方的大山，山脉走向蜿蜒逶迤，形态多与蛇合，因而可见有多座蛇形的大山。辽宁葫芦岛连山区王货郎沟村西有一座大蛇之山，蛇头张口之状，形象鲜明，应是一处红山文化“巴蛇吞象”的历史遗存①。大蛇的地象应是最早的“巴”字。巴，象形字，蛇也。

①一说为食麈。《山海经·大荒北经》：“有大青蛇，黄头，食麈。”

188 裘神

裘，为女真族的衣装，动物的皮毛制品，也是中国人的传统服装。《松漠纪闻》：“皮皆用为裘。”裘是中国人早期的衣装，起源甚远。《韩非子·五蠹》：“尧之王天下也，茅茨不翦，采椽不斫，粝粱之食，藜藿之羹，冬日鹿裘，夏日葛衣。”《隋书·勿吉传》：“妇人服布，男子衣狼狗皮。”

中国人的衣装最早是裘，是动物的皮毛制品，它大大改善了先民的生活条件。远古时期发明了制裘的人，后世奉以为裘神。但因为裘神起源甚远，中国古典天文中并没有与之对应的星神。

“上三皇”时期，中国人发明了种麻和织布。到了轩辕黄帝时期，嫘祖发明了养蚕和缫丝，有了丝绸和锦缎。但是，裘皮制品依然受到青睐，裘皮的制作方法也一直流传下来。《史记·夏本纪》：“鸟夷皮服。”皮服，即裘皮衣服。

189 日神

太阳在古人日常生活占有重要角色，女真族的日常生活也离不开太阳。在中国古典天文中，日神称“太阳守星”，专司测日之职，以此定农时，来指导打渔、狩猎、放牧、耕种、砍树、祭祀等生产实践活动。《开元占经·石氏中官·太阳守星占五十五》:“《黄帝占》曰:‘太阳守，辅臣象也，所以守卫天主之宫，备守诸门。其星明，则人主威伏四方，天下安，王者致福瑞。’”

在“上三皇”“中三皇”“下三皇”祭祀区内，太阳山十分常见，有特征性的锯齿样结构。广西桂林山水中有太阳山，据笔者考证，应是古人的计时工具。太阳山的形态如同城墙的垛口，古人从太阳升起的位置判断时间和节气。这样的垛口，称“雉堞”，用以标定太阳的位置。桂林山水中的太阳山被巧妙设计在人形山男子胡须的位置，这个男子应是古人崇拜的太阳神，即日神。太阳山有的有三个垛口，有的有六个垛口。太阳的位置在垛口之间循环一次，表示一

广西兴安县华江镇的太阳山

桂林山水中的太阳山

年，太阳在每个垛口的位置表示不同的季节和时令。

此外，古代的计时之神还有渐台星，是发明晷漏计时的人，负责测定一天之内的时刻，位于北方玄武第三星须女内。《开元占经·甘氏中官占五·渐台星占三十七》："甘氏曰：'渐台四星，属织女东足。'（注曰：四方高曰台，下方有水曰渐，主晷漏律吕之事。）《甘氏赞》曰：'渐台守漏晷吹灰。'"

190 人主神

完颜希尹与金太宗吴乞买和金熙宗合剌的关系十分密切。完颜希尹为元帅右监军，代表皇帝监控军队，权力很大。人主神，应为远古时期创立人主制度的人，为国主之位，主治万民。

在中国古典天文中，人主神称"人星"，一作"卧星"。《开元占经·甘氏中官占五·人星占二十》："甘氏曰：'人星五星，在车府东南。'（注曰：一曰卧星，主治万民。）《元命苞》曰：'卧星主夜行，一度齐记以防淫。'巫咸曰：'人星，土官也。'焦延寿曰：'人星不具，王者有子，不成而死，星尽不见；有人传相惊以诏事，若有诈伪诏者。'又曰：'妇人大乱，后大兵起。'又曰：'卧星立，则天子明，死民。'《甘氏赞》曰：'人星优游，乃尔宁诸。'"《开元占经》此处提及的人主神，应是曹魏皇帝曹叡的神格所在，所述事迹与曹叡暗合。"王者有子，不成而死"，"妇人大乱，后大兵起"，皆指曹魏之事，与魏史合。

191 乳神

乳神，指远古时期发明制作奶制品的人。在中国古典天文中，乳神称“天乳星”，位于东方青龙第三星氐宿之内。

伏羲氏驯服了牛、马，奶业也随之产生并且不断发展。在游牧文化中，人们以牛奶、羊奶、马奶制作各类奶制品，满足日常生活之需，生活水平显著提高。女真族受到游牧文化的影响，养殖牛马牲畜，利用乳汁制作醴酪糖饴，《大金国志》记载女真饮食有“煎乳酪”。

192 “入军不被甲兵”

“入军不被甲兵”，是不着铠甲的士兵。被，通披。语出于《老子》第五十章：“盖闻善摄生者，陆行不遇兕虎，入军不被甲兵；兕无所投其角，虎无所措其爪，兵无所容其刃。夫何故？以其无死地。”完颜希尹墓前有武士的石雕像，手执宝剑但不着铠甲，只是穿着文官的衣服，反映的是“入军不被甲兵”的典故。

古代作战，兵士手执利器，身披铠甲，所谓“披坚执锐”。但完颜希尹墓前的石雕武士俑手执利器却不穿铠甲。此事出于“入军不被甲兵”一说，表明这支队伍是一支精兵敢死队，是战斗中负责冲锋陷阵的死士。

193 萨满

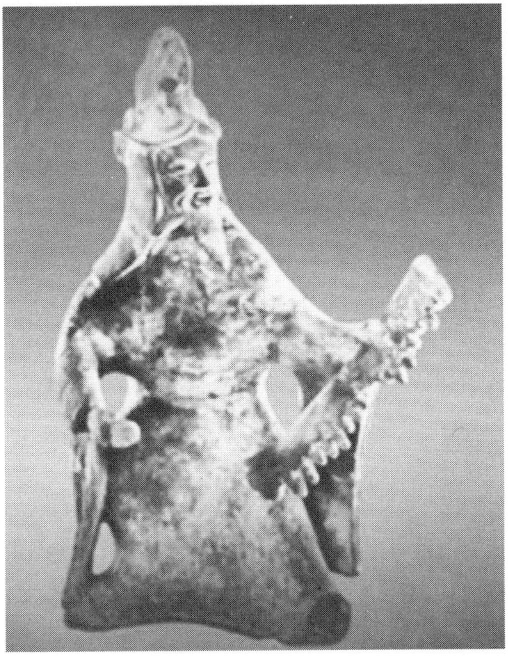
东魏萨满巫师陶像
(河北邯郸出土)

萨满，古时通鬼神的人士，金代称“珊蛮”，即巫师之谓。巫师起源甚早，但因处于社会的底层，为载籍所缺。河北邯郸出土过东魏时期的萨满巫师陶像，说明萨满文化由来已久。历史上，舞神是发明跳舞的人，应该有巫师的身份。

完颜希尹是金代的尚书、左丞相兼侍中，是史籍中最早述及的一位大萨满。《三朝北盟会编》卷三：“兀室奸猾而有才，自制女真法律、文字，成其一国，国人号为珊蛮。珊蛮者，女真语‘巫妪’也。以其通变如神，粘罕以下皆莫之能及。”萨满巫师善于唱歌跳舞，善于使用各色乐器。《说文》：“巫，祝也，女能事无形、以舞降神者也，象人两袖舞形。”“觋，能斋肃事神明者。在男曰觋，在女曰巫。”完颜希尹虽为萨满，但并不擅长此术，更多的是静坐思考。可见，萨满文化的内容十分丰富，其中有佛教和道教文化的丰富内容，不只是乐舞者也。

194 三官

南宋洪皓《松漠纪闻》:"悟室锐欲吞中国,曰:'孰谓海大?我力可干,但不能使天地相接尔!'"这里完颜希尹提到了天、地、大海,即中国传统意义上的"三官"。

三官,即天官、地官、水官。张道陵为道教祖师,他于汉章帝时为司空,主管祭祀之礼,制定了祭祀天、地、水三官的规仪。民俗中的三个节日"三元日"便由此而来。按照道教规制,每年正月十五上元日祭天官,七月十五中元日祭地官,十月十五下元日祭水官。"三官"的原型人物是尧、舜、禹,是上古时期的三位圣王。天官赐福,地官赦罪,水官解厄,各有其职。三官,后衍为三星,俗说"三星高照"。

在"五帝"祭祀区,有尧山和舜山,是祭祀尧、舜的场所。帝禹为夏后氏,位在"五帝"之外,故帝禹之山在夏后氏祭祀区内,并没有在"五帝"祭祀区内。

上古洪水滔天,帝尧命大禹的父亲鲧去治水。鲧采取筑堤拦截之法,不成。于是,帝舜命大禹治水。大禹治水采用了疏导法,因势利导,注洪流于大海,取得了治水的成功。在中国古典天文中,禹的神格是四渎星,是开通水道的神,在南方朱雀第一星东井之内。《开元占经·甘氏外官·四渎星占三十一》:"《甘氏赞》曰:'四渎受输,涤源入海。'"

在北京房山十渡镇,有祭祀帝禹的场所,是人形山,包括神像和祭坛(即望山,祭坛呈鼓形,古称"鼓山")。夏启是帝禹之子,是夏王朝的第一代君主,此处夏启还是一个襁褓中的婴儿,所以这一组人形山代表了夏王朝的开始,是夏的起点。神像的主体是三个远古历史人物:高大的长须男子,神主为帝禹;右侧较矮的女子之山,神主为禹妻涂山氏女,传说名为"女娇";最右侧的婴儿之山,神主为帝禹之子,称"启"。启建立了夏王朝,又称"夏启",是一个重要的《山海经》历史人物。房山十渡镇,是夏后氏的山川望祭之所。

北京房山区十渡镇帝禹之山

禹、涂山氏女和夏启的传世记载有很多。《尚书·皋陶谟》:“予创若时，娶于涂山。辛壬癸甲，启呱呱而泣，予弗子，惟荒度土功。”《汉书·武帝本纪》颜师古注引《淮南子》:“禹治圜鸿水，通轘辕山，化为熊，谓涂山氏曰:‘欲饷，闻鼓声乃来。’禹跳石，误中鼓。涂山氏往，见禹方作熊，惭而去，至嵩高山下化为石，方生启。禹曰:‘归我子。’石破北方而启生。”《水经注·浙江水》:“(覆釜)山下有禹庙，庙有圣姑像。《礼乐纬》云:禹治水毕，天赐神女圣姑，即其像也。”《华阳国志·巴志》:“禹娶于涂山，辛壬癸甲而去。生子启，呱呱啼，不及视，三过其门而不入室，务在救时。今江州涂山是也，帝禹之庙铭存焉。”《吕氏春秋·音初》:“禹行功，见涂山之女。禹未之遇而巡省南土。涂山氏之女乃令其妾候禹于涂山之阳。女乃作歌，歌曰‘候人兮猗’,实始作为南音。”

195 “善攻者动于九天之上”

“善攻者动于九天之上”,善于进攻的人可以在九天之上采取行动，语出《孙子兵法·军形篇》:“善守者藏于九地之下，善攻者动于九天之上，故能自保而全胜也。”完颜希尹善于用兵，所向则克。《完颜希尹神道碑》:“宋人渝荫，奏下，大举问罪。王与左副元帅宗翰师趣河东，所至城邑、关口，拒守者攻之，降则抚之。分遣诸将，破宋之诸路援兵。”

在灭宋的过程中，金兵使用了很多先进的军事装备。其中应有“凫徯”，古代的一种飞行器，即中国早期的飞机，这也许是完颜宗翰和完颜希尹能够迅速克敌制胜的秘技。飞机之术，是《孙子兵法》“善攻者动于九天之上”的具体应用。

196 山神

山神，人形或人头形的大山，象征着远古时期的历史人物，也代表祖先留在大地表面的最后的影像。人形山，是完整的人类形象，包括头颈、躯干和四肢。人形山和人头山的布局和神态记载了历史变迁，凝聚了历史的辉煌瞬间，具有深刻的历史文化内涵。《金史·礼志·诸神杂祠·镇安公》记载说“盖惟有益于国，是以必报其功”，意思是说，这些神主都应该是为人类文明做出重要贡献的历史人物，祭祀他们是为了报答他们济世的功德。祭祀山神，就是向伟大的祖先表示敬意。

《周易·观卦·彖传》：“圣人以神道设教。”古代之神道，主其事者巫、祝、史，尤异者为立尸。尸，祖先的雕像，即人形山。立尸，指确立人形山。夏、商、周三代祭祀，皆有尸。《通典·礼八》：“自周以前，天地、宗庙、社稷一切享祭，凡皆立尸。秦汉以降，中华则无矣。”夏

温州中雁荡的远古人形山（浙江省永嘉县）

安徽黄山女神及其祭坛(望山)

商周时期,祭祀祖先为山川望祭,可以看到祖先的形象,也就是人形山,古籍多有涉及,比如《山海经》有据比之尸、相顾之尸、戎宣王尸等,皆是山川望祭的对象。

祭祀和崇拜山神,是金源文化的重要特色。金代祭祀的山神有长白山、终南山、静宁山、大房山、胡土白山等。通过山川望祭的习俗,人们能够怀念祖先,继承祖先的美德,同时,记住了山神的模样,走在山里就不会迷路,有现实的功用。山神不只是山神本身,山下有流水,而水流是有方向的。水流是天然的地理坐标,指示着山神所处的历史年代的先后远近,由此可以判断人形山之间的伦理关系。完颜希尹家族墓地有多位山神,远古时期的山神文化对于全面认识完颜希尹这个历史人物有重要的参考价值。

《金史》记载了金代祭祀静宁山山神的册文,讲述了山神祭祀的作用和来龙去脉,有丰富的历史文化含量。《金史·礼志·诸神杂祠·镇安公》:"旧名旺国崖,太祖伐辽尝驻跸于此。大定八年(1168)五月,更名静宁山,后建庙。明昌六年(1195)八月,以冕服玉册,册山神为镇安公。册文曰:'皇帝若曰:古之名山,咸在祀典。轩皇之世,神灵所奉者七千。虞氏之时,望秩每及于五载。盖惟有益于国,是以必报其功。逮乎后王,申以徽册,至于岳镇之外,亦或封爵之加。故太白有神应之称,而终南有广惠之号。礼由义起,事与时偕,载籍所传,于今犹监,朕修和有夏,咸秩无文,眷兹静宁,秀峙朔野,缊泽布气,幽赞乎坤元,导风出云,协符乎乾造。一方之表,万物所瞻,南直都畿,北维障徼,连延广厚,宝藏攸兴,盘固高明,谻宫斯奠。昔有辽尝恃以富国,迄大定更为之锡名。洪惟世宗,功昭列圣,亦越显考,德利生民。爰即岁时,驾言临幸,兵革不试,远人辑宁。雨旸常调,品汇蕃庑,此上帝无疆之贶,亦英灵有相之符。比即舆情,载修故事。顾先皇帝驻跸之地,揖累世承平之风。迓续遗休,式甄神祐,肆象德以畀号,仍班台而阐仪。宇像一新,采章具举。今遣使某、副某,持节备物,册命神为镇安公,仍敕岁时奉祀。於戏!容典焜燿,精明感通,惟永亿年,翊我昌运。神其受职,岂不伟欤?'"

《金史》还记载了对麻达葛山山神的封赠和祭祀,收录了册文。《金史·礼志·诸神杂祠·瑞圣公》:"即麻达葛山也,章宗生于此。世宗爱此山势衍气清,故命章宗名之。后更名胡土白山,建庙。明昌四年(1193)八月,以冕服玉册,封山神为瑞圣公。建庙,命抚州有司,春秋二仲,择日致祭为常。其册文曰:'皇帝若曰:国家之兴,命历攸属。天地元化,惟时合符。山川百神,无不受职。粹精荐瑞,明圣继生。著丕应于殊祯,启昌期于幽赞。裒对信犹之典,咸修望秩之文。嘉乃名山,奠兹胜地,下绵乾分,上直枢辉。盘析木之津,达中原之气。廓除氛祲,函毓泰和。仰惟光烈昭垂,徽音如在,即高明而清暑,克静寿以安仁。周庐安宁,厚泽浃洽。朕祇循祖武,顺讲时巡,感美号以兴怀,佩圣谟而介福。言念诞弥之初度,言由翊卫之效灵。然犹祀秩无章,神居不屋,非所以尽报功崇德之义,副追始乐原之心。爰饰名称,载新祠宇。勒忱辞於贞琰,涓良日於元龟,彰服采以辨威,洁庭县而致祭。阐扬茂实,敷绎多仪。今遣使某、副某,持节备物,册命神为瑞圣公,仍敕有司岁时奉祀。於戏!尚其聪明,歆此诚意,孚休惟永,亦莫不宁。'"

197 舍我其谁

"舍我其谁",成语,形容一个人敢于担当、十分自信的状态。语出《孟子·公孙丑下》:"如欲平治天下,当今之世,舍我其谁也?"完颜希尹是金代的大知识分子,有很深的历史责任感,勇于担当,有志于统一天下。南宋洪皓《松漠纪闻》:"悟室锐欲吞中国,曰:'孰谓海大？我力可干，但不能使天地相接尔！’”

“舍我其谁”原本出于孟子，为儒家思想。汉魏时期，汉传佛教兴起，吸纳了孟子的思想，对这一思想进行了整理和重新表达，发展为“天地上下，唯我独尊”，成为汉传佛教的骨干理论。正是在这样的精神动力感召之下，阿骨打在百般犹疑之后建元收国，建立了金王朝。

198 社稷神

社稷神，农神之谓。社稷，山川、土地统称为“社稷”。在早期，社稷是“社”和“稷”的合称，即社神和稷神。社是土地神，稷是五谷神，两者是农业社会最重要的根基和保护神，也称“先农”。

先农，一说为神农。《绎史》卷四引《逸周书》：“神农之时，天雨粟，神农遂耕而种之；做陶冶斤斧，为耒耜锄耨，以垦草莽。然后五谷兴助，百果藏实。”历史上，农神有多位，神农、炎帝、黄帝、后稷、叔均、周文王皆被民间奉为农神。周文王姬昌专攻农事，深受广大农民爱戴。完颜希尹家族墓地附近有人形山，旷野中的人形山，执掌一块土地，为社稷神，即“土地神”。城市周边的人形山，为执掌城市的地神，称为“城隍”。

社稷神：宁夏贺兰县金山乡的远古人形山

199 奢比之尸

奢比之尸，是一处《山海经》记载的重要的史前地象。距离舒兰小城完颜希尹家族墓地东北约一百公里，在黑龙江尚志市亚布力镇西南方向。俯瞰之下，大山的形态是一个人面犬耳的神坐在那里，耳朵的旁边是两座蛇形的大山，腋下装饰着虎头，应是《山海经·大荒东经》记载的“奢比之尸”。《山海经·大荒东经》：“有神，人面，犬耳，兽身，珥两青蛇，名曰奢比尸。”《山海经·海外东经》：“奢比之尸在其北，兽身，人面，大耳，珥两青蛇。”一说奢比之尸即肝榆之尸。

奢比之尸，旧训为动物的身体，是“珥双蛇”的异兽。但是，据现场考察，“奢比之尸”是一只大耳上有两条蛇作为装饰，是一个坐姿的男子，腋下有一个虎头的形象作为装饰。故可知，《山海经》称之为“兽身”，不是身体呈野兽之形。衣服上装饰动物的图案是一种久

“奢比之尸”地象及其线图(赵咪雪绘)

远的民俗,“奢比之尸”应是其发源地,以虎头可为见证也。

200 侍者神

在太庙中,完颜希尹为陪祀,相当于侍者、从官或幸臣的角色。侍者神,主神旁边的陪祀,为主神的学生、家属之类。在中国古典天文中,侍者神称“侍者星”。主神的陪祀有多位。随从的幕僚,称“从官星”,为从官侍卫之臣。主神宠幸的人,称“幸臣星”。此外,还有太子星,有太子的身份。

201 淑士之国

完颜希尹家族出于女真,是远古肃慎的后裔。《大金国志》称女真是“肃慎氏遗种,渤海之别族”。肃慎,缓读为“朱理真”,简作“女真”,也作“息慎”“淑士”,一说应为“项孙”(颛顼孙)之讹。《山海经·大荒西经》中记载了淑士之国,即肃慎之国,是女真的先祖之国,为颛顼大帝的后裔,也称“颛顼之国”。此外,《山海经》还记载了“叔歜国”,应为“淑士国”转音而来,与淑士之国是同一地点。《山海经·大荒北经》:“有叔歜国,颛顼之子,黍食,使四鸟:虎、豹、熊、罴。”

颛顼,也称“高阳氏”,轩辕黄帝的曾孙,为中国上古圣王,“五帝”之一。《山海经·大荒西经》:“有国名曰淑士,颛顼之子。”意思是说,肃慎是颛顼之子的封国。淑士,即肃慎,音近通假,方言所致。淑与肃,古通;士与慎,古音同。此如瓜尔佳氏后改为关姓,“瓜”与“关”古音同。

《竹书纪年·五帝纪》:“(帝舜有虞氏)二十五年,息慎氏来朝,贡弓矢。”《后汉书·东夷传·挹娄》载:“挹娄,古肃慎之国也。”南宋洪皓《松漠纪闻》:“女真即古肃慎国也,东汉谓之挹娄,元魏谓之勿吉,隋唐谓之靺鞨。”肃慎所居,《山海经》称为“大荒之山”。《山海经·大荒西经》:“大荒之中,有山名曰大荒之山,日月所入。有人焉,三面,是颛顼之子,三面一臂。三面之人不死,是谓大荒之野。”大荒之野,今东北平原。三面一臂之人,据笔者推测,应为今长白山天池的人形山。“颛顼”之名,取自于他的相貌,长头为“颛”,长颊为“顼”,故《山海经》中也称“长头人”。

长白山地区有多座人形山,是脸部造型奇长的人像,意为“颛顼”,以此表示神主是颛顼的后代。《山海经·大荒西经》:“颛顼生老童,老童生祝融,祝融生太子长琴。”《山海经·大荒西经》:“颛顼生老童,老童生重及黎,帝令重献上天,令黎邛下地。”《大戴礼记·帝系》:“颛顼娶于滕氏,滕氏奔之子谓之女禄氏,产老童。”《左传·昭公二十九年》说:“颛顼氏有子曰黎,为祝融。”

202 孰湖之兽

吉林蛟河拉法村东的大山,是马身鸟翼、人面蛇尾的形象,是

孰湖地象:拉法小砬子山卫星地图(吉林蛟河)及其线图(赵咪雪绘)

孰湖之兽古图

人面鸮古图

《山海经》所记载的蛮荒古兽。名字一说为“孰湖”，另一说为“英招”，都是人首马身的天神形象。晋郭璞《山海经图赞》：“孰湖之兽，见人则抱。”《山海经》讲孰湖之兽时，还提及了人面鸮。人面鸮应与孰湖之兽是同一地象，因为描述的不同，历史上形成了两个名字。

《山海经·西山经》：“崦嵫之山……有兽焉，其状马身而鸟翼，人面蛇尾，是好举人，名曰孰湖。有鸟焉，其状如鸮而人面，蜼身犬尾，其名自号也，见则其邑大旱。”崦嵫，一作“弇兹”，为“下三皇”之一，是钻木取火的女神，燧人氏之妻。拉法小砬子山整体是一个高盘发髻的女神，或为女神弇兹。一说为扶余王妃。女神南侧的拉法山，是一个男子的头像，与女神为夫妻关系，为主神，或许为弇兹氏的丈夫燧人氏，一说为扶余王。男子的胡须上还有一个男子的头像，是一侍者，为“须神”，是为主神梳胡须的。

吉林蛟河拉法镇东小砬子山仰卧的女神，神主身份有如下说法：

一说神主是扶余王妃，是扶余王的妻子，与拉法山的男子是夫妻关系。拉法山的男子神主身份是扶余王。

蛟河拉法山（王冬辉摄）

二说神主是弇兹氏，是远古钻木取火的女神，是“下三皇”之一燧人氏的妻子。拉法山的男子神主身份是“下三皇”之一的燧人氏。

三说神主是舞神。女神之山有双脚的形象，说明神主是一个钟情于跳舞的远古女神。拉法山的男子是歌神，张开的双唇是唱歌的样子。

203 黍神

黍神，也称“黍星”，为农神，位列八谷星之一，是西方白虎座第五星毕宿之五车星下的八颗小星，是远古时期发明种黍的人。《山海经·大荒北经》：“有叔歜国，颛顼之子，黍食，使四鸟：虎、豹、熊、罴。”叔歜，即肃慎，音近通假。八谷星，为稻星、黍星、稷星、大麦星、小麦星、大豆星、小豆星、麻星。黍，俗称“大黄米”，是中国北方地区种植的农作物。粟，小米。稷，黄米。黍，是古时酿酒的原料，金人尚饮，要消耗大量的粮食。完颜希尹也喝酒，但酒量很有限。

在中国古典天文中，黍神是一颗级别最低的星宿，然而其起源历史久远。中国传统天文学中的星神，有“后来者居上”的潜规则。也就是说，越小的越不起眼的星宿起源越早，与中国远古文明的关系越为密切，因而越发显得重要。黍星的年代最早也许可以追溯到中国人发明种黍的时候。

204 水神

金朝兴起于渔猎文化，对河流有深厚的感情。水神，是主水之神，主宰江河湖海的神，也就是水边的人形山。龙王、海神、河神、江神、湖神、井神皆为水神。山下常有流水，而水流是有方向的，相当于是天然的地理坐标，指示着山川的历史年代的先后远近，标志着人形山的年代、等级、尊卑，以及彼此之间的伦理关系等。完颜希尹家族墓地位于群山之中，不远处为松花江，保留了水神崇拜的历史文化信息。

《金史》记载了时人对泸沟河和黄河的祭祀，反映了古人的泸沟河和黄河的认识，即是当时人们崇拜的水神。《金史·礼志·诸神杂祠·泸沟河神》："大定十九年(1179)，有司言：'泸沟河水势泛决啮民田，乞官为封册神号。'礼官以祀典所不载，难之。已而，特封安平侯，建庙。二十七年(1187)，奉旨，每岁委本县长官春秋致祭，如令。"《金史·礼志·诸神杂祠·昭应顺济圣后》："大定十七年(1177)，都水监言：'阳武上埽黄河神圣后庙，宜依唐仲春祭五龙祠故事。'二十七年(1187)春正月，尚书省言：'郑州河阴县圣后庙，前代河水为患，屡祷有应，尝加封号庙额。今因祷祈，河遂安流，乞加褒赠。'上从其请，特加号曰昭应顺济圣后。庙曰灵德善利之庙。每岁委本县长官

松花江的水神（位于吉林省吉林市，郝金芳摄）

春秋致祭,如令。”

205 死而不亡

“死而不亡”,身死而不被后世遗忘,语出于《老子》第三十三章:“不失其所者久,死而不亡者寿。”死而不亡,形而下者谓之死,形而上者谓之亡。《完颜希尹神道碑》:“死而不亡,于王见之。”碑文称完颜希尹“死而不亡”,给予了极高评价。

“死而不亡”“殁身不殆”是中国古代重要的思想观念,是指为人者虽身死形灭,功业和精神却永存人间。为子孙世代祭祀和怀念,应该说是每一位君王的人生理想。古代君王以此作为人生的至高境界孜孜以求,这是中国古代社会不断发展进步的推动力之一。

206 搜山检海

金天会十三年(1135),萌古斯扰边。完颜希尹与太师宗磐奉熙宗诏北征呼伦贝尔草原各部,《完颜希尹神道碑》称“发其洼落,浮深涉浅”。完颜希尹驱逐萌古斯的这一方法被称为“搜山检海”。太宗时,完颜希尹与宗弼追逐逃亡的宋高宗赵构,也采用了这一方法。

207 台阶神

女真人的房屋是原始的半地穴式建筑，屋子有大约一半的高度在地面以下，从地面下到屋里需要有台阶辅助，完颜希尹老家纳里浑庄的屋舍也是如此。台阶神，即远古时期发明台阶和梯子的人，后世奉以为神。

“上三皇”时期，人类开始修筑房屋，并且设计发明了台阶和梯子。此后，随着楼房的发明，台阶和梯子又发展成了楼梯。在中国古代天文中，台阶神称“内阶星”，在北方玄武座内。内阶，即房屋内的台阶。《开元占经·甘氏中官占五·内阶星占十三》：“《合诚图》曰：‘内阶星，主明堂。’（注曰：宋均曰：阶星，内阶也。）《甘氏赞》曰：‘内阶朱户，显宠念虑。’”

208 饕餮

饕餮，古时吃人的怪兽，它贪残多欲，食人未半而身死，商代和西周以此为禁忌，将其图案铸在青铜礼器表面，祭祀时，下面以炭火焚烧，上面以热水蒸煮，使其备受折磨和煎熬，以示惩戒。

完颜希尹家族墓地的地象，为“狍鸮之兽”，即后世的“饕餮”。《山海经·北山经》：“其状如羊身人面，其目在腋下，虎齿人爪，其音如婴儿，名曰狍鸮，是食人。”饕餮，可能源自于狍鸮。狍鸮为人面、

穷奇食人地象（辽宁省建平县）及其线图（魏茹绘）

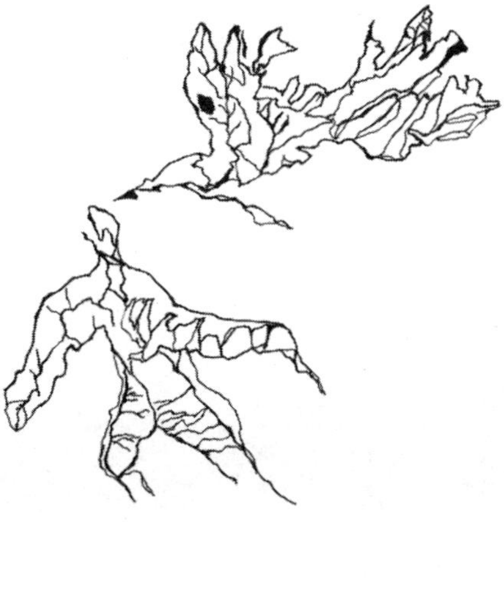

虎齿、人手，吃人，后世把狍鸮和穷奇两种怪兽结合在一起，演绎成为了传世的饕餮的形象。《神异经·西荒经》："西荒中有人焉，面目手足皆人形，而胁下有翼，不能飞，名曰苗民。《书》曰：窜三苗于三危，西裔，为人饕餮，淫泆无礼，曰苗民。"《山海经·海内北经》："穷奇状如虎，有翼，食人从首始，所故窜于此。"穷奇食人，为辽宁朝阳牛河梁北部地象。四川广汉三星堆出土有铜兽，为人面虎齿，为食人之状，应为"狍鸮之兽"，是《山海经》记载的众多的食人兽之一。三星堆之"三星"，应指天、地、水三星，也称"三官"，即尧、舜、禹。

209 陶神

陶神，即制作陶器的神灵。制陶，是将泥土成型之后加以火烧，使之坚固耐用，即俗语所谓的"熏陶"。因制陶要在陶窑中进行，所以陶神也称作"窑神"。中国制陶的历史源远流长，在"上三皇""中三皇""下三皇"祭祀区，以及后来的"五帝"祭祀区内，都有祭祀陶神的现象，有山川望祭的场所，说明陶神崇拜的普及。中华

"上三皇"祭祀区内的陶神之山（河北涉县）

初祖女娲善于制陶，制作了陶塑的人像，留下了“抟土造人”的传说。其后，帝尧称为“陶唐氏”，善于制陶。帝舜也善于制陶，《墨子·尚贤》载“昔者舜耕于历山，陶于河滨”，帝舜于是被后世尊为陶神。与陶神崇拜有关的有陶姓，还有“定陶”的地名，可见古代陶文化的内容十分丰富。

在古代天文体系中，陶神为大神，置身于火神（或太阳神）之列。后来，神格逐渐降低，单为一星，称“周鼎星”或“天鼎星”，在东方青龙第一星角宿之内，摄提星之西。《步天歌》口诀：“五诸侯北有三星，周鼎为名列足形。”

在完颜希尹家族墓地所在的新石器时代遗址内，常有西团山文化陶器出土。完颜希尹家族墓出土有陶砚、陶函等文物，反映了金代制陶的普及。金代的黑釉陶器质地精良，釉面的玻璃化程度很高，是高温烧造的，显得晶莹剔透，已经可以与瓷器相媲美。

金代黑釉陶罐

210 天马行空

完颜希尹家族墓地的地象，是一个长袖善舞的中年男子，为《山海经》中记载的长臂国。距此数十里的地象，是一个人面马身的年轻男子，是今西方天文中人马座在大地表面的一处投射点，在《山海经》中称“孰湖”（或“英招”）之山。西方的人马座，手持弓箭，也称“射手座”，是孰湖（或英招）与参宿中的天弓星的结合体。

天马地象（辽宁葫芦岛南票区马相屯北）及其线图（赵咪雪绘）

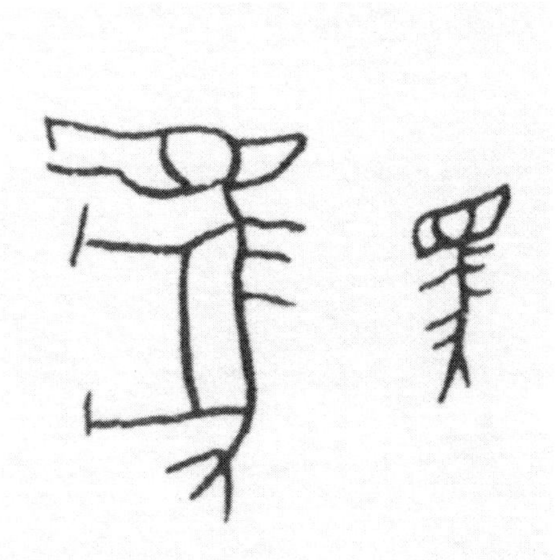

甲骨文中的“马”字

古人对孰湖（或英招）地象的认识起源于黄帝时代，因而是“天马行空”最早的一处起源地。天马行空，比喻文气豪放，不受拘泥，也指异想天开，不着边际。后世也解释为“马到成功”。元刘廷振《萨天锡诗集序》：“其所以神化而超出于众表者，殆犹天马行空而步骤不凡。”

天马是远古时期的图腾。无独有偶，在辽宁南票的红山文化区内，俯瞰之下，可发现有马形的大山，马的形态清晰，动感十足，像甲骨文中的“马”字，这是先民一处马神崇拜的场所。马形大山的南方为马相屯。马相，即马的形象。

天马是人格化、神化了的马，甘肃武威雷台汉墓出土了铜奔马，又称“马踏飞燕”，是凌空奔跑的战马，是“天马行空”的写照。天马，十二生肖之一，为战神。天马拥有不畏强敌、不怕牺牲、拼

甘肃武威雷台汉墓出土铜奔马

搏进取的勇气，是军队崇拜的偶像，也是汉民族最重要的图腾之一。

孰湖（或英招）之山是西方星宿人马座在大地表面的一处投射点，也就是其地象所在。人马座在大地表面的投射点说明这是“天马行空”最早的所在。远古时期，白山黑水之间的居民创造了“天马行空”的历史文化，称“孰湖”（或“英招”）。

211 天使

完颜希尹为西南西北两路都统、元帅右监军，主管外交事务，曾与各国使节打交道。其中，他与南宋大金通问使洪皓的关系，留下了文化史中的一段佳话。洪皓奉宋高宗之命出使金国，被流放于冷山，在完颜希尹家执教多年，为东北地区汉文化的普及做出了重要贡献。

天使，是远古时期发明使节制度的人。在中国古典天文中，使节之神称“天节星”，也称“天使”“天使星”“使星”，在西方白虎座第五星毕宿附耳之南。《开元占经·甘氏外官·天节星占二十七》：“甘氏曰：‘天节小而明，节使忠直；其不明，若不见，奉使无威敬。’《甘氏赞》曰：‘天节奉使，专对无疑。’（注曰：天节以给使命，灵威德于四海。）”

212 天围

女真人为渔猎民族，完颜希尹因袭传统，因而擅长打围狩猎之术。《大金国志》卷三六：“金国酷喜田猎。昔都会宁，四时皆猎。”《辽史·天祚皇帝本纪》：“（阿骨打）其弟吴乞买、粘罕、胡舍等尝从猎，能呼鹿、刺虎、搏熊。”

围神，即天围，是远古时期发明了打围狩猎之术的人。在中国古代天文中，围猎之神称“娄宿”，为西方白虎座第二星，也称“天围”。《开元占经·石氏中官占上一·贯索占十》：“一曰天围。”《开元占经·西方七宿占三·娄宿占二》：“《佐助期》曰：‘娄主苑牧，神名及方，姓台卫。’……《圣洽符》曰：‘娄者，聚众也。’”所谓聚众，指组织人员围猎之事。

除了娄宿，中国古典天文中还有天园星和天阴星，也是畜牧渔猎之神，均在毕宿之内。《开元占经·巫咸中外官·天阴星占四十四》：“巫咸曰：‘天阴五星在毕柄西。’《巫咸赞》曰：‘天阴羽猎，附耳密谋。’”羽猎，即渔猎。

213 天虞

天虞，一作“天吴”，远古异兽。一说即水伯，中国人早期崇拜的水神。水伯为九尾狐的形象，也称“谷神”，即完颜希尹的小名。《山海经》中的水伯为朝阳谷之神，即谷神。晋代郭璞《山海经图赞·九尾狐》：“青丘奇兽，九尾之狐，有道祥见，出则衔书，作瑞于周，以摽灵符。”郭璞在《山海经图赞·天吴》中又赞美说：“耽耽水伯，号曰谷神。八头十尾，人面虎身。龙据两川，威无不震。”

九尾狐古图

《山海经·大荒西经》：“有人反臂，名曰天虞。”反臂，反背着双臂，捆绑之状。《山海经·大荒东经》：“有神人，八首人面，虎身，十尾，名曰天吴。”天吴长着八颗人头，有八只脚、八条尾巴，背饰青黄色的毛。天吴，一说为水伯。天虞、天吴为同一神灵，“虞”“吴”通假。

天虞是反背着双臂的神，也可能还叫作“相顾之尸”。《山海经·海内经》：“北海之内有反缚盗械、带戈常倍之佐，名曰相顾之尸。”意思是说，北海之内有人被反剪双臂捆绑着，带着枷锁，兵器上常以此为装饰，此人名叫相顾之尸。《山海经·海内西经》：“贰负之臣曰危，危与贰负杀窫窳。帝乃梏之疏属之山，桎其右足，反缚两手，系之山上木。在开题西北。”

在完颜希尹家族墓地以北数百公里，从高空俯瞰看，有一处“有人反臂”的地象，位置在穆棱市的东南，“雌”的西南。人像整体头朝东，脚朝西，呈蹲坐的状态，反剪双手，应靠在一根木头上，是《山海经》所记述的“天虞”或“贰负之臣”。

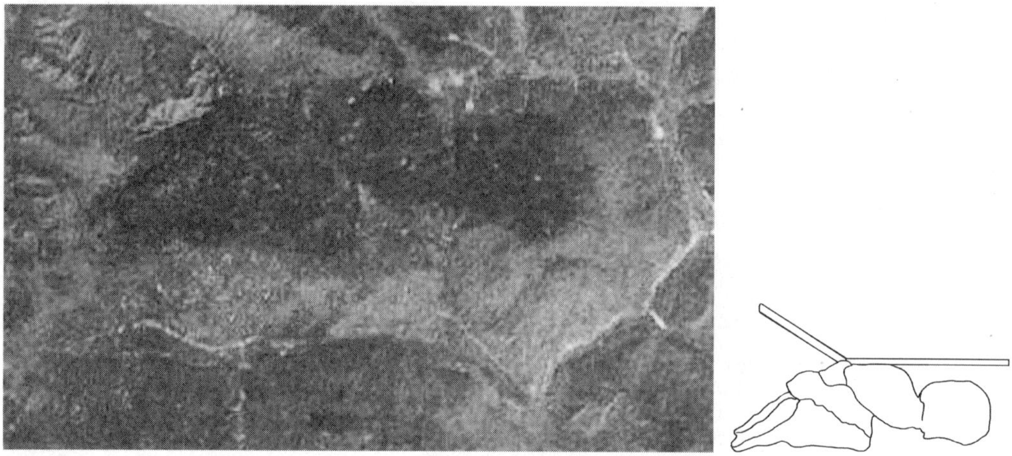

“有人反臂”地象及其线图（赵咪雪绘）

214 天钥

女真人地处北方，天气严寒，生火离不开风箱，也称“风轮”“风匣”。《老子》第五章：“天地之间，其犹橐龠欤？虚而不屈，动而愈出。”橐龠，鼓风工具，即古代的风箱。远古时期，女娲对空气有深刻的认识和利用。流动的空气，即风，故女娲以“风”为姓。传说她发明了排橐，是成排的皮囊组成的大功率的风箱，是冶铜的重要工具，需要多人协同操作才能满足冶炼之需。橐，完整的羊皮或牛皮。

天钥，是远古时期发明风箱的人。在中国古代天文中，称“天钥星”，转化成了主管祭祀之事。《开元占经·巫咸中外官·天钥星占二十三》：“巫咸曰：‘天钥八星，在南斗南，杓第二星西。’（注曰：天钥，琯钥也。）《巫咸赞》曰：‘天钥祀记，稽问莫疑。’”

215 天柱

完颜希尹家族墓地有石望柱，一说即图腾柱或天柱。其貌似男根，是古人生殖崇拜的反映，墓前树一根柱子表示家族兴旺的意思。

天柱，是天地的支撑，象征着中华民族的起源。墓葬之旁树立起天柱，自然有其象征意义。所以，汉族人的墓葬常以石望柱为地面标志。如广西桂林的靖江王陵，墓前可见有石望柱，说明

广西桂林靖江王陵的石望柱

石望柱是一种普遍的墓葬文化。

《淮南子·天文训》：“昔共工与颛顼争为帝，怒而触不周之山，天柱折，地维绝。天倾西北，故日月星辰移焉；地不满东南，故水潦尘埃归焉。”天柱，即天柱山，原址在山西左权桐峪镇，因为历史上的大地震而倒塌，断成了三截。广西韶关丹霞山有阳元石，是天柱的模样，体现了远古时期的生殖崇拜。广西桂林阳朔县黄布滩也有天柱之山，形制如同一只蘑菇。

广东韶关丹霞山阳元石

216 田神

女真人重视农业，粮食、蔬菜、瓜果的种植十分普及。田神，即农耕之神，发明了牛耕和田亩之术。原型人物为上古时期的后稷和叔均。后稷为帝喾之子，为尧舜时期的农正。叔均为后稷之孙，一说为后稷之侄，他始作牛耕，结束了刀耕火种、象耕鸟耘，被后世奉为田祖，即田神。《史记·封禅书》：“自禹兴而修社祀，后稷稼穑，故有稷祠，郊社所从来尚矣。”王维《凉州郊外游望》：“野老才三户，边村少四邻。婆娑依里社，萧鼓赛田神。洒酒浇刍狗，焚香拜木人。女巫纷屡舞，罗袜自生尘。”

在中国古典天文中，田神称“天田星”。《开元占经·甘氏中官占五·天田星占四十二》:"甘氏曰:'天田二星在右角北。'《甘氏赞》曰:'天田处界,县邑正邪。'"

217 同舟共济

同舟共济,意思是说坐一条船共同渡河,比喻团结互助,战胜困难。语出于《孙子兵法·九地篇》:"夫吴人与越人相恶也,当其同舟而济,遇风,其相救也如左右手。"

同舟共济是人类的美德,在完颜希尹身上有深刻的反映。天辅六年(1122)三月伐辽之战,完颜希尹追击逃亡的辽天祚帝于白水泺,途中见一女名忽土特满,携六岁子石抹荣流离于道路,衣食无所,靠行乞度日,遂给以衣食,纳为次室,以石抹荣为义子。①

①石抹:契丹姓,汉姓称萧。

在金兵南下灭北宋的河中府(山西运城之蒲州)之战,完颜娄室追击弃城逃走的宋军。先逃走的宋军烧毁河桥,后至的宋军走投无路,纷纷跳进河里,溺于汹涌的河水。完颜娄室见状,令金军分列于两岸,全力营救落水之人,使五百多名宋兵得救。完颜娄室遂得仁义之号,英名响彻大江南北。《完颜娄室神道碑》:"蒲人西走,先出者焚桥而去,余溺于河,使并流拯之,活其卒五百人。"完颜娄室的所作所为,恰合《孙子兵法》"同舟共济"之事。

218 网神

女真族是一个渔猎民族,结网是基本的生存技能。结网之事起源久远,是远古民俗的延续。完颜希尹家族墓地所在的新石器时代西团山文化遗址,出土了为数众多的石网坠,多为扁平鹅卵石打制而成,长度6~10厘米不等,是渔猎文化的遗存。

网神，也称“绳神”，就是远古时期发明和使用渔网捕鱼的人，为渔猎民族所信奉的神。“上三皇”时期，天皇氏教民种麻，人们有了衣装，开始结绳记事，同时学会了结网捕鱼，文明程度得到了极大提高。

在中国古典天文中，网神称“天纲星”，北方玄武第六星室宿的下级星官，在北落星的西南。《开元占经·甘氏外官巫咸中外官·天纲星占四十一》瞿坛悉达注：“天纲，大绠索也，以张帐幔。天子游犒，野次所须。”天纲星发明了大绳索，有诸多用途。纲，绳索。

219 望山

唐朝诗人贾岛有《望山》诗：“南山三十里，不见逾一旬。冒雨时立望，望之如朋亲。”说明唐时有望山之俗。但是，这种望山只限于观山望景，并不是远古时期的山川望祭。

望山，是山川望祭的场所。完颜希尹家族墓地所处新石器时代王磨坊遗址的群山，是由多个人形山组成的。登高望祭于群神，这个场所称“望山”，是最佳的观测点。望山是祭祀的祭坛，古人在此登高以祭。祭坛一般呈金字塔形，所以也称“金字塔式祭坛”。望山是望祭的场所，人形山附近多有望山，是人形山的文化衍生物之一。

福建龙岩江山风景区“睡美人”及其望山

220 文武双全

文武双全，是说一个人能文能武，文才和武艺都很出众。金史学者常以“文武双全”来形容完颜希尹。完颜希尹年轻时跟随阿骨打，在伐辽之战中立下过赫赫战功，帮助阿骨打建国。接着，他又辅佐了金太宗，参与主持灭宋之战，拥立了汉文化程度很高的金熙宗继位。他还是女真文字的发明者之一，大大推进了女真民族的文明进程。

221 文星高照

完颜希尹参与发明女真文字，尤喜欢文墨，他对征战中所得文士皆以礼相待。完颜希尹主持发明女真文字，被称为“再世仓颉”，即文星转世。所以，完颜希尹的贞宪郡王庙，后世也有人直呼贞宪郡王庙为仓颉庙的。仓颉，一作“苍颉”，造字祖师，为文昌星。仓颉庙，即文昌殿或文星阁，供奉文昌星。

“文星高照”民俗花钱

造字祖师仓颉为猪神，称“奎星”，为西方七宿第一宿。仓颉，一说为神农氏之名，历史上有多位仓颉，称“苍帝”。到了黄帝时，仓颉依然在世，辅佐黄帝打败了蚩尤。到了隋唐时期，文星由奎星演变为魁星，在天空中的位置也发生了变化。魁星在北方玄武之内，是一个恶鬼的模样，站在神鳌之上，一手执笔,一脚踢着墨斗,所谓"魁星踢斗,独占鳌头"。鲁迅《朝花夕拾·二十四孝图》:"只好偷偷地翻开第一页,看那题着'文星高照'四个字的恶鬼一般的魁星像。"这里所说的文星,即魁星,是一个恶鬼的样子。

222 五官

五官,指眼、耳、齿、鼻、舌五种人体器官。五官之名起源久远,上古没有类似现代的政府机构,"五官"于是衍化成为政府机构的代名词,代表了相应的政府职能。

五官,也是历史地理学的名词,是远古时期的人形山或者人头山,处于主神五官的位置。人形山虽同为人形,社会地位却不同,等级有高下之分,有君臣佐使的功能差异。部族的首长(主神)往往配有五官神,起着陪祀或侍者的功能。因此,主神的五官之处往往有五官神。《太平御览》卷八八一引《龙鱼河图》:"耳神名娇女,目神名珠映,鼻神名勇卢,齿神名丹朱。"丹朱,帝尧之子。此外,还有发神(梳头的)、衣神(整理衣物的)、须神(梳理胡须的)、心腹神、臂膀神等,都是部族首长的下级官员或者子孙。

完颜希尹家族墓地处于多座人形山之中。这些人形山地位有主次之分,主神往往有陪祀,为主神的侍者、从官、幸臣,为弟子、子孙或者臣僚的形象。吉林蛟河拉法镇西侧有附禺之山,主神是男子的头像,胡须之处还有头像,为陪祀的须神,是为主神梳理胡须的子孙的形象。

如果把人类社会比作是一个人,头脑、眼、耳、齿、鼻、舌、胳膊、臂膀、脊梁、手、脚、腿、心、腹等各个器官就代表了各个职能部门的社会分工。比如,皇帝被称为"元首",也就是头脑;核心的大臣被称为"心腹";得力的助手被称为"左膀右臂";等等。人类社会的发展有清晰的规律,就是对人体机能不断的延伸替代和互相协调,比如轮子和火箭,就是对人类腿的延伸。人体机能的延伸和彼此协调就构成了人类社会的发展,自古如此。

223 雌

雌，音委，是以尾倒挂树上的猴子，地象为距完颜希尹家族墓地以东数百里的黑龙江穆棱市东南方的大山，高空俯瞰之下，呈现出一只以尾倒挂树上的猴子的形象。它一只手置于下巴处，应为《山海经》中记载的瑞兽“雌”。《山海经·中山经》：“又东五百里，曰

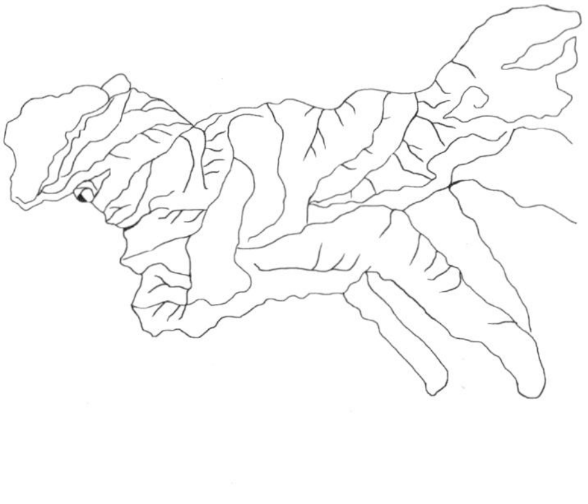

雌之山（黑龙江穆棱市）地象及其线图（赵咪雪绘）

鬲山，其阳多金，其阴多白珉。蒲鸛之水出焉，而东流注于江，其中多白玉，其兽多犀、象、熊、罴，多猿、蜼。”鬲山，是蜼所在的大山。蜼，一说也作猩猩。《山海经·海外南经》：“（狄山）爰有熊罴、文虎、蜼、豹、离朱、视肉。”蜼，即或猴子。

民俗传说，蜼是预报雨水的动物。当要下雨时，蜼会把自己倒挂在树上，用两根手指堵住鼻孔，防止雨水流入鼻子里。因为能预报下雨，所以蜼就成了雨的符号。

224 屋神

考古发掘表明，完颜希尹家族所在的冷山地区，是一种半地穴式的居室。《大金国志》卷三九：“冬极寒，屋才高数尺，独开东南一扉。扉既掩，复以草绸缪塞之。”

女真族这种半地穴式建筑来自于远古时期，保留了中国早期民居的基本形态。屋神，为远古时期设计发明房屋居室的人。中国人发明了筑墙术，随之产生了墙神崇拜。屋神出现在墙神之后，他设计发明了房屋居室，人类的生存质量因此有了极大的提高。

在中国古典天文中，屋神为营室，即室宿，为北方玄武第六星。屋神另有氐宿、房宿、盖屋星、库楼星、楼星等多位，表明房屋建筑对古人的重要性。其中，氐宿、房宿在东方青龙座中，盖屋星在北方玄武第五星危宿之内。

屋神之中，屋梁神广受祭祀。女真族的房屋是半地穴式建筑，茅檐低小，要有屋梁作为支撑结构。屋梁是房屋的骨架和承重系统，是传统建筑的重要部件。盖屋过程中，上梁是至关重要的环节，民俗中要选择吉日良辰，放鞭炮，发赏钱，进行祭祀活动。《开元占经·甘氏外官·盖屋星占十二》：“甘氏曰：‘盖屋二星在危南。’（注曰：主盖治之官也。）《甘氏赞》曰：‘危盖屋室，柱梁侏儒。’”

225 舞神

舞神，上古时期发明跳舞的人，常与歌神相伴。“上三皇”“中三皇”“下三皇”祭祀区内，都发现有舞神之山，是舞神的山川望祭之所，说明跳舞在远古时期就已经是深受群众喜爱的活动。

女真族能歌善舞，祭祀、婚嫁、集会等场合都要唱歌跳舞助兴。蛟河拉法小砬子山与完颜希尹家族墓地相距不远，造型是一个高盘长发的女子。女子为全身像，可见有女子的双脚。一般的人形山只表现人头和躯体的轮廓和形象，之所以要表现出双脚，应是突出双脚对于女神的重要性，因而女神可能是善于跳舞，是一位舞神。与此相对应，她旁边的男子应为歌神。

226 西瓜

中原地区初无西瓜，得之于北胡。西瓜最早见于五代胡峤所著《陷虏记》：“自上京东去四十里，至真珠寨，始食菜。明日东行……遂入平川，多草木，始食西瓜。云契丹破回纥得此种，以牛粪覆棚而种，大如中国冬瓜而味甘。”

据该文献，西瓜由回纥传入契丹，复由契丹传入女真。因此，中国北方金代已经有西瓜的种植，洪皓在金国期间在完颜希尹家吃过西瓜。洪皓《松漠纪闻》：“盖使金虏，贬遁阴山，于陈王悟室得食之。云种以牛粪，结实大如斗，绝甘冷，可蠲暑疾。”又说：“西瓜形如匾蒲而圆，色极青翠，经岁则变黄。其瓞类甜瓜，味甘脆，中有汁，尤冷。《五代史·四夷附录》云：‘以牛粪覆棚种之。’予携以归，今禁圃乡囿皆有。亦可留数月,但不能经岁,仍不变黄色。鄱阳有久苦目疾者,曝干服之而愈,盖其性冷故也。”

227 陷阱神

陷阱,是渔猎文化的重要发明,是捕捉动物的设施,为打猎之所需。远古时期,中国人为了驯养各种野生动物,因此发明了陷阱。殷商时期,甲骨文中有“陷鹿”“获鹿”的记载,说明陷阱已是常用的狩猎设施。女真人生活在东北地区,以渔猎为生,设置陷阱是基本的生存技能。

在中国古典天文中,陷阱神称为“八魁星”,在北落星东南方,是军营里的陷阱。八魁星最初似乎是一个方位神,主八方,只是后来成为了陷阱之神。《开元占经·甘氏外官·八魁星占十四》:“《甘氏赞》曰:‘八魁陷阱,栈门揭翘。’”

228 玄鉴

玄鉴,事物留在头脑中的映像,道家的内观自省之法。鉴,照鉴,镜鉴。《老子》第十章:“涤除玄鉴[①],能无疵乎?”《淮南子·修物训》:“执玄鉴于心,照物明白。”

①鉴,一作“览”。

玄鉴,为闭目精思之法,为完颜希尹所用。南宋苗耀《神麓记》称“兀室身长七尺余,音如巨钟,面貌长而黄色,少须髯,常闭目坐”。闭目坐,即道家的玄鉴。完颜希尹机权方略,深不可测,故史有“黠虏”之谓。金熙宗也畏其智术,深切忌之。

“玄鉴”之说出于古代道家,其说后来被儒家采纳。《论语·学而》:“曾子曰:‘吾日三省吾身:为人谋而不忠乎?与朋友交而不信乎?传不习乎?’”其中所谓“三省吾身”,即为“玄鉴”之法。东汉时，张道陵把这种方法又收归于道家，发展了这种内观自省的方法，形成了拜忏首过之术，时时检点自己的言行，在道教中影响极其深远。玄鉴之说也见于佛家，称“参禅”，名虽不同，其实一也。

229 盐神

盐为日常生活所必需，是食物中的必要成分，有海盐、井盐、池盐、岩盐之分。女真族深受海洋文化的影响，懂得从海水中制盐。《开元占经·甘氏中官·咸池星占七十三》引《合诚图》：“咸池，主五谷。”盐神，也就是远古时期发明了晒盐、煮盐的人。在中国古典天文中，盐神称“咸池星”。咸池，即盐池，蓄存海水之池，为远古时期发明的晒盐场所。

咸池不仅是用来取盐，也是一种海中捕鱼的设施。《开元占经·甘氏中官·咸池星占七十三》引《淮南子》：“咸池者，水鱼之囿也。”咸池是水鱼之囿，是海中捕鱼的设施，今称“石沪”。在中国沿海地区存有众多的远古时期的人形或人头形的海岛，其中就有盐神的形象，其对应的星宿即咸池星，为海中捕鱼和取盐的神，是海洋文化的历史遗存。

“水鱼之囿”：澎湖湾的捕鱼石沪

230 驿神

驿站，是古时传递物资、信息、情报，以及供应来往人员途中食宿的场所，一说古时也作“传舍”。驿神，即远古时期发明设计驿站的人。在中国古典天文中，驿神称“传舍星”，在北方玄武座内。《开元占经·甘氏中官占五·传舍星占十七》：“甘氏曰：‘传舍九星，在华盖上，近河傍。舍，宾客之馆舍也。’巫咸曰：‘传舍，水官也。’焦延寿曰：‘传舍星入紫微宫垣间，胡人来入汉宫害上，若胡兵大起。’《甘氏赞》曰：‘传舍止客。’”

231 刑天之山

刑天，远古时期的英雄，神话人物，也作“形天”。刑天之山，距

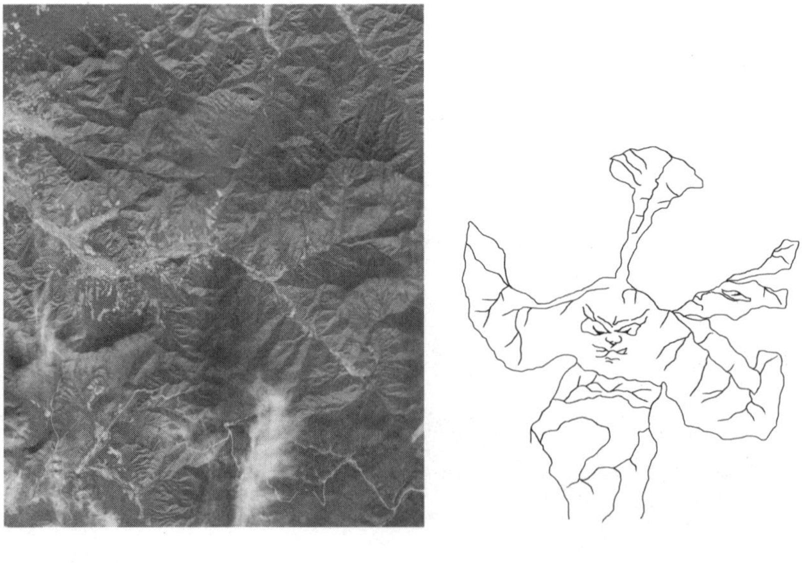

“刑天舞干戚”地象（黑龙江林甸县）及其线图（赵咪雪绘）

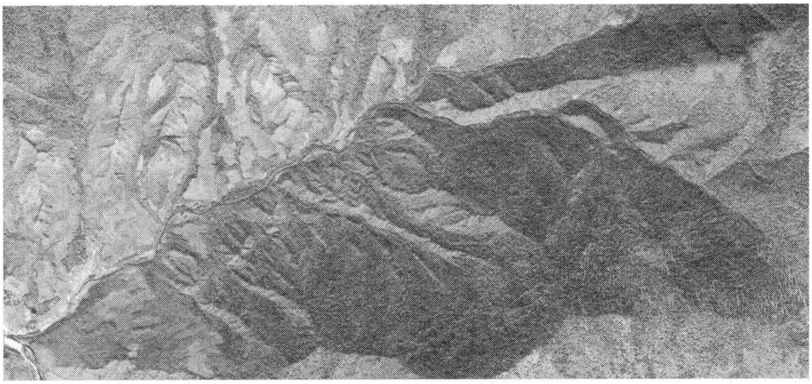
刑天的头部地象

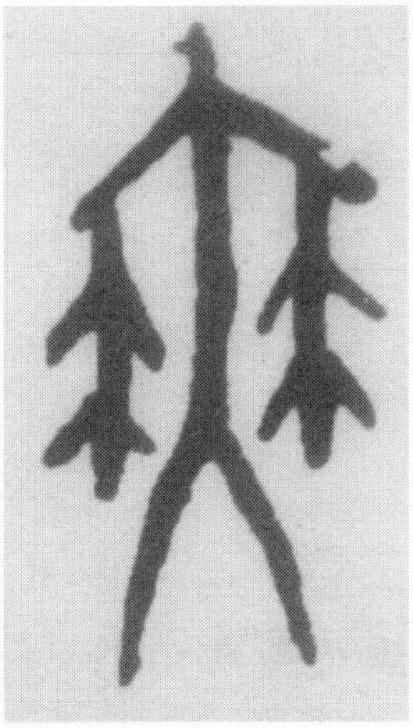
甲骨文中的“舞”字

离舒兰小城完颜希尹家族墓地以东上百公里的林甸县长青林场周边，高空俯瞰是一个断头的男子形象，头放在身躯的一旁。躯干有双眼、口、鼻的形象，双乳之处是双眼，脐部是口、鼻，是《山海经》记载的“刑天之山”。刑天的脖颈的所在为黄菠萝台村，是一处重要的地面标志。刑天之山以北，是一个人面犬耳的神，耳边有两座蛇形的山，身上装饰着虎头，应是《山海经·大荒东经》记载的“奢比之尸”。

《山海经·海外西经》：“形天与帝至此争神，帝断其首，葬之常羊之山，乃以乳为目，以脐为口，操干戚以舞。”帝，指颛顼帝。常羊之山，或为刑天之山的古名。晋陶渊明《读山海经》诗：“刑天舞干戚，猛志固常在。”黑龙江省林甸县的“刑天之山”，是古典神话“刑天舞干戚”的历史发生地，地象图十分像甲骨文中的“舞”字。

232“因粮于敌”

《孙子兵法·作战篇》：“善用兵者，役不再籍，粮不三载，取用于国，因粮于敌，故军食可足也。”金军行用的“因粮于敌”的作战体系，正好践行了《孙子兵法》。

金兵作战装备是自给，而作战所需的粮食、草料、财货均多取自于敌国。在这种作战体系之下，部队只有与敌国军民打成一片，才能有衣穿、有饭吃，才能有生存的保障。金兵知道“一分拼搏，一分收获”的道理，因而专心于作战，无暇后顾，具有很高的作战效率。

金兵懂得“精兵简政”，有久远的历史渊源。轩辕黄帝在战蚩尤时教会百姓识别敌军的战旗，称“蚩尤旗”，又发明制造了指南车，车上树立一木人指向南方，时刻指示敌人的所在。用简单的办法明确作战意图，让每一个士兵都清楚作战的方向和目标，从而实现了对部队的整体指挥。

233 英招之兽

英招之兽，上古瑞兽。吉林蛟河拉法村东的大山，从卫星地图看，山的造型是一个马身、人面、长着翅膀的年轻男子的全身像。形态与《山海经》记载的“英招”相对应，一说应是《山海经》中的英招之神，可以与历史上的英招古图相互对照。《山海经·西山经》：“英招司之，其状马身而人面，虎文而鸟翼，徇于四海，其音如榴。”英招，一说为孰湖，二者形态相近。

英招之兽古图

英招，史籍中或亦称为“盖马”。《三国志·魏书·东夷传》：“东沃沮在高句丽盖马大山之东，滨大海而居……汉武元封二年(前109)伐朝鲜杀满孙右渠，分其地为四郡，以沃沮为玄菟郡……在单单大岭之东。"这里的"盖马大山"，应是汉魏时期对英招山的称呼。英招为马身人首，翅膀如张盖，故可云为"盖马"。沃沮，或云为窝集、乌稽，即勿吉，女真在汉魏时的称谓，四者音近通假，意为"森林部落"。

234 鱼化龙

鱼化龙，为龙头鱼身的形象，是民间图腾，一作"摩羯"。民间故

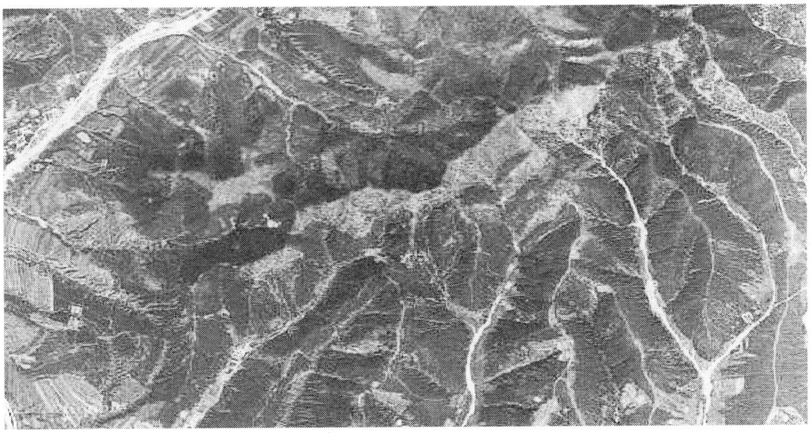

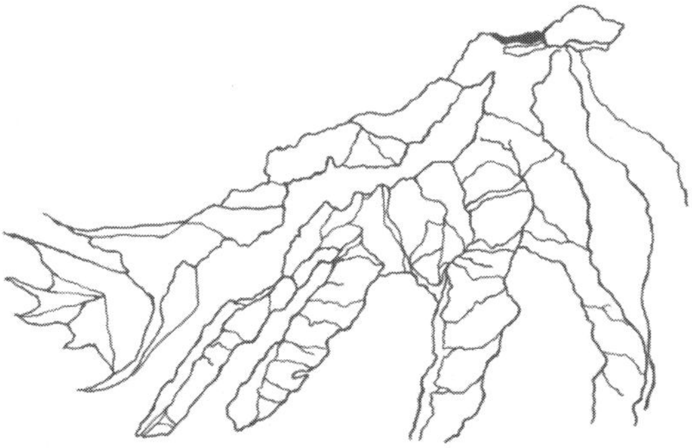

大鲠地象及其线图
(魏茹绘)

事中，鲤鱼跳过龙门之后变成龙，故而一半是龙，一半是鱼，表示鲤鱼化龙的过程，常见于绘画、雕塑之中。鱼化龙是一个艰苦蜕变的过程，一条鲤鱼只有不断努力，才能不断成长，最终跳过龙门，成为一条腾飞的龙。鱼化龙的故事，表达了古人对成功、对胜利的渴望，具有教育意义。海陵王完颜亮有《书壁述怀》诗讲“鱼化龙”之事：“蛟龙潜匿隐苍波，且与虾蟆作混和。等待一朝头角就，撼摇霹雳震山河。”

鱼化龙，也作“龙鱼”。《山海经》记述有龙鱼陵居，是鱼和龙的结合体，也称“大鲠”。龙鱼陵居，从高空俯瞰，是一条鱼的样子，身体卷曲，像一个古篆“龍”字，故而得名。鱼化龙，应是《山海经》的龙鱼在后世的衍化。

235 鱼神

鱼神，也称“鱼妇”。民间崇拜的鱼神是一位女神，它是美人鱼的形象，是一位已婚的妇女。鱼神崇拜由来已久，是渔猎文化的图腾。渔猎文化是海洋文化的延伸。最初的人类生活在海边，向大海讨生活，形成了海洋文化。后来人类迁居内陆，变成以打鱼、打猎为主，即渔猎文化。在中国古典天文中，鱼神称“鱼星”，在东方青龙七宿第六星尾宿之内，有降雨的功能。《开元占经·石氏外官·鱼星占八》引《春秋元命苞》曰：“鱼星主云旗，统阴事，调和云雨之期。”

在中国远古历史中，鱼神有多位。黄帝之妻彤鱼氏为鱼神，彤鱼氏所在的大山样态如同一只巨大的鱼，称为“龙鱼”。鱼妇是美人鱼的形象，是一位已婚的妇女，鱼妈妈无论在什么样的情况下都会照顾好自己的孩子，是儿女们的依赖。

《山海经·大荒西经》：“有互〔氐〕人之国，炎帝之孙名曰灵恝，灵恝生互〔氐〕人，是能上下于天。有鱼偏枯，名曰鱼妇，颛顼死即复苏。风道北来，天乃大水泉，蛇乃化为鱼，是为鱼妇。颛顼死即复苏。”颛顼死即复苏，指后世复以颛顼为名，示其不死也。

彤鱼氏，为鱼族，是在海边打鱼的部落。在河北承德县上谷村南，有彤鱼氏所在的大山，陪祀于轩辕黄帝之旁。她的双脚之处是一条鱼的尾巴，故知彤鱼氏为美人鱼，为《山海经》中的“鱼妇”。辽宁朝阳牛河梁女神庙（蚕神庙）中出土了陶塑女性乳房的残块，应是来自于彤鱼氏陶像的乳房。在陪祀于黄帝之旁的众妻之山中，可以发现只有彤鱼氏有高耸的乳房，形态和比例都与神庙中出土的陶塑乳房残块相仿。

完颜希尹家族墓地的地象是一个男子怀抱大鱼，应是《山海经》记载的“长臂国”，是彤鱼氏的老家。彤鱼氏为鱼神，传说她发明了筷子和中餐。还有传说，她生子挥公，是张姓之始。

236 雨神

雨神，民俗中主管降雨的神，属于水神之一。龙王是著名的雨神，主管降雨。龙王的名字，《山海经》称为“计蒙”，是“龙首人身”的山神，为上古四岳之一的东岳，也是天界掌管飘风暴雨的神，还是雨神。《山海经·中山经》：“又东百三十里曰光山。其上多碧，其下多木。神计蒙处之，其状人身而龙首，恒游于漳渊，出入必有飘风暴雨。”在中国古典天文中，雨神称“云雨星”，主降雨。与云雨星相伴的还有霹雳星，应为雷神之一。

金代崇尚雨神祭祀，对龙王十分崇拜，久旱必要求雨，是很重要的民俗文化活动。《松漠纪闻》记录有完颜希尹与龙的事迹：“乙卯岁（1135），有二龙，不辨名色，身高丈余，相去数步而死。冷气腥焰袭人，不可近。一已无角，如截去。一额有窍，大若当三钱，如斧凿痕。悟室欲遣人截其角，或以为不祥，乃止。”

《金史》中也有祈雨的过程的详细记载。《金史·礼志·祈禜》：“大定四年（1164）五月，不雨。命礼部尚书王竞祈雨北岳，以定州长贰官充亚、终献。又卜日于都门北郊，望祀岳镇海渎，有司行事，礼用酒、脯、醢。后七日不雨，祈太社、太稷。又七日，祈宗庙，不雨，仍从岳镇海渎如初祈。其设神座，实樽罍，如常仪。其樽罍用瓢齐，择甘瓠去柢以为尊。祝板惟五岳、宗庙、社稷御署，余则否。后十日不雨，乃徙市，禁屠杀，断伞扇，造土龙以祈。雨足则报祀，送龙水中。十七年(1177)夏六月，京畿久雨，遵祈雨仪，命诸寺观启道场祈祷。”

237 狱神

狱神，为远古时期发明监狱的人。民俗中，上古时期的皋陶为狱神，负责审理案件。他画地为牢，建立了监管罪犯的场所。狱门上部虎头形的装饰是其形像，称“狴犴”，为“龙生九子”之一，形似虎，生平好讼，有威力，立于狱门，执掌狱事。

在伐辽作战中，完颜希尹派遣完颜娄室活捉了逃亡的辽天祚帝，于是效法“画地为牢”的历史典故，没有把他关进监狱，而是降格为海滨王，发给封地，限制人身自由。后来，宗翰、希尹克宋，对俘获的宋徽宗、宋钦宗也如法炮制。金国的监狱也是“画地为牢”的延伸，《大金国志》卷三六：“其狱掘地数丈，置囚于其中。”

在中国古典天文中，狱神称“天牢星”，也作“天狱”，是囚禁贵族的场所。《开元占经·石氏中官·天牢星占五十六》：“《黄帝占》曰：‘天牢，贵人之牢也，在北斗魁下，所以禁暴横。’”与天牢星相联系的，有贯索星，是捆人的绳索。就是说，要把不服从监狱管理的人捆绑起来。此外，狱神还有天理星，《开元占经·甘氏中官·天理星占十二》：“《乐纬》曰：‘天理，贵人之牢也。’”

238 鱼盐之神

在女真族的文化中，有鱼神、盐神，还有鱼盐之神。鱼和盐是古人生活物资，关系密切，故合称为“鱼盐”。另一方面，处理鱼要使用盐，盐可以使鱼处于脱水的状态，减缓了细菌的繁殖，延长了鱼肉的保质期限，因而鱼盐之术大大提高了古人的生活质量，是一项重要的发明。女真文化以打鱼、打猎为主，有鱼有盐，咸鱼是日常饮食的一个重要来源。

在中国古典天文中，鱼盐之神称“螣蛇星”，主管鱼盐之事。《开元占经·石氏中官占上一·螣蛇星占二十九》：“黄帝曰：‘螣蛇星明，水虫茂，鱼盐贱。星不明，则水虫衰耗，鱼盐贵。’”

239 元夕

元夕，即正月十五，为中国传统节日上元节，是祭祀天官的日子。天官的历史人物原型为帝尧，他首倡禅让制，这是中国最早的领导人退休制度。按照道教规制，每年正月十五上元日祭天官，七月十五中元日祭地官，十月十五下元日祭水官，此即“三元日”。天官、地官、水官分别是上古时期的尧、舜、禹，天官赐福，地官赦罪，水官解厄，各有其职。

正月十五这一天也是完颜希尹的生日。历史上的女真族历法落后，本无生日的概念，所以也就没有人记得完颜希尹的生日。洪皓《松漠纪闻》：“兴兵以后，浸染华风，酋长生朝，皆自择佳辰。”金兵战胜辽、宋之后，受到华风侵染，完颜希尹选择了正月十五作为自己的生日，因为这一天是十分隆重的民俗节日。金代元好问有《京都元夕》诗：“袨服华妆着处逢，六街灯火闹儿童。长衫我亦何为者，也在游人笑语中。”

240 月神

南宁洪皓《松漠纪闻》载：“女真旧绝小，正朔所不及，其民皆不知纪年，问则曰‘我见青草几度矣’，盖以草一青为一岁也。”《大金国志》卷三三：“国初用兵行师，未知有时日支干、孤虚旺相之法，天文之官亦未备。”女真人不知正朔，不知纪年，是因为长期与中原地区隔绝，又没有相应的天文历算人才导致的。

月亮是地球的卫星，中国人观测月亮的历史由来已久。月神，是远古时期测月的人。在“上三皇”“中三皇”“下三皇”祭祀区内，都发现有月神之山，为古人祭月之所。《山海经·大荒东经》：“有女和月母之国。有人名曰鹓——北方曰鹓，来之风曰狻——是处东极隅以止日月，使无相间出没，司其短长。”

古人根据月相变化周期，已经确定出每月有三十天，每年有十

“上三皇”祭祀区内的月神之山

二个月。古时以此为标准判断时间，指导打鱼、狩猎、放牧、耕种、砍树、祭祀等生产实践和社会实践活动，此称为“月令”。《山海经·海内经》：“共工生后土，后土生噎鸣，噎鸣生岁十有二。”“噎鸣生岁十有二”，一说是噎鸣测定了一年有十二个月。在中国古典天文中，月神称“月星”。需要注意的是，月星，不是月亮，而是研究月亮、测月的神，是一位星神，在西方白虎第四星昴宿之内。《开元占经·甘氏中官·月星占七十四》：“甘氏曰：‘月一星，在昴东，主女主大臣之象也。《甘氏赞》曰：‘月明刑度，光生蟾蜍。’’”

月神有多位，最著名的月神莫过于嫦娥了。嫦娥，原作“姮娥”，一说即《山海经·大荒西经》所记“生月十二”之常羲。古音读羲为娥，逐渐演变为“嫦娥奔月”。唐代徐坚《初学记》卷一引《淮南子》：“羿请不死之药于西王母，羿妻姮娥窃之奔月，托身于月，是为蟾蠩，而为月精。”

241 灶神

在中华文明的早期，人们的食物主要是生食，所谓“茹毛饮血”。后来人们学会了用火，吃烧烤的食物。火神满足了生活之需，结束了茹毛饮血的生活方式。距今7000年前的仰韶文化时期，已经见有陶灶出土，表明烹饪的出现。5000多年前，随着中餐的发明和普及，灶具进一步发展，置于厨房之内，也有了相应的灶神和厨神崇拜。早期的厨神，也为“灶神”。可以说，厨灶是同中餐一起发展起来的，二者具有平行的关系。

洪皓《松漠纪闻》记载了完颜希尹的纳里浑庄为“穴居百家”。根据有关发掘材料，所谓“陈王悟室聚落”，应是长方形或椭圆形半地穴式房屋群。这些房屋一般长4~5米，中部或墙角有用石砌成的灶址。灶，是中国传统的厨房设施。

中国古典天文中，厨神有多位，有内厨、外厨、天厨、帝席之分，反映了古代中国丰富多彩的饮食文化。内厨星，主百姓日常生活的饮食；外厨星，主军食，为行军打仗时的饮食之需，属于战神系列；天厨星和帝席星，是高级厨师，主天庭飨宴，负责制作精美细致的饮食和菜肴。

242 张姓

张姓，是中国人口数量最多的大姓之一，全世界现有的张姓人口接近1亿，俗语有“张王李赵遍地刘”的说法。张姓的始祖名叫张挥，后世尊为“挥公”。一说，挥公是轩辕黄帝的儿子，为黄帝第三妃彤鱼氏所生。彤鱼氏是中华民族的人文初祖之一，传说她发明了筷子，设计研发了烹饪之术，设计了多种中国的传统菜肴，是中餐的创始人之一，被后世尊为“厨神”。

完颜希尹家族墓地的地象，是一个怀抱大鱼的男子，显示了远古时期的鱼神崇拜。据《山海经》的记载，这处地象的所在，应是彤鱼氏的老家。可见，完颜希尹与彤鱼氏是同乡的关系。

243 “知其白，守其黑”

太极图

“知其白，守其黑”，语出《老子》第二十八章：“知其白，守其黑，为天下式。为天下式，恒德不忒，复归于无极。”白，宋代范应元注：“昭明也。”黑，范应元注：“玄冥也”。黑白，宋代即阴阳之别谓。

“知其白，守其黑”，是远古时期山川地理学的重要内容。黑是

“知其白，守其黑”：温州雁荡山的人形山和祭坛（浙江省永嘉县）

大山的轮廓，白是大山垭口处的天空。黑色的山岭和白色的天宇互为补充，是《老子》“知其白，守其黑”思想的具体体现。比如，温州中雁荡有一处人形山，黑色的山体是一个仰卧的黑人女子的形象，脸朝上，白色的虚空部分是一个俯卧的白人女子的形象，脸朝下。这种黑白兼顾、俯仰结合、对称互补的设计建造模式体现了中国传统的思维方式。这种整体思维，流传了漫长的年代，后来总结成为阴阳对立互补的太极图样式，是中国的传统思想。完颜希尹家族墓地地表的人形山系统体现了这种整体论。

观察人形山有两种方式，一是以大山为表达的主体，将大山想象成人的样子，即人形山或人头山。另一种是天空为表达主体，大山之间的空间形成人形或人头形，是真正有用的部分，大山只是辅助。此如《老子》第十一章所谓：“有之以为利，无之以为用。”

虚空中的群像（安徽黄山焦村）

244 中餐

金代的饮食体系为中餐，包括煎、炒、烹、炸、炖等形式。完颜希尹家族墓地的地象为《山海经》记载的“长臂国”，是传世文献记载的轩辕黄帝之妻彤鱼氏的老家，是中餐的历史发源地之一。金代的日常餐具有锅、碗、瓢、盆之类，都是中餐的用具。

彤鱼氏的历史贡献是发明了筷子和烹调术。传说上古女神燧人氏之妻弇兹发明了钻木取火，人们因此结束了茹毛饮血的时代，有了烧烤的熟食。《太平御览》卷七八引《礼含文嘉》：“燧人氏钻木取火，炮生为熟，令人无腹疾，有异于禽兽。”到彤鱼氏时，她发明了烹调术，食品的制作因此趋于多样化，彤鱼氏因此被奉为厨神，也称“灶神”。

金代的黑釉碗

金人对饮食之事极为重视，《金史·太祖本纪》：“初，太祖过盆搦岭，经坞塔城下，从骑有后者，坞塔城人攻而夺之釜。太祖驻马呼谓之曰：‘毋取我炊食器。’其人谩言曰：‘公能来此，何忧不得食？’太祖以鞭指之曰：‘吾破留可，即于汝乎取之。’至是，其人持釜而前曰：‘奴辈谁敢毁祥稳之器也。’”文中的“釜”，为食器，也就是锅。因为一口锅，险些引发了部族之间的争斗。祥稳，官名。《金史·完颜欢都传》：“辽人命穆宗、太祖、辞不失、欢都俱为详(祥)稳。”

245 咒鬼术

《金史·完颜欢都传》记载，金康宗十一年（1113）癸巳二月，完颜希尹的父亲完颜欢都“得疾，避疾于米里每水”。完颜欢都染病之后，为了防治将疾病传染给家人和朋友，采取了消毒隔离的办法，所说的“避疾于米里每水”，就是在米里每水这个地方隔离。《大金国志》卷三九记载：“其疾病无医药，尚巫觋，病者杀猪狗以禳之，或用车载病者，入深山大谷以避之。”这种躲避疾病的方法，为避瘟法，即咒鬼术之一。咒鬼术为汉族人所发明，完颜欢都行此道术，表明了女真与汉族的密切联系。

咒鬼术，或称“鬼咒”，也称“解鬼法”，是一种消除疠鬼危害的方法，今谓“消毒法”，为东汉时期道教祖师张道陵所发。李膺《蜀记》：“张道陵避病疟于丘社之中，得咒鬼之术书，为是遂解使鬼法。”此记载了张道陵发明消毒法一事。解鬼法，即消、杀、灭之法，是医学史上的一项重要成就，后传到西亚、欧洲、东亚各地，是现代消毒法的祖先。

东汉后期，疾疫流行。数次大疫，死者无算。道教认为，疾疫的发生源于神秘幽隐的沴气（或作疠气），也就是病原微生物，如细菌、病毒之类的播散。基于这样的认识，早期道教对于控制传染病的流行有一套成熟的消、杀、灭的做法。道教另有“静室思过”（《三国志·魏书·张鲁传》）之避瘟法，“家人有死，辄离其故宅”（《隋书·地理志》）。避瘟法，即隔离。消毒和隔离至今仍是医学上控制传染病流行的有效方法。

246 猪神

猪神，即奎星，为西方白虎七宿第一宿，是造字祖师仓颉的神位。奎星，也称“天豕星”“文昌星”“文星”，在天界是发明文字、始作农耕的神，后世称“神农氏”，为上古“三皇”之一。完颜希尹主持发明女真文字，被称为“再世仓颉”，即文星转世。《孝经援神契》：“奎主文昌。”历史上，仓颉应有多位，到了黄帝时，仓颉依然在世，并且辅佐轩辕黄帝打败了南方蚩尤。

先红山的兴隆洼遗址位于内蒙古自治区敖汉旗，距今已有8000多年。其中最引人注目的是一处人猪合葬墓。墓主男性，仰身直肢葬，右侧葬两头猪，一雌一雄，呈仰卧式，占据墓穴近一半的位置。随葬品有圆形蚌饰1件，上面穿有数个圆孔，总体形象似猪面，置于大腿一旁。两个前后排列的大猪，构成了一古“奎”字，以此表明墓主的神格为奎星。“奎”，会意字，是两个大猪的形象。墓主大腿旁边置猪形蚌饰，同样应为“奎”的意思。《说文》：“奎，两髀之间。从大圭声。苦圭切。”该墓以二猪随葬，是古代表示墓主身份的一种方法。笔者考证，墓主为造字祖师仓颉。

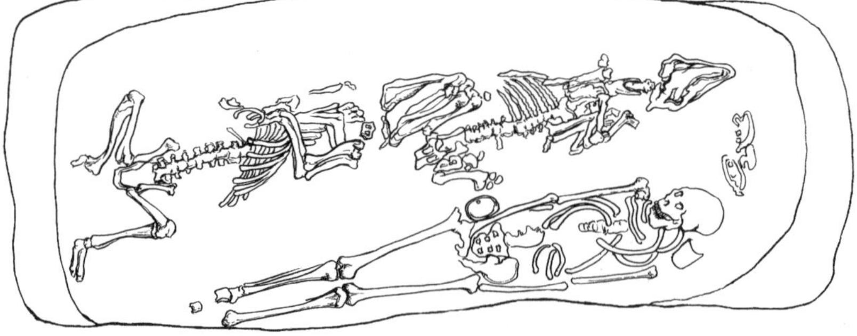

仓颉墓：内蒙古自治区敖汉旗兴隆洼遗址M118居室墓复原图（魏茹绘）

247 烛神

烛神，一作“灯神”，远古时期制作蜡烛和发明照明术的人，后世奉以为神，属于火神祝融谱系。蜡烛和照明术不仅为日常生活所需，也为行军作战所需。女真族的生产、生活、围猎、作战，都需要蜡烛和照明。完颜希尹墓中，出土有半截蜡烛，另外半截已经燃尽。

在中国古典天文中，烛神称为“烛星”。因为火烛经常代表战事，夜半捉拿强盗，多为不吉之事，所以被列为“妖星”。《开元占经·妖星占中·烛星三十八》：“石氏曰：‘烛星，状如太白，其出也不行，则见不久而灭。’孟康曰：‘烛星上有三彗，上出。’石氏曰：‘烛星所出，邑反。’甘氏曰：‘烛星出东方，其所出者，兵不胜；出南方，有兵，王者亡地；出西方，其国有丧，兵胜；出北方，其所出者，兵胜。’《天官书》曰：‘烛星所烛者，城邑乱。’《荆州占》曰：‘烛星所出，有大盗不成。’《荆州占》曰：‘烛星青，有忧事，不吉；赤，有华事；黄，盖地；白，有欢事。’班固《天文志》曰：‘孝昭五年（前76）四月，烛星见奎娄间。占曰：有土功，胡人死，边城和。六年（前75），筑辽东玄菟郡，二月，度辽将军范明友击乌丸还。’”

248 颛顼

女真是肃慎之国，与上古圣王颛顼有直接的历史渊源。颛顼，也称“高阳氏”，轩辕黄帝的曾孙，“五帝”之一。《山海经·大荒西经》：“有国名曰淑士，颛顼之子。”意思是说，肃慎是颛顼之子的封国。淑士，即肃慎，音近通假。《山海经·海外南经》："羽民国在其东南，其为人长头，身生羽。一曰在比翼鸟东南，其为人长颊。"长头、长颊，即"颛项"，古时，长头为"颛"，长颊为"项"。可见，颛顼之名，得自于其体貌特征。

《山海经》记载了驩头国，为长头，是一个勒紧头部使颅骨变长的部族，应为颛顼的后裔。把头骨捆扎起来，使头骨拉长，是一种极为罕见的古俗。这应是为表明其地位和出身而形成的，此意为"颛顼"，表明自己是颛顼的后裔，没有忘记自己的祖先。《山海经·大荒南经》："大荒之中有人，名曰驩头。鲧妻士敬，士敬子曰炎融，生驩头。驩头，人面鸟喙，有翼，食海中鱼，杖翼而行。维宜芑苣，穋杨是食。有驩头之国。"《山海经·海外南经》："讙头国在其南，其为人人面有翼，鸟喙，方捕鱼。一曰在毕方东。或曰讙朱国。"《山海经·大荒北经》："西北海外，黑水之北，有人有翼，名曰苗民。颛顼生驩头，驩头生苗民，鳌姓，食肉。"

长头长颊是特殊的生理现象，究其科学原因，是马凡氏综合征(Marfan's syndrome)的一种病理表现，是一种常染色体显性遗传病。但是，这种遗传疾病理论上只有二分之一的概率把这一基因传递给后代。那些没有长头长脸特征的颛顼子孙，就采取了头顶加箍的办法，人为地将颅骨拉长，以此表明自己的身份。四川广汉三星堆出土有头戴铜箍的男子铜像，反映了这一罕见的

戴头箍的人像（四川广汉三星堆出土）

古俗。颛顼的后代除了长头、长脸之外，身材高大，手掌和手臂也很长，这些一般都是马凡氏综合征的病理表现，所以《山海经》中的“颛顼国”“羽民国”“驩头国”“长臂国”是源自于同一部落，只是名字不同而已。此外，长臂国在《山海经》中也作“奇肱国”“张弘国”“长肱国”“一臂国”，也是源自于同一部落的不同称谓。

颛顼，一说为轩辕黄帝之孙，一说为曾孙。《大戴礼记·帝系》：“黄帝产昌意，昌意产高阳，是为帝颛顼。《太平御览》卷七九引《帝王世纪》：“帝颛顼高阳氏，黄帝之孙，昌意之子，姬姓也。……昌意虽黄帝之嫡，以德劣降居若水，为诸侯。”《史记·五帝本纪》：“昌意娶蜀山氏女，曰昌仆，生高阳。高阳有圣德焉。”《山海经·海内经》：“黄帝妻雷祖，生昌意，昌意降处若水，生韩流。韩流擢首、谨耳、人面、豕喙、麟身、渠股、豚止，娶淖子曰阿女，生帝颛顼。”按照这种说法，颛顼是黄帝的曾孙，这一说法叙述得更详细，因而也更为可靠。颛顼的父亲韩流“擢首谨耳，人面豕喙，麟身渠股”，应是韩流本人的真实形象，也是韩流之山的形象，地望在“五帝”祭祀区内。“擢首谨耳”，很长的头，很小的耳朵。

轩辕黄帝和嫘祖的血统里并没有马凡氏综合征的基因，昌意是黄帝和嫘祖所生，因而不可能有马凡氏综合征的表现。但到了韩流时，已经有“长头”的病理特征出现，因而颛顼家族的病理基因必然是来自于昌意的妻子，也就是颛顼的祖母，即蜀山氏女昌仆。随着颛顼成为部族的领袖，这一病理基因被广为播散，以至于成为颛顼家族的一个身份标志。

249 逐草而居

逐草而居，中国传统民俗，是古人的一项生存策略，也是中国人的固有秉性。“逐草而居”起源于上古，是草原文化的历史遗存。《史记·五帝本纪》：“（黄帝）迁徙往来无常处，以师兵为营卫。”轩辕黄帝率领部族四处迁徙征战，是逐草而居的游牧生活方式的反映。

远古时期，人们以物易物，从事贸易活动。其中，牛为大物，羊为小物。也就是说，牛是货币的基本单位，代表整钱，是主币；羊是零钱，为辅币。《说文》："牛为大物，天地之数起于牵牛。"这是说，牛在古人日常生活中很重要，人员和物资的储备都是以牛为货币单位进行计量的。以家畜为货币单位从事商品交换，说明原始人生活富裕，并不比现代人穷。

女真为黄帝曾孙颛顼的后裔，是黄帝部族，保留了上古"逐草而居"的民俗传统。哪里物质条件好，哪里待遇优厚，女真族的部队和人员就出现在哪里，体现出了优异的作战性能。这种"逐草而居"的谋生方式，使历史上的女真族能够获得充足的物资保障，过上幸福的生活。完颜希尹不畏强敌，领导女真族伐辽灭宋，就是顺乎人情，充分调动了女真族"逐草而居"的固有秉性。

附录一　完颜希尹问答

一、为什么说将完颜希尹排斥在中国主流文化之外是完全错误的？

完颜希尹是金代著名的思想家、政治家、军事家，是吉林省地缘文化的核心人物。他站在时代的最前沿，勇立潮头之上，力挽狂澜，深刻改变了中国历史的面貌，在中华民族史上书写了浓墨重彩的一笔。完颜希尹谦恭低调，吃苦耐劳，勤于思考，热爱学习，积极进取，他的精神和品格，是中华民族优秀品质的集中体现，是中华传统美德的延续和发展。后世为他建立了贞宪郡王庙，表达对他的热爱和崇拜，也反映了人们对胜利、对成功的渴望。

完颜希尹的思想文化，是中国传统文化在金代的反映。完颜希尹的神格为羊神，与中华民族的精神和品格有直接的关系，也与中国人民的历史命运有着直接的关系。如果将这样一位杰出人物排斥在中国主流文化之外，或者将之视同为夷狄外患，不仅是不科学的，也是极不明智的。

二、完颜希尹处世为人有哪些过失和偏颇？

完颜希尹为金朝立下了不朽功勋，《完颜希尹神道碑》说他“孜孜奉国，知无不为”。但完颜希尹为人处世仍然有不少偏颇乃至失误。史载，完颜希尹之孙完颜守道曾上书皇帝讲完颜希尹之失，由此获得了皇帝的赏识和晋封。《金史·完颜守道传》："大定二十年(1180)修《熙宗实录》成，帝谓曰：'卿祖谷神行事有未当者，尚不为隐，见卿直笔也。'寻……进拜太尉、尚书令，改授左丞相。"完颜守道的太尉、尚书令、左丞相的职位，比祖父完颜希尹生前的职位还要高。

在为政方面，完颜希尹治贪乏术，以致宗室内部利益纠结，贪腐擅权十分严重。完颜希尹自己虽然十分廉洁，却没有研发出系统的治贪方法，也没有建立相应的制度和规范。完颜希尹晚年卷入了宗室党争，陷入了极其残酷的内斗。金熙宗即位不久，效法刘邦诛杀功臣谋士，宗室子弟因此遭到清洗，被诛者凡七十二王。完颜希尹身高位显，不仅未加以劝阻，反而深陷其内，助纣为虐，做了帮凶。

完颜希尹秉持了"非我族类，其心必异"的狭隘民族观，这是必须要摒弃的。完颜希尹经历了耶律余睹之叛，杀完颜宗翰次室萧氏，又诛杀各路契丹，激化了民族矛盾。后来，契丹各部不断反叛，完颜希尹之孙完颜守宁也在叛乱中为契丹所杀。金代契丹各部的反抗，与完颜希尹狭隘的民族观不无关系。

在人品方面，完颜希尹有严重的大男子主义倾向，儒家思想的副作用在他身上表现得尤为突出。他出身行伍，严重忽视女性在国家生活中的作用。与其相处，女性缺乏存在感，其中，他与悼平皇后的矛盾就是集中的体现。这也是他晚年招致杀身之祸的重要原因。

三、完颜希尹神道碑应该如何摆放?

根据现场的调查和发掘，在完颜希尹墓的一侧建有碑亭，其中放置完颜希尹神道碑。该碑为砂岩质地，清末发现时已经破碎倒塌，后来整理箍夹一起，重立于原位。1966年"文化大革命"刚开始时，完颜希尹神道碑原件被"造反派"视为"四旧"而炸毁，成为1800多块碎片。现在的碑石是根据照片和史料的复制品，摆放在了神道之间的尽头处。可见，如今所见的这种摆放并非是古制。

神道，也称"天路""神路"，取自于古代道家的神仙之说，是墓主升仙的通道。如今的摆放，是置于通道的中央，挡住了飞升的路

修复重建的完颜希尹墓神道和神道碑

线。这完全不是古人的思想和作为，违反了古时建神道的初衷。

四、完颜希尹是如何进行文化遗产的传承和保护的?

完颜希尹重视文化的传承和保护，对金代儒、释、道三教的发展传播都有很大的贡献。北宋靖康元年(1126)十二月，金兵攻克都城汴梁之后，诸将帅四处搜罗财物，唯独完颜希尹收集宋版图籍，体现出了很高的文化水准。完颜希尹重视学习汉文化，延请大金通问使洪皓为家庭教师，教育子女。洪皓凭记忆将《论语》《孟子》《大学》《中庸》之内容默写在桦树皮上，时称"桦叶四书"。

完颜希尹重视文化教育，不仅是个人的行为，也是金人的共识。金灭北宋之后，有人提议挖掘孔子墓，被宗翰断然拒绝。①金代重视文化遗产，对历史遗存的昊天、诸天、山神、水神、城隍、土地皆依法祭祀，对远古历史人物给予了充分的重视和尊重。金代重视文脉的传承，对仓颉、成汤、姜太公、孔子、张良等人的祭祀也沿承一致。对于遗留的历代文物和建筑，给予保护，传于后世。

金代重视文脉的传承。《金史》中记载，天眷三年(1140)十一月癸丑，"以孔子四十九代孙璠袭封衍圣公"。又记载了皇统元年(1141)二月戊子，金熙宗亲祭孔子庙:"北面再拜。退谓侍臣曰:'朕幼年游佚，不知志学，岁月逾迈，深以为悔。孔子虽无位，其道可尊，使万世景仰。大凡为善，不可不勉。'自是颇读《尚书》《论语》及《五

①《阙里文献考》载:"高宗建炎二年(1128年)冬十月，金左副元帅粘没喝(完颜宗翰)陷袭庆府，兵至阙里。军士有欲发孔子墓者，粘没喝问通事高庆裔，曰:'孔子何人?'曰:'古之大圣人。'粘没喝曰:'大圣人墓安可发得?'军士发泗水侯鲤及刑部侍郎宗翰墓者十二人，悉斩之。"鲤，即孔鲤，孔子之子，字伯鱼，先孔子而亡。因出生时逢鲁昭公赐孔子一尾鲤鱼，故名，宋徽宗于崇宁元年(1102)春二月封孔鲤为泗水侯。宗翰，即孔宗翰，字周翰，曲阜阙里人，孔子四十六代孙。洪皓《松漠纪闻》:"初，汉儿至曲阜，方发宣圣陵。粘罕闻之，问高庆绪(渤海人)曰:'孔子何人?'对曰:'古之大圣人。'曰:'大圣人墓岂可发?'皆杀之，故阙里得全。"

代》《辽史》诸书，或以夜继焉。”

金代是道教大发展的时代。其时，王嚞创立了全真道，培养了“全真七子”，最终形成了正一道、全真道南北分立的格局，影响力持续至今。萧抱珍创立了太一道，在传播教义的同时，也普及了科学技术。

五、完颜希尹长得是什么样子的？史籍有怎样的描述？

完颜希尹知识渊博，城府极深，史有“黠虏”之谓。《老子》第十五章：“古之善为道者，微妙玄通，深不可识。”可见，完颜希尹是深谙道家真义的。

完颜希尹的当代画像（吉林吴德义画）

《大金国志》卷二七称骨舍：“胡目多髯，雄杰有谋略。”又称兀室“为人深密多智，目睛黄而夜有光，顾视如虎”。南宋苗耀《神麓记》称“兀室身长七尺余，音如巨钟，面貌长而黄色，少须髯，常闭目坐”。根据这些记载，完颜希尹应是一位长须男子的形象，只是胡须较为稀少。“少须髯”，因其长，故显得稀少，这是其内在的逻辑关系。

六、完颜希尹有子孙传于世吗？

史载，完颜希尹有八子。南宋洪皓《松漠纪闻续》记载了完颜希尹的长子叫完颜源，曾任金朝“内库”。其第三子名完颜挞挞，同年死于完颜希尹之前。完颜把答与完颜漫带与完颜希尹一起被杀于燕京，其余四子年纪虽幼，在老家亦遭捕杀。唯义子石抹荣，因与完颜希尹没有血缘关系而得以幸免。完颜希尹及其诸子虽然被杀，但孙子辈并未受到牵连，其诸孙中有完颜守道、完颜守贞、完颜守能等，曾孙尚有完颜圭、完颜璋等。完颜守道为长孙，官至尚书左丞相，封太尉。完颜守贞，官至尚书左丞。完颜守能，曾任西北路招讨使等。嫡孙完颜蒲带，官至"点检司判官"。守道长子完颜神果奴为谋克首领，次子完颜璋袭官谋克，后为进士，幼子袭官谋克，另充符宝祇侯。[①]完颜希尹家族墓地曾出土有"完颜璹"字样的墓志。完颜希尹的后人如今生活在黑龙江阿城一带，金朝灭亡时避战乱改姓为汪，据说近年曾多次回舒兰拜祭扫墓。民间尚传有完颜希尹家谱。

①苏立仁:《完颜希尹家族世系略考》，见吉林市史学会编《史学简报》，1983年10月，铅印本；《完颜希尹碑及其族系考》，载《长白学圃》1985年创刊号。

完颜希尹曾孙完颜璋曾为大兴尹。《金史·纥石烈良弼传》："大定十四年（1174），岁在甲午，大兴尹璋为贺宋正旦使，宋人就馆夺其国书，诏梁肃详问。"《金史·胡十门传》："兵部尚书可喜、昭毅大将军斡论、中都同知完颜璋等谋反，欲因上谒山陵举事。……既知事不可成，乃与可喜、璋执斡论等上变。可喜不肯以始谋尽首，遂并诛之，而赏布辉、璋。"

七、什么是《山海经》时代？与完颜希尹家族墓地有什么关系？

《山海经》时代，是历史地理学的一种断代方法，以《山海经》的记载情况为分期标准，分为前《山海经》时代早期、前《山海经》时代、《山海经》时代和后《山海经》时代。

中国的石器时代分为旧石器时代和新石器时代，约有170万年之久。据笔者考证，《山海经》时代的断代，将石器年代进行了细化。其具体是以《山海经》记载的山川地理标记物为对象，《山海经》所记述和涉及的为《山海经》时代，相当于"三皇""五帝"时期，距今约8000—5000年，属于新石器时代晚期。《山海经》时代之前为前《山海经》时代，山川地理标记物要早于《山海经》，为《山海经》所缺载，但与《山海经》的出现有直接关系，是新石器时代早期、旧石器时代和旧石器时代以前的人类历史。前《山海经》时代的晚期包括"上三皇"时期（距今约40000—15000年）与"中三皇"时期（距今约15000—8000年）。《山海经》时代之后的历史年代属于后《山海经》时代，为《山海经》所载历史传统的延续，为《山海经》所缺载，年代相当于夏代早期到春秋战国之际，距今约5000—2500年。

比如，《山海经》提到了女祭司。《山海经·海外西经》："女祭、女戚在其北，居两水间。戚操鱼䱇，祭操俎。"俎，俎星，地象在板城，今河北省宽城县。板，案板，肉桌，俎也。因此，板城的地名及其地表遗存和文化衍生物断为《山海经》时代，对应新石器时代晚期。再如，晋冀鲁三省交界的太行山区有大量的人形山和人头山，属于"上三皇"和"中三皇"时期（距今约40000－8000年），比《山海经》的记载要早，为《山海经》所缺，但与《山海经》的产生有直接的关系，所以历史地理学年代为前《山海经》时代。

《山海经》时代，对应着历史上的"三皇""五帝"时代。所谓"三皇"，一般指神农、燧人氏、伏羲三位上古圣王。另一种说法，神农、弇兹、女娲，其中，弇兹是燧人氏的妻子，女娲是伏羲的妻子，以女性为"三皇"，更符合母系氏族社会的特征。两种说法本质上是一样的，只是突出了女性在上古文明中的作用。至于"五帝"，一般是指少昊、颛顼、帝喾、尧、舜。

另外，有人把轩辕黄帝列为"五帝"，此为"五方五帝"，代表了五个方位和五位帝王。"五方五帝"，中央为黄帝，轩辕氏，西方白帝、南方赤帝、东方苍帝、北方黑帝，分别为大鸿、炎帝（祝融）、仓颉和蚩尤，是五个历史人物，地位比后来的"五帝"要高。辽宁朝阳牛

《山海经》记载的女祭司之山（河北省宽城县板城镇）

河梁分布着远古时期的坛、庙、冢，第五地点一号冢1号墓出土一具完整的男性骨架，笔者考证墓主为中华人文初祖轩辕黄帝，周围尚有陪葬的四具人骨，是远古时期四位重要的历史人物，表明轩辕黄帝应是以“五方五帝”的规制下葬的。《太平御览》卷七十九引《尸子》：“子贡云：‘古者黄帝四面，信乎？’孔子曰：‘黄帝取合己者四人，使游四方，不计而耦，不约而成，此之谓四面。’”在轩辕黄帝祭祀区内，有轩辕黄帝之山，在嫘祖之山的一侧。轩辕黄帝之山可见包括四个人头像，一是头顶的发神，一个女子的形象；接下来是轩辕黄帝本人的形象，嘴巴大张，与出土所见轩辕黄帝遗骨的状态相同；在腹部是一个男子的头像，应为重臣仓颉；腿部还有一个男子，应是重臣力牧。轩辕黄帝之山见有四个人头山，此即应是历代传说中的“黄帝四面”。

完颜希尹家族墓地为完颜希尹永眠之所，是金代堪舆术士为之精心选定的一处天国乐园，是中国古代建筑“天人合一”观念的具体展现。墓地处于新石器时代西团山文化的王磨坊遗址，远古时期属于长臂国、扶余国(胡不余国)或颛顼国的领地，是上古圣王之一颛顼的后裔。其中涉及的“长臂国”“狍鸮之兽”“孰湖之山”(或“英招之山”)等诸多地象，与《山海经》的记载相吻合。

八、远古时期的扶余国与完颜希尹家族墓地是什么关系？

《山海经·大荒北经》：“有胡不与之国，烈姓，黍食。”胡不与，即扶余，音同通假。胡不与之国，即扶余之国，是语音连读的结果。《山海经》所说的附禺山，为颛顼所葬之地。附禺、胡不与、扶余、胡余，在古时皆同音同义。黍，大黄米，是北方种植的作物。

吉林省境内已发现人形山数百座，应是附禺山的一处分野。① 扶余国是上古封国，在东北地区流传了上百代，到战国时期仍然存在。历代扶余王及其王妃死后各得神位，有居为星神、山神、水神、城隍、土地者。完颜希尹家族墓地的人形山，神主或许是扶余国的陪祀。

①按照中国古代天文宿次与分野的对应关系，扶余山可以有多座，一说即扶余王所在的大山，是扶余王及其王妃的大型雕像。其地象在吉林省蛟河市，当地称拉法山(大砬子山)和小砬子山。

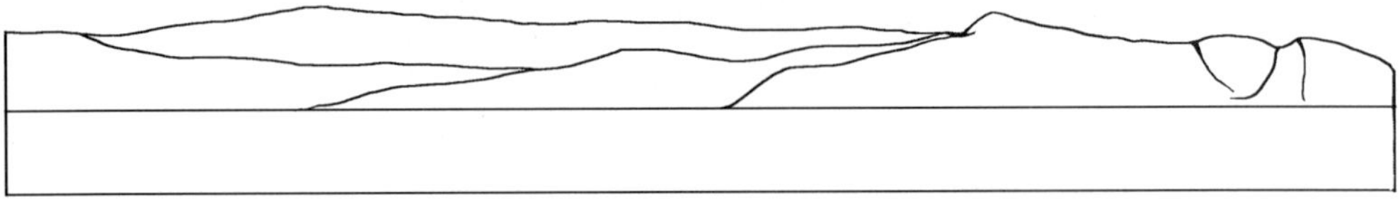

长须的山神之山（吉林省蛟河市）及其线图（赵咪雪绘）

九、什么是历史地理学？与完颜希尹家族墓地有什么关系？

按照中国传统的观念，古人死后化为岗丘，成为天上的星宿，是天文和地理的统一。因此，要全面认识古人，必须要认识大山，认识星宿。完颜希尹家族墓地处于群山之中，列于苍穹之下，研究完颜希尹家族墓地，需要采用历史地理学和天文地理学的方法。

历史地理学是研究地理信息发展演变的学科，也就是研究地理信息动态变化的历史过程，相当于给传统的地理学加上了时间轴，其研究对象是地望、地面建筑、地表遗迹、遗物的历史变迁。历史地理学是历史学与地理学的交叉学科，任何一个历史事件、任何一个历史人物都不可避免地与历史上的某一个地理位置发生关系，因而历史地理学对于正确认识中国历史极其重要。

十、什么是天文地理学？与完颜希尹家族墓地有什么关系？

晋代郭璞有一首《尔雅图赞·释天·星》诗："茫茫地理，灿烂天文。四灵垂象，万类群分。眇观六沴，咎征惟君。"诗中提及了中国

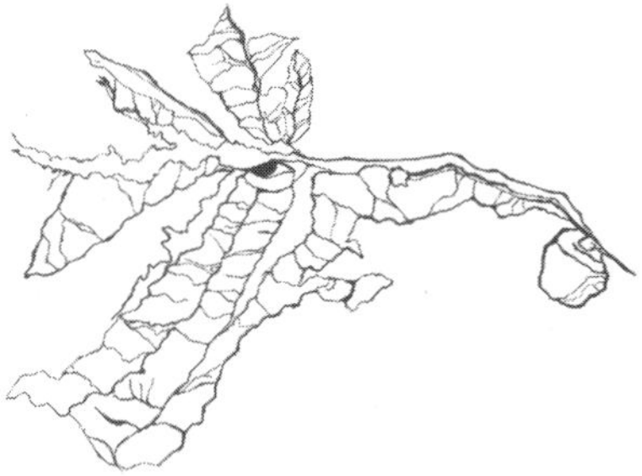

辽宁牛河梁南方朱雀地象及其线图（魏茹绘）

古代的天文地理学体系，有天文星象、四象、诸地象、山川望祭，对传统的天文地理学做出了总结。

从上古伏羲氏仰观天文、俯察地理开始，古代中国拥有了天文地理学的学科体系，是中国古代文明的重要组成部分。天文地理学（astronomic geography）是历史地理学（historic geography）的一个分支，索彼山岳，追之穹宇，以此寻找天文与地象的对应关系，是自然科学与人文科学的有机整合。天文地理学是中国古代科学家的独特创造，是一个独具中国特色的学术思想体系。

天文地理学研究的是天象和地象，也就是星宿和地表建筑物之间的投射关系。辽宁牛河梁保留了完整的“四象”地象，包括东方青龙、西方白虎、北方玄武、南方朱雀，分别是龙、虎、龟蛇和鸟的形象。“四象”既是地象，同时也是天象，也称“星象”。

完颜希尹家族墓地的地象为长臂国，应是一处远古天象，是北方玄武座的星神，只是今已演变成了摩羯座。完颜希尹家族墓附近有《山海经》记载的“孰湖之山”（“英招之山”），是人马座（射手座）的一处地象，反映了古代天文与地理的投射关系。摩羯座与人马座是相邻的星座，诠释了完颜希尹家族墓地与孰湖之山（英招之山）的关系。

十一、什么是山川地理学？与完颜希尹家族墓地有什么关系？

山川地理学是历史地理学与自然地理学的交叉学科。金代完颜希尹家族墓地修建于新石器时代王磨坊遗址的群山之中，是山川地理学学科体系的一次具体应用。《金史·礼志·诸神杂祠·长白山》记载了金世宗册封山神的册文："四海之内，名山大川，靡不咸秩。"根据这一记述，四海之内的高山大川，都是经过古人的精心设计和规划的，是古代山川望祭的场所，不同于自然形成的大山。

古人登山，望秩于群神。这些被古人奉为神灵的人形山是山川地理学的研究主体。山川地理学不同于描述自然地貌的自然地理学，特点是突出了人类活动对山川外观形态的作用和影响，显示了人类的存在。山川地理学体现了人类对大自然的认识和征服，是一种颠覆性的地理观，大山的造型和外观形态是人类文明活动的见证。

山川地理学以人形山为认识主体，其文化衍生物包括陪祀、祭坛、神庙、神兽、墓葬、聚落、岩画（壁画）、遗骨、遗迹、遗物等，历史文化内涵十分丰富。金代元好问《横波亭》诗："万里风涛接瀛海，千年豪杰壮山丘。"中国的名山大川是古人类活动的遗迹，有的直接就是神祀的主体。所以，山川地理学作为一门独立的学科体系具有重要的科学意义。

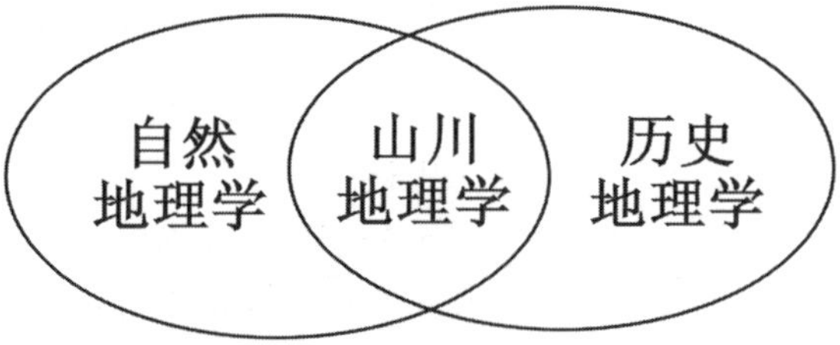

自然地理学、山川地理学与历史地理学的关系

十二、什么是地脉盘查？为什么要盘查完颜希尹家族的墓地？

地脉盘查是历史地理学的调查研究方法，是详尽周到的地理调查，从高到低、从远到近、从整体到局部、从各个角度观察大地山川的地貌特征，寻找其自然的和人文的地理遗迹。所谓地脉，就是山川河流外在的形态、高低、布局、走向和位置关系，以及内在的成分、构造、应力等对地貌外观的作用系统。盘查，就是详细周到的调查，无论难易巨细。古代地理是一个十分庞杂的知识体系，研究大地山川的形态和成因，要充分利用各类技术装备，全面运用俯瞰、远眺、近观等观察手段。

完颜希尹家族墓地的位置，当初是经过堪舆术士细致调查后选定的，因而历史文化信息十分丰富。第四墓区出土“昭勇大将军同知雄州永定军节度使墓碑”的碑文中有“命术人田煦选到乾山……依礼合葬”的记载。术人，指堪舆术士，古代的地理学家。田煦，为堪舆术士之名。乾，堪舆术语，八卦方位。出土之墓志所说“乾山”，或将墓地之山定为八卦的乾位而命名乾山。此为一说。

十三、完颜希尹家族墓地的地象是人为的还是天然的？

所谓地象，为天文术语，指星宿在大地表面的投影，是天文星象的反映，表现为地表群山起伏的形态。这也就是说，完颜希尹家族墓地地象中长袖善舞的男子和吃人的狍鸮有可能是身份失考的远古星神。对于这一大地奇观，人们不禁要问：这是天然的，还是人为的？

完颜希尹家族墓地的地象是人为的还是天然的，实际上是一个非常重要的问题，需要穷诘究竟。笔者认为，中国是一个文明古国，工程技术达到了很高的水平，中国古人应该有能力完成这样的工程设计和施工。该男子的臂部、臀部、背部、后脑等部位的山岭，原来是连续的一体，但出于造型的需要，都被人工截断了。因此，从这个意义上看，此处地象应该是人为设计修凿的，不是自然的巧合。

中国古人对名山大川有深刻的认识并多有改造，形成了独具特色的山川文化体系。例如古人对山川的改造便被后世演绎成“二郎担山”的古典神话。

十四、什么是金源文化？与中国传统文化有何关系？

金朝是一个建立在渔猎文化基础上的北方王朝。金源文化是中国传统文化的重要组成部分，是中华民族生生不息、发展壮大的丰厚滋养。金源，是金朝的雅称，如中国称“中华”之事。

金源文化是中国传统文化在中国北方的局部历史地理空间的反映，是由女真族所具体传承的那一部分中国传统文化。从这个意义上说，并没有一个独立于中国传文化之外的金源文化。完颜希尹是金源文化的核心人物之一，是女真文字的发明者，为金源文化做出了历史性的贡献。

金朝立国，得之于佛，金源文化与佛教的联系很紧密。据《大金得胜陀颂碑》记载：“太祖率军渡涞流水，命诸路军毕会，太祖先据高阜，国相撒改与众仰望，圣质如乔松之高，所乘赭白马亦如岗阜之大。太祖顾视撒改等人马，高大亦悉异常。”阿骨打在得胜陀誓师伐辽，着白衣，骑白马立于高岗之上，犹如白衣观音再世，充满了神话色彩。

后来，阿骨打实力益壮，国相撒改并宗翰、希尹等力劝阿骨打建国自立。《孟子·公孙丑下》曾有言：“如欲平治天下，当今之世，舍我其谁也？”汉魏时期兴起的汉传佛教吸纳了孟子的思想，发展为“天地上下，唯我独尊”，成为汉传佛教的骨干理论。正是在这样的精神动力感召之下，阿骨打在百般犹疑之后建元收国，建立了金王朝。

“白衣观音”：吉林长白山的人形山

十五、完颜希尹家族墓地地象为何是《山海经》记载的长臂国?

长臂国是《山海经》记载的一个神秘地域，是一个长袖善舞的远古部落，其衣袖很长，所以称“长臂国”。完颜希尹家族墓地的地象是一个怀抱大鱼的男子，长袖善舞，因此笔者考定其为《山海经》中所说的“长臂国”。《山海经》一书成书久远，作者一说是益。帝禹要把帝位禅让给益，后为启取代。完颜希尹家族墓地的地象，应是经过古人系统设计和规划，与传世的《山海经》有直接关系。

十六、中国古代建筑的天人合一在完颜希尹家族墓地有何体现?

中国古人讲求人天关系的和谐。所谓天人合一，就是天文、地理、建筑、人文的和谐关系，表现出浑然一体的状态，没有矛盾和冲突。

完颜希尹家族墓地完整体现了中国古代天人合一的建筑观念，使墓主人壮阔的人生格局得以清晰呈现。其地象是古代天文的反映，怀抱大鱼的长袖善舞的男子，在远古的星空中应该有其相应的位置。完颜希尹墓与青山相伴，置于天地宇宙之间，突出了墓主人的身份和神格，是一处独具历史风格的“小宇宙”。

十七、什么是山川望祭? 与完颜希尹家族墓地有何关系?

山川望祭，史籍中也称“望秩”。望祭，指对一座山、一位神灵的祭祀；望秩是指望祭于群山，是对多位神灵的祭祀。而且，不仅是祭祀多位神灵，还要看清其内部的伦理关系。之所以称“秩”，是说人形山之间是按照神格等级的高低、年代的先后等内在的伦理关系进行的有序排列。秩，就是秩序、等级。这种序列很有意义，不至于在望祭时模糊混淆了彼此的伦理关系。这种秩序和伦理关系的判断，一方面是根据山下河流的走向，因为河流是有方向的，是天然的地理坐

山川望祭：抱犊寨的人形山（河北石家庄）

标。另一方面，还可以根据神祀本身的文化内容辅助判断。

山川望祭的对象，是远古时期的人形山或人头山，这也是远古祖先留在大地表面最后的影像。中国古人是顶天立地的人，每一个远古历史人物都是一座大山，大山的形态保存着他们的姿容，彰显着他们的业绩，而峰峦之间的侧影，昭示着他们精神和人格的永恒存在，是他们的生命和灵魂所系，因而古人极其重视祭祀之事。据《金史·礼志》记载，这些神像的神主是远古时期为人类文明进步做出重要贡献的历史人物，在帝舜时祭祀的频率是每五年举行一次。

中国人对古代圣王的崇拜和祭祀历代不绝。比如，在辽宁牛河梁大遗址的南方朱雀内，有上古时期的“三皇”祭祀区，也有轩辕黄帝和“五帝”祭祀区，为远古时期历代望祭之所。金代延续古俗，并对群神多有封赠，祭祀不绝。完颜希尹家族墓地所在的大山属长白山系，也在封赠之列。清初，康熙皇帝曾经到长白山望祭祖先。长白山的神祀应该包括了完颜希尹家族墓地的神祀。

女真族有祖先崇拜的历史传统，并且是与神仙崇拜结为一体

广西荔浦县的人形山

的。祖先有深刻的情感、远大的关怀、渊深的智慧、渊博的知识、熟练的技能和优雅的风度，他大慈大悲，尽善尽美，所以被人们膜拜为神。人形山代表了远古祖先的形象，体现了古人的价值观念，寄托了古人追怀祖先的情感。

十八、什么是“四重证据法”？在完颜希尹家族墓地中有何应用？

历史上，王国维建立了“二重证据法”，是要通过文献和地下文物的对照获取真实的历史信息。但有“二重证据法”还不够，还要与当地的民俗资料配合佐证，也就是“三重证据法”。在此基础上，与当地的天文地理信息进行对照分析，是为“四重证据法”（Method of Four-Way Evidence）。“四重证据法”是研究古代墓葬、遗址的新手段，无疑将在中国的历史文化研究中发挥重要作用。

2006年，叶舒宪在其《第四重证据：比较图像学的视觉说服力——以猫头鹰象征的跨文化解读为例》一文中最初提出了“四重证据法”的概念。2008年，他在《兴大中文学报》发表了《鲧禹启化熊的神话通释——四重证据的立体释古方法》一文，系统提出了四重证据法：“一重证据指传世文献。……二重证据指地下出土的文字材料，包括王国维当年研究的甲骨文、金文和后来出土的大批竹简帛书。……三重证据指民俗学、民族学所提供的相关参照材料，包括口传的神话传说、活态的民俗礼仪、祭祀象征等。四重证据则专指考古发掘出的或者传世的远古实物及图像。”这里所说的“远古实物及图像”，可以看作是远古天文地理信息的另一种表述，人形山亦可列为其中。

完颜希尹家族墓地的地理调查和系统研究，是应用历史地理学和天文地理学的方法系统解决中国古代历史文化问题的一个重要案例，所依据的科学理论体系即“四重证据法”。

十九、完颜希尹家族墓地与传世典籍《山海经》有何关系？

完颜希尹家族墓地的群山，组成了一个怀抱大鱼的长袖善舞的男子的形象。《山海经》对此有直接的记载，应是“长臂国”的一处所在。在长臂国的西北，是一只人面羊身、虎齿人爪、目在腋下的巨兽，其整体形象与《山海经》记载的“狍鸮”特征符合。

距此不远，在蛟河市拉法村东有一座大山，从高空俯瞰，造型是一个马身人面、长着翅膀的年轻男子的全身像，与《山海经》的孰湖（或英招）相对应。英招，《山海经·西山经》说：“其状马身而人面，虎文而鸟翼，徇于四海，其音如榴。”孰湖，《山海经·西山经》：“（崦嵫之山）有兽焉，其状马身而鸟翼，人面蛇尾，是好举人，名曰孰湖。”

长臂国、狍鸮之兽和孰湖之山（英招之山）的地象表明，完颜希尹家族墓地的地象与传世《山海经》有直接的关系，该地象的年代应属于《山海经》时代，是新石器时代晚期的历史文化遗存。

二十、地象中男子抱的大鱼是《尔雅》中的比目鱼吗？

完颜希尹家族墓地的地象，是男子怀抱一条大鱼，鱼睁着大大的眼睛，与文献记载的“比目鱼”有一定的历史联系。但这条鱼并不是文献记载的“比目鱼”。比目鱼，《尔雅·释地》中说：“东方有比目鱼焉，不比不行，其名谓之鲽。”晋郭璞《尔雅图赞·释地·比目鱼》：“比目之鳞，别号王余。虽有二片，其实一鱼。协不能密，离不为疏。”

男子怀抱大鱼，是中国远古时期鱼神崇拜的反映。鱼神，古称“鱼妇”，是美人鱼的形象，是一位已婚的妇女。鱼神崇拜起源于旧石器时代，当时人们就崇拜鱼神，在“上三皇”“中三皇”和“三皇”

“中三皇”祭祀区内的鱼妇之山（河北涉县）

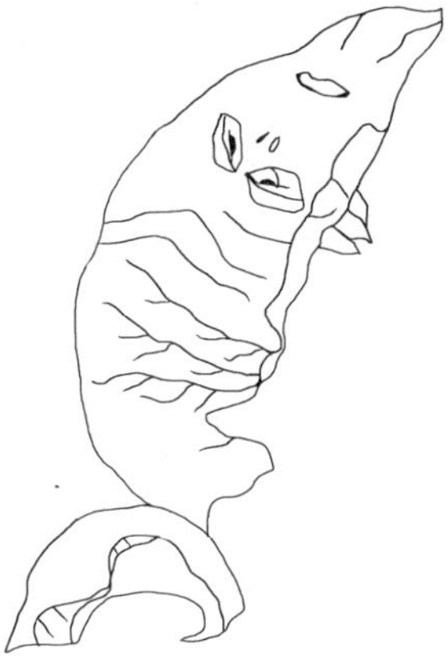

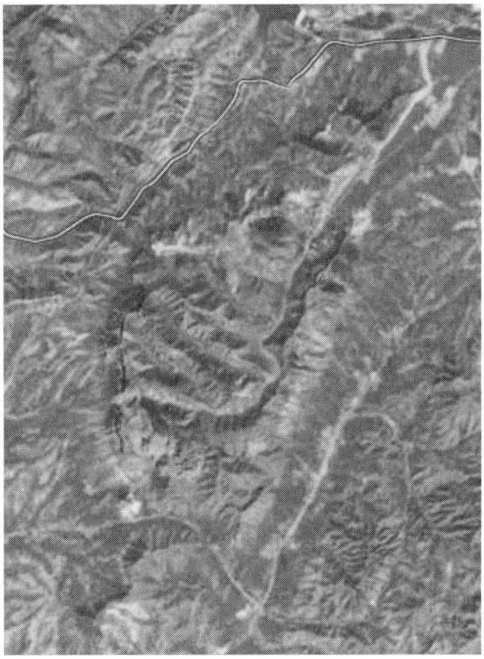

比目鱼地象（辽宁建昌县小德营子乡北）及其线图（赵咪雪绘）

“五帝”祭祀区内，都可以见到鱼神的形象。男子怀抱大鱼，后来变成了童子怀抱大鱼的形象，并配以莲花的图案，称为“连年有余”“吉庆有余”，成了著名的年画。

鱼神崇拜，是渔猎文化的基本内容，《山海经》记载了多处远古时期的鱼神地象。其中有鱳鱼，是一种长着鸡爪的鱼。辽宁建昌县和朝阳县交界的山脊，地象是长着一只鸡爪的鱼，鸡爪在胸前，两只眼睛在额前，呈“八”字形，应为《山海经》中的鱳鱼之山。《山海经·北山经》：“狱法之山……其中多鱳鱼，状如鲤，鸡足。食之已疣。”郭璞《山海经图赞》：“鱳之为状，半鸟半鳞。形如鸡鲤，食之已疣。”食，音嗣，血食，供奉、崇拜之意。旧训为“吃”，误。鱳鱼之山应是一处红山文化遗存，其形象类似于甲骨文中的“鱼”字。鱳鱼，后世衍讹为“比目鱼”。

甲骨文的“鱼”字

二十一、什么是人形山？与完颜希尹家族墓地有什么关系？

人形山，是史前历史文化遗存，指外形轮廓是人形或人头形的大山，是一种形态学的描述，也是研究古代中国的山川地理所需要的一个极其重要的名物观念。人形山的本质不是山，而是承载了人类的历史形象，是历史上的民族祖先、家国领袖。完颜希尹家族墓地是新石器时代西团山文化的王磨坊遗址，有多处人形山，反映了墓主与中华民族远古祖先的深刻联系。

人形山或人头山是远古祖先留在大地表面最后的影像。这些影像占地空阔，有丰富的历史文化内容：不仅有比例匀称的五官、躯干，而且有表情神态和服饰，传达了非常丰富的历史文化信息。人形山一般还有文化衍生物的存留，如墓葬、聚落、神庙、神兽、祭坛、岩画（壁画）、遗骨、遗物等。这反映了古人认祖归宗的思想观念。《周易·观卦·彖传》："圣人以神道设教。"古代之神道，主其事者有巫、祝、史，尤异者为立尸。尸，祖先的雕像，即人形山。夏、商、周三代祭祀，皆有尸。《通典·礼八》："自周以前，天地、宗庙、社稷一切祭享，凡皆立尸，秦汉以降，中华则无矣。"夏商周时期，祭祀祖先为山川望祭，可以看到祖先的雕像，也就是人形山，古籍多有涉及，比如《山海经》有"据比之尸""相顾之尸""戎宣王尸"等，皆是山川望祭的对象。《山海经·海内经》："北海之内有反缚盗械、带戈常倍之佐，名曰相顾之尸。"意思是说，北海之内有人被反剪双臂捆绑着，带着枷锁，兵器上常以此为装饰，此人名叫相顾之尸。尸，雕像，即

甘肃甘南的人形山

“长舌星”：吉林蛟河的人形山

人形山之谓。

人形山的形成来自于史前时期，是人类思想文化和创造力的集中体现。当远古人类满足了温饱，不再为生计劳碌奔波的时候，他们开始欣赏和审视自己，思考自己在历史长河中的位置，因而有了审美和精神文化的需求。于是，一座座揭露古人姿仪神态的人形山（或人头山）开始出现。人形山反映了古人的历史意识和文化观念，意味着人类思想的进化和逐步成熟。

人形山创始于石器时代之前。石器时代被划分为旧石器时代和新石器时代。旧石器时代晚期和新石器时代又被划分为“上三皇”“中三皇”“下三皇”时代，还有稍后一些的“五帝”时代等。“三皇”“五帝”的时代，也称“传说时代”，此时没有文字的系统记录，只有口口相传的英雄人物的传说，此即口述历史。再远的“中三皇”“上三皇”时代，没有文字的记载，连口头的传说也没有，却是可以考察的真实存在。

人类的历史，从海洋进化到陆地，从森林进化到草原，人们知道这些，并不是出于来自远古历史的记载或者口口相传的传说，而是依赖于对化石、遗骨、遗迹、遗物的科学考察和系统鉴定。同样，对于“上三皇”“中三皇”时代的认识，来自于对相应年代的人形山及其文化衍生物的地理调查和鉴定。这种方法对接下来的“三皇”“五帝”的传说时代同样适用。从这个意义上说，中国上古的历史是以大量的存世证据为前提的可以验证的存在。这里所谓的“存世证据”，人形山就是主证之一。

对人形山的祭祀，形成了古代山川望祭的传统，即“高山仰止”的来源。随着年代的推移，这些人形山的神主的身份和业绩逐渐消失在历史的迷雾之中。但是，山川望祭的传统依然在延续，这就赋予了人形山以人类学的意义。人形山，不管是天然的还是人工的，都承载着人类的形象。此时，山川望祭已经不再是祭祀某一国家、某一民族中的某一个历史人物，而是出于一个谦卑的人类个体对于全人类的景仰。伟大的人类祖先庄严地躺在那里，会唤起每一个人类个体的神圣情感。

二十二、完颜希尹会唱歌跳舞吗？

完颜希尹家族墓地的地象是一个长袖善舞的男子，表明此地的远古先民是能歌善舞的。唱歌和跳舞贯穿了人类文明的全过程。在“上三皇”“中三皇”和“下三皇”“五帝”祭祀区内，均可以看到歌神和舞神的形象，是精心设计和规划的人形山，这表明唱歌跳舞是远古人类十分重要的精神文化活动。在中国古典天文中，歌舞之神称“天倡星”，在南方朱雀第六星翼宿之内，为巫觋之位。完颜希尹家族墓地所处的群山，不仅有山神、水神、土地神，还有歌神、舞神，是远古传统的延续。

古时的巫师是善于唱歌跳舞的，在古人看来，这也许是沟通神灵的一种方式。萨满也是巫师，以唱歌跳舞见长。据文献记载，完颜希尹是一位通变如神的萨满。但完颜希尹并不会唱歌、跳舞，更多的只是静坐思考。可见，古代的萨满文化内容十分丰富，不只是唱歌跳舞而已。

大音希声：“中三皇”祭祀区内的歌神之山（河北涉县）

"中三皇"祭祀区内的舞神之山（河北涉县）

二十三、完颜希尹在冬天是如何保暖的？

历史上，北方的部族以麻布和裘皮为冬装，以此抵御寒冷。完颜希尹一家也不免此俗。《魏书·勿吉传》："妇人服布，男子衣猪狗皮。"洪迈《容斋三笔》卷三："岁支麻五把，令缉为裘。"金代种麻很普遍，麻布是衣服的重要来源。

晋代郭璞《尔雅图赞·释草·麻》："草皮之良，莫贵于麻。用无不给，服无不加。至物在迩，求之好遐。"麻是中国人最早种植的作物之一。种麻、织布、结绳记事、结网捕鱼成为古人最为重要的生产实践活动，深刻改变了人类的面貌，是人类文明的重要成果。上古"天皇氏"教民种麻，是为麻神，称"麻星"，是北方玄武座第三星织女星内的一颗大星。种麻之处称"麻田"，在晋冀交界的太行山上。此处有"上三皇"时期的女神之山，应为麻星地象。女真族种麻服布的民俗传统，与中国的远古文明一脉相承。

金代中国北方地区不产棉花，也没棉花和棉布的概念，而是以动物的毛皮或者鸟类以及家禽的羽绒御寒保暖。《山海经》有羽民国，是北方以鸟羽保暖的部族。《山海经·海内西经》："大泽方百里，群鸟所生及所解。"大泽，今贝加尔湖，古时是鸟类聚集的地方，群鸟在那里脱去羽毛。这些羽毛为古人所用，用来装饰和御寒保暖。

那时，保暖的毛皮还来自于羊和貂鼠。南宋洪皓《松漠纪闻》："北方苦寒，故多衣皮，虽得一鼠，亦褫皮藏去。妇人以羔皮帽为饰，至直十数千，敌三大羊之价。不贵貂鼠，以其见日及火则剥落无色也。”又说：“三月、八月两翦毛。当翦时，如欲落絮。不翦，则为草绊落。可捻为线。春毛不直钱，为毡则蠹。唯秋毛最佳，皮皆用为裘。凡宰羊，但食其肉。贵人享重客，间兼皮以进，必指而夸曰：‘此潜羊[①]也。’”

①潜羊：一说为羬羊，为神羊，《山海经》中记载的异兽。古人以羊为美的化身，“羊大”为“美”。

二十四、完颜希尹家族墓过去为什么叫“高丽墓”？

完颜希尹家族墓地位于舒兰市小城镇北5公里的一处山岭上。当地百姓说这座山叫“高路岭”，称完颜希尹家族墓为“高丽墓”。民国期间，吉林省地图此处标识为“西高丽墓”。这实际是一种文化现象，非止完颜希尹家族墓一例。之所以将不是汉族的东西统统归于“高丽”（或高句丽），是北方民间释古的一种方式。

完颜希尹宗族墓地附近有大松树屯，曾用名“东高丽墓屯”，在小城镇东北4公里处。因屯北有完颜希尹家族墓地，群众认为是高丽墓，故名。后因屯中有棵大松树，遂改作今名。

历史上，完颜希尹与高丽（或高句丽）有很深的联系，女真的民风民俗也与高丽（或高句丽）有十分相似之处。唐李白曾有《杂曲歌辞·高句丽》诗：“金花折风帽，白马小迟回。翩翩舞广袖，似鸟海东来。”完颜希尹家族墓地的地象是一个长袖善舞的男子，女真族崇拜海东青，恰与诗中吻合。

金朝的始祖名函普，来自于高丽，当时为勿吉七部之一。后函普因功娶完颜部贤女，入赘于完颜部，生二子，此后家族逐步壮大，建立了金王朝。完颜希尹虽然与完颜宗室没有直接的血缘关系，但二者的关系极为亲密，所以金史中也有称完颜希尹为“宗室”的。因为这样的历史渊源，民间称完颜希尹墓为“高丽墓”，其实并没有错。

中国北方的部族崇尚自然，突出表现为山神崇拜，代表远古祖先形象的人形山是神祀的主体。因此，在人形山的周边，经常出现古人活动的遗址或墓葬，是人形山的文化衍生物，凸显了古人对神祀的重视和依赖。完颜希尹家族墓地周边有作为远古神祀的人形山系统，代表高句丽文化的吉林集安高句丽遗址也有作为神祀的人形山。此时，墓地或遗址都是作为人形山的文化衍生物出现的，显示出两处遗址具有文化的同源性。

吉林集安高句丽遗址及人形山

二十五、为什么要把完颜希尹葬在山区而不葬在平原?

大山是文明的承载,显示了人类的伟大存在,也记载了人类历史文化和思想境界的发展变迁,有深刻的文化内涵和深远的历史功能。所以,古代的知识分子热爱大山,往往以“山人”自喻。“山人”,意即有文化、有修养的人,比如“八大山人”“新罗山人”等。在这种历史文化的熏陶之下,古人多是选择大山作为葬地,完颜希尹墓选址在舒兰小城的群山之中,也是依据了这一传统做法。

与“山人”相对的,是“野人”,也就是粗野的人、野蛮的人,是“文明”的反面。古时的平原、旷野称为“野”,是没有山的地方,也就是后来的城市所在,因而“野人”一定程度上是指城里人。现代的城市化的进程多是在平原旷野中进行的,与大山越来越远,与远古祖先和远古文明时代越加显得割裂了。

完颜希尹家族墓地的地象是“长臂国”和“狍鸮之兽”,其附近还有“孰湖”(“英招”)、“龙首人身”“麒麟”“刑天舞干戚”“奢比之尸”“蜼”等地象。这些地象是中国远古文明的地理标志物,显示了远古人类在这些地理空间中的存在。但是,这些远古人类的聚居区现在已被高大的林木覆盖,甚至成为了“原始森林”,处于与世隔绝的状态。之所以如此,应是出于远古时期树葬的习俗,人死之后被埋在树下,人的生命以大树的形式得以延续。随着时间的流逝,树进人退,远古文明的地域于是变成了如今的"原始森林"。

二十六、如何评价完颜希尹在人类文明史中的地位?

完颜希尹的幼名叫"谷神",虽是小名,但颇有来历。"谷神"一词最早见于《山海经·海外东经》。《山海经》中的水伯为朝阳谷之神,即谷神,为九尾狐的形象,为早期的水神。朝阳谷,在今辽宁省建平县南。晋代郭璞《山海经图赞·九尾狐》:"青丘奇兽,九尾之狐,有道祥见,出则衔书,作瑞于周,以摽灵符。"郭璞在《山海经图赞·天吴》中又赞美说:"耽耽水伯,号曰谷神。八头十尾,人面虎身。龙据两川,威无不震。"《老子》第六章:"谷神不死[①],是谓玄牝。玄牝之门,是谓天地根。绵绵若存,用之不勤。"此谷神被称为"玄牝",又被称为"天地之根"。另外,谷神还是管理五谷的神,是中国古代一位很重要的星神。在西方天文中,谷神星(Ceres)是太阳系中最小的,也是唯一位于小行星带的矮行星。

①《老子》之"谷神",一训作欲神,即欲望之神。"谷"与"欲"古时通用,"谷"读作"欲",如吐谷浑,"谷" 读作"欲"。

"谷神"的名字,或许对完颜希尹的成长有潜移默化的影响,使得他成为一位杰出的历史人物。金代在政治、军事、科技、文化诸多领域领先于同一时期的宋、辽、西夏、萌古斯,其中完颜希尹起到了核心作用。

在历史的天空中,完颜希尹是一个重要的星神,光芒照耀宇宙,显示出他在人类文明史中的重要地位。完颜希尹的神格为羊神,对完颜希尹的祭祀和崇拜,是从远古至今一以贯之的羊神崇拜的一部分。完颜希尹对人类文明的贡献,一方面体现于他的发明创造,一方面也体现于他的精神品格。他改进了车船,发明了女真文字,制作了多种作战工具。同时他修订了金代的礼仪、法律、官制,完善了金代的社会建制,推动了社会的进步。

完颜希尹为战神,是现代战争的发起者和创始人,是一位当之无愧的军事家。完颜希尹所处的年代,正是冷兵器时代向热兵器时代过渡的历史时期,完颜希尹和完颜宗翰在其中发挥了关键的作用。一些新型的作战工具,如飞行器、大炮、装甲车、火药等因此成功应用于战场。这些作战工具既可以充分保护自己,又能迅速高效消杀对方的有生力量,实现作战意图。完颜希尹的作战技术和思想,改变了人类战争的状态和人类社会的存在格局,对后世有深远影响。

二十七、什么是渔猎文化？完颜希尹与此有什么关系？

金代双鱼纹铜镜

马克思在1846年的《德意志意识形态》一文中就曾说过，共产主义社会，未来是上午打鱼，下午打猎，晚上进行理论批判。这里提到了打鱼和打猎，即渔猎。渔猎文化，也就是打鱼、打猎的文化。“靠山吃山，靠水吃水”，说的就是渔猎文化。夏季江边打鱼，冬天山中打猎，渔猎所得，是先民饮食起居的主要来源。渔猎文化是中国最早生发的文化之一，是中华文明的重要组成部分，有着顽强生命力。

完颜希尹、宗翰、吴乞买等人都善于渔猎打围。《辽史·天祚皇帝本纪》记载：“（阿骨打）其弟吴乞买、粘罕、胡舍等尝从猎，能呼鹿、刺虎、搏熊。”在辽金文化中，打猎的题材称“秋山”，打鱼的题材称“春水”，此外还有“夏凉”“冬坐”，有丰富的历史文化内涵。金代的铜镜双鱼镜很多，质量精良，是渔猎文化的一种反映。

二十八、什么是海洋文化？完颜希尹与此有什么关系？

生命来自海洋，人类的文化也起源于海洋。在旧石器时代，乃至更早，中国沿海地区就已有了人类活动的遗迹，有远古时期人形或人头形的海岛，还设计了捕鱼的石沪与防波的堤坝。《开元占经》有多处涉及了海神，也就是海中的人形山，其中的《海中占》就是讲述海中的人形山的。

中国最初的海洋文化，向内陆发展为渔猎文化。完颜希尹家族墓地，地象为男子抱大鱼，体现了远古的鱼神崇拜。同时，这也应是《山海经》记载的长臂国的一处所在。《山海经》记载的长臂国，是一个海边打鱼的部落。

《山海经》及记载了大量的远古海洋文化遗存，有神祀、城邑、广场、瑞兽等史前遗留。《山海经·海内北经》："大蟹在海中。陵鱼人面，手足，鱼身，在海中。大鯾在海中。明组邑居海中。蓬莱山在海中。大人之市在海中。"《山海经·海内东经》："都州在海中，一曰郁州。……韩雁在海中，都州南。始鸠在海中。"《山海经·大荒东经》："海内有两人，名曰女丑。女丑有大蟹。"

"陵鱼人面"：人鱼形的海岛（浙江温州洞头区）

二十九、什么是草原文化？完颜希尹与此有什么关系？

上古时期，人类在打猎和采集的过程中，逐渐学会了养殖和种植。人类养殖动物和种植作物的发生过程，中国大地表面有着清晰的山川记录。远古时期，中国人驯服了鳄鱼，当时大鳄鱼称为"龙"，小鳄鱼称为"夔"。此后，依次驯服了狗、象、猪、鸡、鸭、虎、獒、兔、羊。驯服家畜的人被后世崇奉为神，在中国古典天文中，为毕宿，为西方白虎座第五星。还有一说为娄宿，为西方白虎座第二星。

"上三皇"时期，中国人开始种麻、种粟、种瓜豆。随着养殖业和种植业的发展，人类文明程度越来越高。伏羲氏驯服了牛、马，一部分中原部族分化出来，开始以放牧为业，游牧于北方，逐渐形成了游牧民族和相应的草原文化。在中国古典天文中，伏羲氏为蛇神，为斗宿，为北方玄武座第一星。

游牧民族善于骑射，善于驾驶车辆。到了西周时期，驾车和射箭被列入"六艺"，已纳入了国家考核的内容。到了金代，骑兵是主要的作战力量。完颜希尹能够骑烈马，拉硬弓。这些作战技能，在伐辽灭宋的战斗中都得到了展现。

草原上的人形山（内蒙古自治区乌兰察布凉城县）

三十、什么是农耕文化？完颜希尹与此有什么关系？

农耕文化是中华文明的重要组成部分。在“上三皇”时期，中国人已经开始了种麻、种粟、种菜、种瓜、种豆等生产实践活动。到了“下三皇”时代，神农氏教民种植五谷。黄帝以后，后稷和叔均开始牛耕。历史上，民间崇奉的农神有多位，神农、炎帝、黄帝、后稷、叔均、周文王皆被民间奉为农神。

在金代，种麻、种植八谷、种菜、种瓜果等一如史前。种植是百姓衣食的重要来源，金代种植业已经达到了一定的水平。南宋大金通问使洪皓在《松漠纪闻》中记载了在完颜希尹家吃西瓜的事情。

农神后稷之山（辽宁省凌源市田家沟村）

三十一、金朝崇拜坐龙与完颜希尹有什么关系？

南宋洪皓《松漠纪闻续》记录了完颜希尹与龙的故事：“乙卯岁

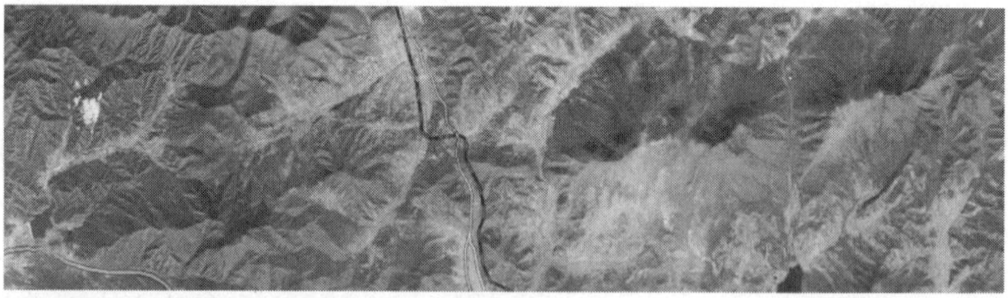

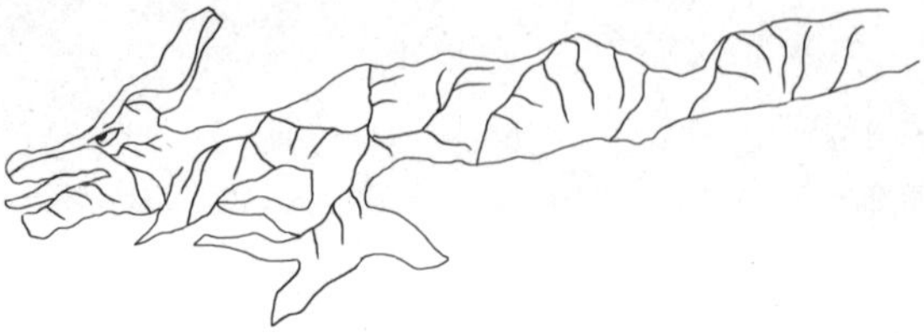

张广才岭的龙形地象及其线图（赵咪雪绘）

金代铜坐龙

(1135),有二龙不辨名色,身高丈余,相去数步而死。冷气腥焰袭人,不可近。一已无角,如截去。一额有窍,大若当三钱,如斧凿痕。悟室欲遣人截其角,或以为不祥,乃止。"完颜希尹家族墓地之南为张广才岭[①],是一条龙形的山脉,有清晰的龙头、龙眼、龙角、龙爪、龙身的结构,比例协调,形态鲜明。

中国人崇拜龙的历史十分古远,在古人眼中,龙体现了山川之气、云雨之气,拥有吞吐宇宙的气势,因而成为了中华民族的传统图腾。金人崇尚中华传统文化,延续了传统的龙崇拜。金代的器物中有龙的形象,并有特征性的坐龙,以之比喻人的气质和形象。北京白纸坊出土了金代铜坐龙像,龙弓身踞坐,眉宇清晰,泰然若定。

①张广才岭:吉祥如意的山岭。张广才,为满语,吉祥如意之意,与龙形相对应。南宋洪迈《夷坚志》作"冷山龙",意即龙为冷山地象,故知张广才岭是金史所述冷山之所在。坐龙地象,在张广才岭以北,形制巨大。

三十二、完颜希尹家族墓地中的佛教和道教文化元素有哪些?

完颜希尹有很深的文化修养,尤其在在佛教和道教文化方面。金代女真贵族的墓葬在葬制、葬俗等方面显示出很强的汉化倾向,在很大程度上代表了女真民族的发展趋势。

完颜希尹家族墓地的设计建造和埋葬方式,受到古代道家、道教和佛教的影响。从位置来看,墓葬处于群山之中,与天文、地理和谐统一,体现了古代道家天人合一的建筑理念。从建筑本身来看,神道、神道碑和石人、石兽的设置,是道家文化的沿袭。墓中出土了铁券,一说为买地券,是道教的物类。墓中出土莲花形铜蜡台,出自于道教，后来成为佛教的供器，民间称"宝莲灯"。墓主火化，并以石函为葬，是佛教的一种埋葬方式。此外，完颜希尹墓中还出土有一件莲花纹的石雕础座，应为佛像的底座。底座上的莲花，与佛教有直接的关系。

三十三、阿骨打为什么不接受完颜希尹等人的称帝之劝？

阿骨打起兵伐辽，实力益壮。完颜宗翰与完颜希尹曾经劝说阿骨打称帝，但阿骨打坚持推让，没有依从。《金史·完颜宗翰传》："太祖败辽师于境上，获耶律谢十。撒改使宗翰及完颜希尹来贺捷，即称帝为贺。及太宗以下宗室群臣皆劝进，太祖犹谦让。"《金史·太祖本纪》："撒改使其子宗翰、完颜希尹来贺，且称帝，因劝进。太祖曰：'一战而胜，遂称大号，何示人浅也。'进军宁江州，诸军填堑攻城。"《金史·撒改传》："遣子宗翰及完颜希尹来贺捷，因劝进，太祖未之从也。"

阿骨打建立了金国，被追谥为武元皇帝，庙号太祖，为金朝的开国皇帝。但建国和称帝是两码事，阿骨打可能只是因为金朝建国的需要临时代理了皇帝一职，始终没有称帝自立。阿骨打生而神异，被视为白衣观音下界。白衣观音，佛祖之别谓也。2002年，文物部门对北京房山金太祖完颜阿骨打墓进行了发掘，墓中发现石椁，是存放阿骨打骨灰的场所。墓中未见与帝礼有关的器物，说明阿骨打并不是以帝王的身份下葬的。

金朝建国后，完颜宗翰实力突出，但也未称帝。其幕僚力劝宗翰称帝，取代熙宗，被宗翰断然拒绝，应是延续了阿骨打的秉性和传统。宗翰的神格为虎神，其前世西周时为武王姬发，西汉时为汉将曹参，三国时为魏武曹操，六朝时为后赵石虎，其神格等级之高，仅次于阿骨打。

三十四、什么是猛安、谋克？与完颜希尹有什么关系？

猛安谋克制度，为金太祖完颜阿骨打设立，是在氏族围猎的基础上形成的，是渔猎文化的延伸。猛安为部落单位，谋克为氏族单位。一猛安包括八至十谋克，首领称"勃极烈"。

阿骨打伐辽之初(1114)，以三百户为一谋克，十谋克为一猛安，制定军队编制。也有称一百户为一谋克的,《金虏图经》:“一千户辖十谋克(谋克谓百户也)。”据《金史·食货志》载,金代女真共有四百八十万人,分属二百零二个猛安。完颜希尹曾为谋克,《金史·完颜守贞传》:“守贞本名左靨,贞元二年(1154),袭祖谷神谋克。”完颜希尹家族墓地出土昭勇大将军墓碑中有“猛安”字样。

金兵作战所需的粮食草料和物资供应多取自于敌国。《孙子兵法·作战篇》:“善用兵者,役不再籍,粮不三载,取用于国,因粮于敌,故军食可足也。”金军“因粮于敌”的作战体系,正好践行了《孙子兵法》。

金兵意志顽强,行阵有序,纪律严明,具有很高的战斗力,以致有“女真不满万,满万不可战”的民谣。《大金国志》卷三九:“俗勇悍,喜战斗,耐饥渴、苦辛。骑士上下岩壁如飞。济江河不用舟楫,浮马而渡。”金兵攻宋,给事李邺出使金营议和,被邀请观看金兵作战,返回后对宋徽宗报告说:“彼金人之兵,入水如蛟,入山如虎,登城如猿,不可敌也。”又说:“人如虎,马如龙,上山如猿,入水如獭,其势如泰山,中国如累卵。”(《三朝北盟会编》卷二十八)

三十五、完颜希尹是否读过《孙子兵法》?

完颜希尹的作战技术和思想与《老子》《孙子兵法》有高度契合,说明他有很高的学术修养。那么,完颜希尹是否读过《老子》《孙子兵法》这些中国经典著作呢?

女真族是中华民族很重要的一个分支,据文献记载,它是“五帝”之一颛顼大帝的直系子孙,是名副其实的“炎黄子孙”。颛顼是轩辕黄帝之孙,有很高的文化素养,对中华民族的繁荣进步做出了很大的贡献。颛顼的美德,在其后世子孙中得到了继承和发展。

另一方面,《老子》保留了上古时期的思想,是一部上古圣王的言论总集,包括轩辕黄帝和颛顼的思想和言论。到了春秋时期,老子作为周守藏史,收存了上古圣王的思想和言论,由此总结成为了《老子》一书。可见,《老子》一书虽然是以《老子》命名,却不是出于老子其人,而是来自于上古圣王,有非常久远的历史。《孙子兵法》也是如此,是历代战争的经验总结,在中国传统文化中有很深的根基。完颜希尹虽然没有读过《老子》《孙子兵法》的著作，但因为金源文化与中国传统文化的同源性，所以完颜希尹的作战技术和思想能与《老子》《孙子兵法》高度契合。

三十六、完颜希尹为何要把宋朝的皇帝大臣迁往北方?

天会五年(1127)四月，完颜宗翰与完颜希尹攻克北宋都城汴京，俘虏宋二帝徽宗、钦宗北归，北宋2200多名文武大臣与家属幕僚随之北迁。完颜宗翰和完颜希尹之所以这样做，是基于一项久远的中国历史传统。

约在公元前1046年，武王姬发誓师牧野(今河南卫辉)，推翻了商王朝，建立了西周。武王克商之后，将商朝的遗民迁往都城，居于周王附近，便于周王亲自监督和管教。完颜宗翰的神格为虎神，为战神，其前世为周武王姬发。宗翰克宋，在一定程度上就是“武王伐纣”历史的重演。因此，宗翰与希尹克宋之后将宋二帝北迁可与古史暗合。

完颜希尹在克宋中的作用，相当于太公吕望；在克宋后的作用，相当于周公。完颜希尹集太公、周公二圣于一身，在金代的政治舞台上起着举足轻重的作用。

三十七、完颜希尹是如何解决战争遗留的妇女问题的?

《老子》第七十九章说:“和大怨，必有余怨。报怨以德，安可以为善。”意思是说，深仇大恨消解了，一定还有余留的怨咎。用德来报答怨咎，这才是妥善的办法。完颜希尹深谙《老子》之术，并且身体力行，“以德报怨”，就是他解决战争遗留问题的一个原则和有效方法。

随着辽和北宋的灭亡，中原地区的人们体会到了史无前例的丧国之痛。尤其是广大的妇女，不仅因为战争失去了家园，也失去了丈夫、儿子或者父亲，所以对国破家亡的体会更为深刻，常常对金兵怀有刻骨的仇恨。金兵虽然战胜，但这种负面情绪的蔓延，对国家的长治久安是极为不利的。

面对复杂的国内形势，完颜宗翰和颜希尹采取了赎买的办法，征集战争遗留的寡妇，并将她们全部迁往北方，归为国用。这一举措有效医治了南北战争留下的创伤，为金代的繁荣发展扫平了道路。

三十八、金人为何钟爱丝绸？与完颜希尹有什么关系？

金人与丝绸的关系十分密切。金人钟爱丝绸，深以为傲，不仅因为丝绸的华贵美丽，也是因为丝绸代表了远古祖先的卓越创造。金人穿着丝绸，是不忘祖先、不忘根本的一种方式。完颜希尹也喜爱丝绸，完颜希尹墓的考古发掘表明，他的骨灰是以丝绸包裹的。

金锦绵袍（金代齐国王完颜宴墓出土，黑龙江哈尔滨）

金人，即女真，是一个远古部族，称"肃慎"。据文献记载，其祖先是颛顼之子。颛顼，为上古圣王，"五帝"之一，是轩辕黄帝的曾孙（一说为孙）。丝绸，是黄帝时期的发明。轩辕黄帝之妻嫘祖发明了养蚕，在此基础上又发明了缫丝和成衣之法。黄帝时期，中国人已经穿上了华丽的绫罗，有了发达的文明。

但是，由于历史的原因，丝绸成为了南方的特产，金人的丝绸都是得自于南方。按照南北双方的约定，北宋每年要向金朝贡奉丝绸，即"岁币"之一。后来，北宋违背了盟约，直接引发了金人灭宋的举动。

南方贡奉北方的丝绸，以"金锦"为名贵，尤为金代贵族所喜爱。金锦，也作"金帛"，用来奖励有功之人，是皇帝赏赐给大臣的礼物。

三十九、完颜希尹的老家历史上是什么样子的？

史籍记载，完颜希尹的老家在冷山，为苦寒之地。《宋史·洪皓传》:“云中至冷山行六十日,距金主所都仅百里。地苦寒,四月草生,八月已雪。穴居百家,陈王悟室聚落也。”《后汉书·东夷传·挹娄》载:“挹娄,古肃慎之国也……处于山林之间,土气极寒,常为穴居,以深为贵,大家至接九梯。”《魏书·勿吉传》记载:“其地下湿,筑城穴居,屋形似冢,开口于上,以梯出入。”南宋洪皓《松漠纪闻》:“女真即古肃慎国也,东汉谓之挹娄,元魏谓之勿吉,隋唐谓之靺鞨。”《山海经·大荒西经》:“有国名曰淑士,颛顼之子。”意思是说,肃慎是颛顼儿子的封地,肃慎是颛顼后裔。淑士,即肃慎,音近通假。清杨宾《柳边纪略》:“冷山,宋洪忠宣公皓所居也。余于必儿汉必拉北望,相去约数十里,见其积素凝寒,高出众山之上,土人呼为白山,以其无冬夏雪白也。《松漠纪闻》:‘冷山去燕山三千里,去金所都二百余里,去宁江州百七十里。’余虽未至其下,然以古今道里合之,其为冷山也无疑。”

完颜希尹的老家,即陈王悟室聚落,是半地穴式的建筑群,是长方形或椭圆形半地穴式房屋。俗称“地窨子”,可保暖防寒,也可防止野兽的袭击。一般长四到五米，中部或墙角有用石砌成的灶址。屋舍在半山坡上朝阳而建,冬天防风,夏天防水防暑。从外边看房屋很矮小,进到屋子里仍足够高,这是自远古传承了数千年之久的北方民居样式。辽宁朝阳牛河梁女神庙(蚕神庙)是一座半地穴的建筑物，说明这种建筑样式起源古远，至少可以追溯到黄帝时代。

四十、金熙宗为什么要杀完颜希尹?有何政治用意?

完颜希尹是金代的开国功臣,晚年卷入宗室党争,虽是熙宗一派,但还是为熙宗所杀,诸子也未能幸免。

金熙宗合剌成长于和平的环境,他热爱和平,痛恨战争。完颜宗翰和完颜希尹是金代杰出的军事家,是战神,也是战争的化身,却为熙宗所不满。熙宗因杀完颜宗翰,不久又杀完颜希尹一家,反映了金熙宗要结束战争状态、祈望天下太平的美好心愿。

四十一、完颜希尹的神庙历史上是什么样子的?

完颜希尹生前为金朝开国立下了卓越的功勋,死后极尽哀荣,崇奉祭祀不断。金代对完颜希尹的崇奉，一是配享，为陪祀，二是单独立庙，有专门祭祀的神庙。历史记载的完颜希尹神祀应该有四处。

首先，完颜希尹是配享于金中都太庙衍庆宫圣武殿左右庑之内，为陪祀。明昌四年(1193)，始定次序，完颜希尹列在东廊，在金源郡毅武王习不失、楚威敏王宗雄之间。金代衍庆宫功臣像，自大定八年(1168)由金世宗诏命绘制，至1215年随金中都城池同时被毁，存世近半个世纪。

第二是在老家上京纳里浑庄建有贞宪郡王庙，春秋祭祀。贞宪郡王庙后因金灭而废。

第三是配享于燕京武成王庙。武成之名，取武王克商建立西周之事，《尚书》有《武成》篇。唐肃宗上元元年(760)，追封西周开国名臣姜尚(太公吕望)为武成王，诏令京城及各州皆设太公庙，并以张良、韩信、白起等七十二位历朝历代的名臣名将配享姜尚两侧。

金承唐、宋、辽之制，泰和六年(1206)诏建昭烈武成王庙于阙庭之右，丽泽门内。其制一遵唐旧，礼三献，官以四品官已下，仪同中祀，用二月上戊。完颜希尹列一说位于武成王庙，为陪祀。

《金史·蒲察思忠传》："思忠奏曰：'伏见武成王庙配享诸将，不以世代为先。后按唐祀典，李靖、李勣居吴起、乐毅上。圣朝太祖以二千之众，破百万之师，太宗克宋，成此帝业，秦王宗翰、宋王宗望、娄室、谷神与前代之将，各以功德间列可也。'"

第四，是在汴梁的武成王庙之内，应有完颜希尹(或张良)的神位。贞祐二年(1214)三月，金宣宗迁汴，余会朝门内阙庭之右营庙如制，春秋上戊之祭仍旧。

完颜希尹为主祀或陪祀的国庙今已不存。但在家庙中仍有供奉，比如在完颜宗弼后代居现住在甘肃泾川完颜村内，有"三圣宫"的祠堂家庙，其中供奉着完颜希尹。据有关史料记载，自金章宗初年(1190)年起，完颜希尹的地位不断提升，他的名字民间也要避讳，有的尹姓家族为此改为师姓，以完颜希尹为老师的意思。

四十二、新石器时代王磨坊遗址与完颜希尹家族墓有何关系？

王磨坊是一处新石器时代西团山文化遗址，也是完颜希尹的诞生地和埋葬地。史书提及的纳里浑庄和冷山，是完颜希尹生活和成长的历史地理环境。完颜希尹不可避免地要受到当地历史文化的熏陶感染。

完颜希尹家族墓地是经过堪舆术士精心选择的，出土的碑碣中有“术人田煦”的铭文，记载了堪舆术士的名字。完颜，为女真语，转译为汉文即“王”或“汪”，“王磨坊”的村名，也许与历史上的完颜家族有某种关系。

四十三、金代发达的手工艺与完颜希尹有何关系？

完颜希尹谦恭低调，礼贤下士，艺能之士多归之。《完颜希尹神道碑》记载：“征伐所获儒士，必礼接之，访以古今成败。”

金代的手工业主要有矿冶业、制盐业、纺织业、陶瓷业、雕版印刷业、火器制造业、造船业、酿酒业等行业。金代继承了汉、唐的传统，器物制作精美，内涵丰富，水平很高。清代史学家赵翼在《廿二史札记》中说：“金代文物远胜辽元。”究其原因，这是完颜希尹在世之时开始大量引进中原地区的人才和技术的结果。

四十四、完颜希尹是如何写字的？

完颜希尹发明了女真文字，是语言文字专家，《完颜希尹神道碑》说他“性尤喜文墨”。史料中保存了完颜希尹的信件和榜文，显示出他具有很高的文字能力。完颜希尹墓中传说出土了一方澄泥砚，自铭为“细泥砚”，是文房用具，说明完颜希尹是钟情于书法的。

四十五、完颜希尹的战马是什么样子的？

完颜希尹擅长骑马行军，速度惊人。完颜希尹发明女真文字，金太祖完颜阿骨打曾以一匹战马作为赏赐。另据《完颜希尹神道碑》记载：“王驰驿，一日而至西京。”从北京延庆到山西大同大约五百里的距离，一日到达，没有神驹是难以做到的。

然而，完颜希尹行军的快速不是用马匹可以解释的，他所谓的"神驹"应是一架气动的飞艇或滑翔机。金人向往飞翔，崇拜鸟类，完颜希尹当时应是设计发明了某种飞行器以解应急之需。

四十六、完颜希尹是否饮酒？

金人尚饮，多有酒器传世和出土。南宋洪皓《松漠纪闻》："贵游子弟及富家儿，月夕饮酒，则率携尊驰马，戏饮其地。"金国招待南宋的使节，酒是必需的物资。《松漠纪闻》又载："金国待中朝使者、使副，日给细酒二十量罐。"

完颜希尹也饮酒，但酒量有限。晚年一次宴席中，因喝酒中言语有失，得罪了宗弼，《完颜希尹神道碑》称为"因酒有隙"。因为酒后失言，完颜希尹最终落下了"蔑视同僚""奸状已闻""心在无君"的罪名，招致了杀身之祸。

四十七、完颜希尹与《开元占经》有何关系？

完颜希尹对星占有所研究。洪皓《松漠纪闻》记载："己未年(1139)五月，客星守鲁。悟室占之，太史曰：'不在我分野，外方小灾，无伤。'至七月，鲁、兖、宋、滕、虞诸王同日诛。"悟室，即完颜希尹。古代星占之书首推《开元占经》，是一个完整的科学理论体系，完颜希尹虽通星占，但并没有读过《开元占经》。

《史记·五帝本纪》说黄帝"顺天地之纪，幽明之占，死生之说，存亡之难"。这里提到的"占"，是古时一种文体，总结过去曰"占"。反之，展望未来曰"卜"，或曰"期"。另一方面，古时设谜为"占"，猜谜为"期"。可见，"占""卜"虽然并用，但含义相反，此如"好坏""大小""长短"之类。

《开元占经》是一部具有重要价值的天文地理文献，是唐代收集整理历代天书的一大成就。《开元占经》全本，《唐书·艺文志》载一百十卷，名《大唐开元占经》，成书时间在唐开元六年(718)至开元十四年(726)之间，主编为唐太史瞿昙悉达。书中征引古籍，经纬图谶，极为浩博。因长期以来体例不明，《开元占经》被诬为封建迷信，并被斥名为"占星术"，不知其中另有玄机，实际上与封建迷信殊为二物。

四十八、完颜希尹与《大金国志》有何关系?

《大金国志》四十卷,题宋宇文懋昭撰,是第一部记载金朝始末的史书。全书《纪》二十六卷,《开国功臣》一卷,《文学翰苑》二卷,《楚国张邦昌录》和《齐国刘豫录》各一卷,册文等一卷,天文、地理、制度、风俗等七卷,《许奉使行程录》一卷。

《大金国志》记载了金朝的历史人物、天文、地理、诰敕、舆服、车驾等官方事宜,民间的民俗和风土人情也一并记录,因而是十分重要的科学资料。完颜希尹是金史中的重要历史人物,《大金国志》"开国功臣"卷中有"兀室"和"骨舍"两篇,当时作者还没有意识到二者其实是同一个人。

四十九、历算不发达,完颜希尹等人是否会"过错年"?

过年,是中华民族的传统风俗,女真人为黄帝后裔,自然秉承了这一传统民俗。古代中国年、节气、时刻皆得之于实测,历算之差可以因机调整,因而不存在"过错年"的问题。但是,女真先人因为地处漠北,与中原地区联系不畅,又缺乏相应的历算人才,所以,"过错年"的事情一再发生。以往大雪纷飞时过年,如今树叶初黄怎么就过年了? 为了避免"过错年"的尴尬,女真人索性也就不再过年。

《大金国志》卷三三:"国初用兵行师,未知有时日支干、孤虚旺相之法,天文之官亦未备。"洪皓《松漠纪闻》载:"女真旧绝小,正朔所不及,其民皆不知纪年,问则曰'我见青草几度矣',盖以草一青为一岁也。"自金军南下,因宗翰、希尹等人的推动,女真古老的年俗得以恢复。洪皓《松漠纪闻》:"兴兵以后,浸染华风,酋长生朝,皆自择佳辰。"宗翰以正月初一即过年这一天为自己的生日,希尹以正月十五为自己的生日,都是十分隆重的民俗节日。

五十、如何理解完颜宗室、同姓完颜、异姓完颜?

完颜希尹的父亲完颜欢都,《金史》称之为"异姓完颜"。《金史·

宗室表序》:“史臣记录有同姓完颜,盖疏族,若石土门、迪古乃是也;有异姓完颜,盖部人,若欢都是也。”据此可知,完颜氏有完颜宗室、同姓完颜、异姓完颜的差异。

完颜宗室,即皇族,皆源自于金始祖函普。函普来自于高丽,时为勿吉七部之一,后因才德娶完颜部贤女而入赘于完颜部,以完颜为姓,生二子,家族不断成长壮大,直至建立了金王朝。同姓完颜,如石土门、迪古乃,其前辈是与始祖函普一同来到完颜部、并且也入赘于女真完颜部的亲弟保活里的后人,与完颜宗室有血缘关系,有相同的Y染色体遗传,实与宗室无别。

异姓完颜,即完颜氏本部落的人,与完颜宗室没有Y染色体遗传关系。但是,他们是真正的完颜本部的女真人,能够代表女真的历史和文化,如完颜娄室。《完颜娄室神道碑》:“盖其先曰合笃者居阿注浒水之源,为完颜部人。”《金史·宗室表序》称欢都为“异姓完颜,盖部人”。部人,也就是女真完颜部的人。

完颜希尹的曾祖为完颜石鲁,《金史·完颜欢都传》:“(欢都)祖石鲁,与昭祖同时同部同名。”但是,完颜欢都为女真完颜部人这一说法也许是有争议的。据《完颜希尹神道碑》记载,完颜希尹“自曾祖(入)完颜部”,碑文中间挠一实词,应为“入”字。也就是说,完颜希尹的曾祖完颜石鲁可能也是以异姓入赘于完颜部的,与金始祖完颜函普的经历相似。所以,完颜希尹的家族虽然以完颜为姓,但很可能既非完颜宗室,也非同姓完颜,更非异姓完颜,而是入赘于完颜部的女真人或汉人的后裔。

五十一、完颜希尹发明的女真大字是怎么一回事?

女真语言被划归为阿尔泰语系,归属为满洲通古斯语族,是蒙古语的近亲。女真最初有语言,却没有文字。《大金国志》卷三九:“与契丹言语不通,而无文字,赋敛科发,刻箭为号,事急者三刻之。”《金史·完颜勖传》:“女直既未有文字,亦未尝有记录,故祖宗事皆不载。”

完颜希尹与叶鲁以女真语、汉字和契丹字为基础,采取加减笔画,或者取其音,或者取其义,由此创立了女真文字。叶鲁与完颜希尹所发明者为大字,后来金熙宗所发明者为小字。女真大字包含了音节的拼写，是中国早期的拼音文字。

完颜希尹家族墓地出土了“昭勇大将军同知雄州节度使墓”墓碑，为女真大字和汉字两种字体书写，内容相同，可以互译，是十分珍贵的文字资料。通过女真大字与汉字的比较研究，人们可以了解女真大字的基本面貌。

完颜希尹家族墓地出土女真文字与汉字的互译（选自吉林省文物志编修委员会1985年编辑的《舒兰县文物志》一书）

五十二、完颜希尹与洪皓《松漠纪闻》有何关系？

《松漠纪闻》为南宋洪皓所著，记录了他在北国流放期间的见闻。高宗建炎三年（1129），洪皓以大金通问使奉命赴金，被羁留十余年，其间流放于冷山，在完颜希尹家为教授。

洪皓曾为陈王完颜希尹延请，所居冷山距离金上京会宁府很近，其间走访女真遗老，记录见闻，故《松漠纪闻》中所记史事颇详，是了解女真族的重要史料。

五十三、完颜希尹为什么会被“诸将所忌”？

李白诗云：“古来圣贤皆寂寞。”完颜希尹虽是女真圣贤，却不为人所喜。《大金国志》卷二七：“兀室尝副粘罕用事，虽为诸将所忌，而尝以智得免。”完颜希尹虽然殚精竭虑，为国极尽忠诚，而且战功赫赫，但他仍然被诸将忌恨，为落后势力所不容，只是因为他的机智和巧妙周旋而得免于灾祸。

然而，完颜希尹最终还是因此落难，直接原因是他得罪了金熙宗、悼平皇后和完颜宗弼，为当权者所忌。这三个人都是站在各自的角度，从自身利益出发，忘记了国家和民族大义。完颜希尹被屈杀，注定了金王朝必将覆灭的历史宿命。

完颜希尹曾担任过金国的先锋经略使，是皇帝的使者，代表皇帝冲锋在前，在伐辽之战中发挥了重要作用。先锋，作战的前锋。《金史·完颜希尹传》：“宗翰驻军北安，使希尹经略近地。”经略，抢掠的美化。略，通掠。此处，“略”为褒义，含策略之意，是说抢掠是无奈之下的策略选择。而“掠”为抢掠，贬义。使用“略”还是“掠”，反映出了史家的政治取向，故不可混用。《三国志·魏书·程昱传》裴松之注引郭颁《世语》：“初，太祖乏食，昱略其本县，供三日粮，颇杂以人脯，由是失朝望，故位不至公。”此处，“略”通“掠”，是对抢掠的美化。

完颜希尹的先锋经略使一职，不仅是冲锋陷阵，还要负责收集军资，为后续的部队提供物质保障，是金军的前方勤务所在。

五十四、完颜希尹及其家族墓地有怎样的历史经历？

辽大康元年（1075），完颜希尹大约生于此年，年纪小于完颜阿骨打，年长于完颜宗翰。约十八岁时，娶穆宗内弟挞懒女乌古论曷罗哂为妻。

辽天庆二年（1112）二月，辽天祚帝在春州举行头鱼宴，完颜希尹随阿骨打参加。宴会上，阿骨打被辽贵人羞辱，拔剑欲杀之，幸被希尹拦下。此事一说在道宗朝。

金康宗十一年（1114）二月，完颜希尹之父完颜欢都患病，后病逝于米里每水。

辽天祚帝天庆四年（1114）十月，女真部首领完颜阿骨打于来流水南岸（今吉林扶余徐家店乡石碑崴子村）誓师反辽，师围宁江州，命完颜希尹填平护城河，因克之。

同年十一月，阿骨打以娄室、银术可为将领，以宗翰、希尹为谋主，星夜兼程奔袭至混同江边，抓住战机，取得出河店大捷。

金太祖收国元年（1115），阿骨打建立金国。希尹、宗翰等曾力劝阿骨打建国。

金太祖收国二年（1116），完颜希尹跟随完颜斡鲁攻破辽东京辽阳府，又率骑兵擒斩了反对辽朝、自称大元国大渤海皇帝的高永昌。

天辅二年（1118），受命创制女真字，依据契丹字、汉字制造新字，以拼写女真语言。

天辅三年(1119)八月，制成女真大字。太祖大悦，命颁行之。赐希尹马一匹、衣一袭。

天辅四年(1120)，金兵与宋军联合伐辽，完颜希尹随阿骨打攻破辽上京临潢府(今内蒙古自治区巴林左旗东镇南)。

天辅五年(1121)十二月，随金军大举伐辽，在宗翰军中。

天辅六年(1122)，以耶律余睹为前锋，正月十四日攻占辽中京大定府(今属内蒙古自治区宁城县)，因机招降辽西讹里剌。

天辅六年(1122)二月，从副都统完颜宗翰于北安州(今河北承德西)，大败辽奚王萧霞末。随后，在古北口(今北京市密云东北)大破辽军，追辽天祚帝耶律延禧于鸳鸯泺（今河北张北西北安固里淖)、白水泺(今内蒙古自治区察右前旗黄旗海)，攻占辽西京(今山西大同)。征途中收忽土特满为次室，石抹荣为义子。

天辅六年(1122)，北宋徽宗皇帝遣派国信使赵良嗣、国信副使周仲武来到金国，提出增加进贡岁币，以代替燕税，并且商议北宋与金人的疆界、西京等事，全部由希尹接待和主谈。

金太宗天会初年(1123)，宗翰入朝议事，希尹权西南西北两路都统，主决大事。一说封镐国王。

天会二年(1124)，天祚帝率诸军五万出夹山，南下攻取州县，至武州(今河北宣化)，遭到希尹阻击，辽兵溃败，天祚帝逃往山金司。希尹因此升职为先锋经略使。不久，希尹获悉天祚帝欲南逃降宋，遣完颜娄室率精兵追击。天会三年(1125)二月，娄室擒获天祚帝，辽朝灭亡。

天会三年(1125)十月，任元帅右监军，与宗翰等率军攻宋。十二月，与左副元帅宗翰率西路军自西京取太原，趋汴京(今河南开封)。

天会四年(1126)，再伐宋，闰十一月，金军攻陷汴京。十二月，宋钦宗奉表投降，北宋灭亡。

天会五年(1127)四月，俘宋二帝徽宗、钦宗北归。七月师还，太宗赐希尹铁券，除常赦不原之罪，余释不问。

天会五年(1127)十月，大金通问使傅雱见希尹于云中(今山西大同)。《宋史·西夏传》言希尹职位为“左监军”。

天会六年(1128)七月，率金兵攻南宋，败宋将翟进、韩世忠。

天会七年(1129)二月,希尹率金兵奔袭扬州,追击康王赵构,不及而还。是年,洪皓流放冷山,于完颜希尹家为教授。

建炎四年(1130)夏,金兵撤离江南。

天会十年(1132),完颜希尹与宗翰、宗辅入朝,与宗干议立合剌(完颜亶)为谙班勃极烈,太宗纳之。十一月十一日,孙完颜守宁生于云中。

天会十年(1132)秋,平定耶律余睹之叛。

天会十三年(1135),完颜亶继位,为金熙宗。希尹为尚书、左丞相兼侍中。史载:“希尹为相,有大政皆身先执咎。”

天会十三年(1135),萌古斯扰边,希尹与宗磐北征呼伦贝尔草原各部。

天会十五年(1137),赠完颜欢都仪同三司、代国公。

天眷元年(1138),乞致仕,因太傅宗干的阻挠,未准。七月十八日罢相,出为兴中尹。

天眷二年(1139)正月,复为尚书、左丞相兼侍中,加开府仪同三司,封陈王。与完颜宗弼捕杀太师、领三省事完颜宗磐,太保、领三省事完颜宗隽。

同年,协助熙宗改定礼仪、官制,奏《请定官制》札子。

天眷三年(1140)九月,与熙宗南巡至燕京。因完颜宗弼奏请,遂以“蔑视同僚”“奸状已闻”“心在无君”的罪名被处死,诸子受到株连,亦被处死。

皇统三年(1143),金熙宗因其“实无他心,死非其罪”,赠以开府仪同三司、邢国公,改葬,并起用其孙完颜守道。此应是舒兰小城完颜希尹墓的修造的年代。

皇统七年(1147)四月,孙完颜守宁承祖完颜希尹谋克,授振威将军,兼经本房。

皇统九年(1149),孙完颜守道任同知卢龙节度使事,历献、祁、滨、蓟四州刺史。

天德初年(1149),海陵王完颜亮追封完颜希尹为豫国王,谥曰贞宪,以雪其非罪。

天德三年(1151)十二月,孙完颜守宁改袭祖贞宪王,猛安千户,授定远大将军。

贞元二年(1154),孙完颜守贞袭祖谷神谋克。

正隆二年(1157),例降金源郡王。

正隆六年(1161)八月十七日,孙完颜守宁遭叛军劫杀,头中流矢而卒,时年三十。

大定元年(1161),孙完颜守贞充符宝祗候。

大定二年(1162),孙完颜守道改任太子詹事,兼右谏议大夫。

大定四年 (1164) 八月, 孙完颜守道为尚书右丞, 大定九年(1169)为平章政事,十二月戊寅为右丞相。

大定十六年(1176),诏令绘画图像,悬挂于衍庆宫。

大定十七年(1177),配享太宗庙庭,命词臣撰文于其旁。

大定二十年(1180),孙完颜守道改授尚书左丞相。

大定二十一年(1181)三月乙未,孙完颜守道为太尉、尚书令。七月辛丑,复为左丞相,太尉如故。《完颜希尹神道碑》应立于此时。

明昌五年(1194),立贞宪郡王庙于上京纳里浑庄,春秋致祭。

同年,金章宗赠完颜欢都开府仪同三司,谥号忠敏。

明昌六年(1195),金章宗以完颜守贞为贺宋生日信使,回国后拜参知政事。

泰和六年(1206),列位于燕京武成王庙。

贞祐二年(1214)三月,金宣宗迁汴,余会朝门内阙庭之右营庙如制,春秋上戊之祭仍旧。

清光绪十七年(1891),吉林将军长顺纂修《吉林通志》,普查文物,长春知府杨同桂发现山野之中的《完颜希尹神道碑》,早期的碑文拓片出于此时。

光绪二十年(1894)三月,长顺将破损开裂成五块的神道碑鞾立一处,立碑为记。《吉林通志·金石》收录了《完颜希尹神道碑》碑文,有详尽著录和考证。

民国十三年(1924),高汝清任舒兰县知事,十分重视完颜希尹的研究。高汝清,字抱荃,1880年生,辽宁复县(今瓦房店市)人。1914年7月19日经吉林巡按使公署任命为虎林县知事,1924年任舒兰县知事。

民国十五年(1926)四月,徐炳昶发表《校金完颜希尹神道碑书后》,对《完颜希尹神道碑》进行了校对。

民国十九年(1930),舒兰县长袁庆清著《完颜希尹碑释文》,印行于世,制作拓片,分送硕士名流。

1936年,日本学者园田一龟对完颜希尹墓地进行了调查,并发表了研究报告。

1937年,罗福颐辑成《满洲金石志》出版,注释收录了《完颜希尹神道碑》碑文。

1941年,日本民生部出版《吉林滨江两省的金代史迹》,记载完颜希尹神道碑每字大小"约一寸五分见方"。

1966年8月,"文革"开始,完颜希尹神道碑被"造反派"视为"四旧"炸毁,成为1800多块碎块。

1969年,搜集到残碣"金紫光禄……",推知该墓碣上刻字全文应为"金紫光禄大夫之墓",墓主应是完颜希尹的嫡孙完颜守贞。

1978年,在第四墓区石人南侧约50米处的耕地里,发现已残的"招讨……奉斜……"残墓碑一块。

1979年,研究人员又在石人北侧5米左右的表土中采集到刻有"……代国公之"残墓碑一块。

1979年,发掘完颜守道墓。第一墓区内曾发现墓碣座五个,清理发掘墓葬一座。在石椁盖上发现"太尉……濮国公……""公讳守道"的墓碣残段。由此可知此墓主人为完颜守道。

1980年7月,吉林省文物工作队在完颜希尹家族墓地第二墓区第二组石雕群体正北十余米处发掘了一座用花岗石岩条垒砌的石室墓,即完颜希尹墓。

1983年5月,小城林场不顾国家古文物保护的有关规定,在第一墓区正中开辟出一条林道,将第一墓区完全破坏。

1984年,《吉林政报》发布《吉林省人民政府关于小城林场擅自在省级重点文物保护单位内修筑林道破坏文物的通报》。

1992年, 小城镇农民在希尹家族墓地第二墓区附近发现一块残碣,上面刻有"太子少傅之墓"的字样,应是完颜希尹之弟完颜谋演的墓碑。

2001年, 完颜希尹家族墓地被列为第五批全国重点文物保护单位。

2009年10月21日,完颜希尹生平及墓区保护与开发研讨会在吉林舒兰召开，多位金史学者与会。

五十五、完颜希尹是否有“养儿防老”的观念？

史载，完颜希尹有八子，养儿众多。但这与养老无关，完颜希尹没有“养儿防老”的观念，也没有养老的意识。

在远古时期，中国没有养老制度，也没有养老的观念和意识。在北方地区，曾经流行树葬。人死之后，化身为树，荫庇后人。此时动物状态的人转化成为植物状态，生命的状态虽有改变，但生命在延续，生命的价值仍在。死，不是消灭不存，而是生命的另一种存在状态，因而中国古人并不畏惧死亡。《老子》第七十四章有“民不畏死”一说，是说老百姓不惧怕死亡是一种天然的、本真的状态。女真人钟爱山水，性格朴实率真，如有老病，则离其故宅，遁形骸于山林，与祖先融化为一体，不给家庭和社会增添负累。

五十六、金太宗赐给完颜希尹的免死铁券是否起过作用？

完颜希尹是金王朝的开国元勋。为了表彰其功绩，天会五年(1127)九月二十四日，金太宗赐完颜希尹丹书铁券，除常赦不原之罪，有“余释不问”的特权。然而，在金熙宗即位后，这一特权并没有延续和巩固，希尹最终还是被诛杀，并祸及诸子和臣僚。虽是如此，但免死铁券还是在潜移默化中发挥了作用，曾经挽救过完颜希尹的性命。

一是在伐辽之时，完颜希尹临阵收妻，纳忽土特满为次室，辽天祚帝因此得以逃脱。这一行为严重触犯了军纪，依律当死。但是，因为完颜希尹统帅的身份，死刑未能执行。后来，希尹将功补过，活捉了天祚帝，进而又灭北宋，俘宋二帝北归，获得了免死铁券，这一事件也就没有人追究了。

二是在金朝建国以后，希尹经历了耶律余睹之叛，擅杀完颜宗翰次室萧氏，并祸及各路契丹，激化了民族矛盾。希尹擅杀之举，并没有得到追究，这是因为免死铁券起了作用。希尹敢于擅杀，底气之足，也出于这方铁券的保护。

五十七、完颜希尹的兴中尹是怎样一个官职?

辽宁朝阳是中国传统文化的发源地之一，历史文化底蕴极为深厚。完颜希尹也曾任职于朝阳。

完颜希尹晚年陷入宗室党争,罢相后曾任职为兴中尹。《金史·完颜希尹传》:“天眷元年(1138),乞致仕,不许,罢为兴中尹。”《完颜希尹神道碑》:“会东京留守宗隽、左副元帅挞懒来朝,皆党附宗磐,同力以挤王,出为兴中尹。”

兴中尹,即兴中府尹。兴中府,辽置,金代承袭,今属辽宁省朝阳市。兴中府初为辽代建制,为辽“五京六府”之一,战略地位十分突出。完颜希尹任职为兴中尹,是兴中府的一级军政首长,不可避免地会接触到当地的历史文化,受其感染和熏陶。这对于提高他的知识水平和执政能力是十分重要的经历。

五十八、为什么说舒兰小城是完颜希尹的老家?

完颜希尹的出生地,在民间是一个有争议的问题。舒兰小城是完颜希尹家族墓地的所在,也是完颜希尹的故乡,史籍多有涉及。如,完颜欢都之死,《金史·完颜欢都传》记载:“康宗亲迓于路,送至其家,亲视葬事。”完颜欢都葬于老家,墓葬在完颜希尹家族墓地第五墓区。又如，金史提及纳里浑庄为完颜希尹的神庙所在,“纳里浑”满语即“小”的意思,与“小城”的地名相对应。可见,完颜希尹的出生地和葬地在舒兰小城,是一个明确的结论。

附录二 完颜希尹家族史料

一、《金史·完颜欢都传》

欢都(1051—1113),完颜部人。祖石鲁,与昭祖同时同部同名,交相得,誓曰:“生则同川居,死则同谷葬。”土人呼昭祖为勇石鲁,呼石鲁为贤石鲁。

初,乌萨扎部有美女名罢敌悔,青岭东混同江蜀束水人掠而去,生二女,长曰达回,幼曰滓赛。昭祖与石鲁谋取之,遂偕至岭右,炷火于箭端而射。蜀束水人怪之,皆走险阻,久之,无所复见,却还所居。昭祖及石鲁以众至,攻取其赀产,虏二女子以归。昭祖纳其一,贤石鲁纳其一,皆以为妾。是时,诸部不肯用条教,昭祖耀武于青岭、白山,入于苏滨、耶懒之地,贤石鲁佐之也。其后别去。

至景祖时,石鲁之子劾孙举部来归,居于安出虎水源胡凯山南。胡凯山者,所谓和陵之地是也。

欢都,劾孙子。世祖初,袭节度使。而跋黑以属尊,蓄异谋,不可制。诸部不肯受约束,相继为变。欢都入与谋议,出临战阵,未尝去左右。

斡勒部人杯乃,自景祖时与其兄弟俱居安出虎水之北,及乌春作难,杯乃将与乌春合,间诱斡鲁绀出水居人与之相结,欲先除去欢都。会其家被火,阴约隶人不歌束,诡称放火乃欢都、胡土二人,使注都来谓世祖曰:“不歌束来告曰‘前日之火,欢都等纵之。若不弃旧好,其执纵火之人以来’。”世祖疑之。石卢斡勒勃堇曰:“杯乃兄弟也，岂以一二人之故，而与兄弟构怨乎。彼自取之，又将尤谁，不如与之便。”欢都被甲执戟而起曰：“彼为乱之人也，若取太师兄弟，则亦与之乎。今取我辈，我辈决不可往，若必用战，当尽力致死。”穆宗曰：“壮哉欢都，以我所见，正如此尔。”赠欢都以马，曰：“战则乘此。”众皆称善。世祖乃往见杯乃，隔鳖刺水而与之言曰：“不歌束既告纵火由欢都等，谨当如约。当先遣不歌束来。”不歌束至，世祖于马前杀之，使杯乃见之。既而闻之，放火者杯乃家人阿出胡山也，杯乃欲开此衅，故以诬欢都云。

腊醅、麻产与世祖遇于野鹊水。日已曛，惟从五六十骑，欢都入敌阵鏖击之，左右出入者数四，世祖中创乃止。乌春、窝谋罕据活剌浑水（今黑龙江通河县付拉荤河），世祖既许之降，遂还军。于是骚腊勃堇、富者挞懒观胜负不助军，而骚腊、挞懒先曾与腊醅、麻产合，世祖欲因军还而遂灭之，驰马前进。挞懒者，贞惠皇后之弟也。欢都下马执辔而谏曰：“独不念爱弟蒲阳温与弟妇乎。” 世祖感其言，遂止。蒲阳温者，汉语云幼弟也。世祖母弟中穆宗最少，故云然。穆宗德欢都言，后以挞懒女曷罗哂妻其子谷神。太祖追麻产，欢都射中其首，遂获之。辽人命穆宗、太祖、辞不失、欢都俱为详稳。

斡善、斡脱以姑里甸兵来归，使斜钵勃堇抚定之。蒲察部故石、拔石等，诱其众入城，陷三百余人。欢都为都统，往治斜钵失军之状，尽解斜钵所将军、大破乌春、窝谋罕于斜堆，擒故石、拔石。

初，耶悔水纳喝部撒八之弟曰阿注阿，与人争部族官，不得直，来归穆宗。阿注阿之甥曰三滨、曰撒达。辞不失破乌春窝谋罕城，获三滨、撒达，并获其母，以为次室，抚其二子。撒达告阿注阿必为变，不信而杀之。撒达临刑叹曰：“后必知之。”至是，阿注阿果为变。因穆宗晨出猎，纠率七八人操兵入宅，夺据寝门，劫贞惠皇后及家人等。欢都入见阿注阿曰：“汝辈所谋之事奈何。闺门眷属岂足劫质，徒使之惊恐耳。汝固识我，盍以我为质也。”再三言之，阿注阿从之，贞惠皇后乃得解，而质欢都。而撒改、辞不失使人告急于猎所。穆宗亦心动，罢猎。中途逢告者，日午至，阿注阿谓穆宗曰：“可使系案女直知名官僚相结，送我兄弟亲属由咸州路入辽国，库金厩马与我勿惜，欢都亦当送我至辽境，然后还。”而要穆宗盟，穆宗皆从之。遂执欢都及阿鲁太弯、阿鲁不太弯等七人，以衣裾相结，与阿注阿俱行，至辽境，乃释欢都。欢都至济州（今吉林农安），实黄龙府，使人驰驿，要遮阿注阿党属，惟纵其亲人使去。遂杀三滨并其母，具报于辽，乞还阿注阿，辽人流之曷董城。其后，阿注阿怀思乡土，亡归，附于系案女直，因乱其官僚之室，捕之，不伏，乃见杀。

穆宗袭位之初，诸父之子习烈、斜钵及诸兄有异言，曰："君相之位，皆渠辈为之，奈何？"欢都曰："汝辈若纷争，则吾必不默默但已。"众闻之遂帖然，自是不复有异言者。

欢都事四君，出入四十年，征伐之际遇敌则先战，广廷大议多用其谋。世祖尝曰："吾有欢都，则何事不成。"肃宗时，委任冠于近僚。穆宗嗣位，凡图辽事皆专委之。康宗以为父叔旧人，尤加敬礼，多所补益。

康宗十一年（1113）癸巳二月，得疾，避疾于米里每水，薨，年六十三。丧归，康宗亲迓于路，送至其家，亲视葬事。天会十五年（1137），追赠仪同三司、代国公。明昌五年（1194），赠开府仪同三司，谥曰忠敏。子谷神、谋演。谷神别有传。

谋演，当阿注阿之难，从欢都代为质。后与宗峻俱侍太祖，宗峻坐谋演上，上怒，命坐其下。孛堇老孛论、拔合汝、辖拔速三人争千户，上曰："汝辈能如欢都父子有劳于国者乎。"乃命谋演为千户，三人者皆隶焉，其眷顾如此。天辅五年（1121）十二月卒，天会十五年（1137）赠太子少傅。

二、《金史·完颜希尹传》

完颜希尹（约1075—1140），本名谷神，欢都之子也。自太祖举兵，常在行阵，或从太祖、或从撒改，或与诸将征伐，比有功。

金人初无文字，国势日强，与邻国交好，乃用契丹字。太祖命希尹撰本国字，备制度。希尹乃依仿汉人楷字，因契丹字制度，合本国语，制女直字。天辅三年（1119）八月，字书成，太祖大悦，命颁行之。赐希尹马一匹、衣一袭。其后熙宗亦制女直字，与希尹所制字俱行用。希尹所撰谓之女直大字，熙宗所撰谓之小字。

辽人迪六、和尚、雅里斯奔中京走，希尹与迪古乃、娄室、余睹袭之。迪六等闻希尹兵，复走。遂降其旁近人民而还。奚人落虎来降，希尹使落虎招其父西节度使讹里剌。讹里剌以本部降。

宗翰驻军北安，使希尹经略近地，获辽护卫耶律习泥烈，知辽主猎于鸳鸯泺。宗翰遂请进兵。宗翰将会都统杲于奚王岭。辽兵屯古北口。使婆卢火将兵二百击之，浑黜亦将二百人为后援。浑黜闻辽兵众，请益兵。宗翰欲亲往，希尹、娄室曰："此小寇，请以千兵为公破之。"浑黜至古北口，遇辽游兵，逐之入谷中。辽步骑万余迫战，死者数人。浑黜据关口，希尹等至，大破辽兵，斩馘甚众，尽获甲胄辎重。复败其伏兵，杀千余人，获马百余匹。遂与宗翰至奚王岭，期会于羊城泺。

宗翰袭辽帝于五院司，希尹为前驱，所将才八骑，与辽主战，一日三败之。明日，希尹得降人麻哲，言辽主在漠，委辎重，奖奔西京。几及辽主于白水泺南。辽主以轻骑遁去。尽获其内库宝物，遂至西京。西京降，使蒲察守之。希尹至乙室部，不及辽主而还。及宗翰入朝，希尹权西南、西北两路都统。

是时，夏人已受盟，辽主已获，耶律大石自立，而夏国与娄室书责诸帅弃盟，军入其境，多掠取者。希尹上其书，且奏曰："闻夏使人约大石取山西诸郡，以臣观之，夏盟不可信也。"上曰："夏事酌宜行之。军入其境，不知信与否也。大石合谋，不可不察，其严备之。"

及大举伐宋，希尹为元帅右监军。再伐宋，执二主以归。师还，赐希尹铁券，除常赦不原之罪，余释不问。宗翰伐康王，希尹追之于扬州，康王遁去。后与宗翰俱朝京师，请立熙宗为储嗣，太宗遂以熙宗为谙班勃极烈。

熙宗即位，希尹为尚书左丞相兼侍中，加开府仪同三司。希尹为相，有大政皆身先执咎。天眷元年(1138)，乞致仕，不许，罢为兴中尹。二年(1139)，复为左丞相兼侍中，俄封陈王。与宗干共诛宗磐、宗隽。三年(1140)，赐希尹诏曰："帅臣密奏，奸状已萌，心在无君，言宣不道。逮燕居而窃议，谓神器以何归，稔于听闻，遂致章败。"遂赐死，并杀右丞萧庆并希尹子同修国史把荅、符宝郎漫带。是时，熙宗未有皇子，故嫉希尹者以此言谮之。

皇统三年(1143)，上知希尹实无他心，而死非其罪，赠希尹仪同三司、邢国公，改葬之，萧庆银青光禄大夫。天德三年(1151)，追封豫王。正隆二年(1157)，例降金源郡王。大定十五年(1175)，谥贞宪。孙守道、守贞、守能。守道自有传。

三、《金史·完颜守道传》

守道(1120—1193),本名习尼列,以祖谷神功,擢应奉翰林文字。皇统九年(1149),同知卢龙军节度使事,历献、祁、滨、蓟四州刺史。世宗幸中都,过蓟,父老遮道请留再任。平章政事移剌元宜举以自代,于是迁昭毅大将军,授左谏议大夫。

内族晏以恩旧拜左丞相,守道谏曰:“陛下初即位,天下略定,边警未息,方大有为之时,恐晏非其材。必欲亲爱,莫若厚与之禄,俾勿事事。”乃授以太尉,致仕。世宗录扈从将士之劳,欲行赏赉,而帑藏空竭,议贷民财以与之。守道曰:“人罹虐政,方喜更生,今仁恩未及,而征敛遽出,如群望何,宁出宫中所有,无取于民。”遂从其言。契丹叛,辽东猛安谋克在其境者,或附从之,朝议欲徙之内地,守道极陈其不可。右副元帅谋衍将兵讨贼,不即击,守道力言于朝,诏遣仆散忠义、纥石烈志宁往代之,东方以平。

大定二年(1162),宫中十六位火,方事完葺,时已入夏,颇妨民力,守道谏而罢。未几,改太子詹事,兼右谏议大夫,驰驿规画山东两路军粮,及赈民饥。守道籍大姓户口,限以岁储,使尽输其赢入官,复给其直,以是军民皆足。拜参知政事、兼太子少保,守道恳辞,世宗谕之曰:“乃祖勋在王室, 朕亦悉卿忠谨, 以是擢用, 无为多让。”时契丹余党未附者尚众,北京、临潢、泰州民不安,诏守道佩金符往安抚之,给群牧马千疋,以备军用。守道招致契丹骨迭聂合等内附,民以宁息。还进尚书左丞,兼太子少师。尝从猎近郊,有虎伤猎夫, 帝欲亲射之, 守道叩马极谏而止。俄拜平章政事。十四年(1174),宋人遣使因陈请手接书事,左丞石琚等议从其请,帝意未决,守道等以为不可许,帝卒从之,详在《纥石烈良弼传》中。既而,迁右丞相,监修国史,复迁左丞相,授世袭谋克。

二十年(1180),修《熙宗实录》成,帝因谓曰:“卿祖谷神行事有未当者,尚不为隐,见卿直笔也。”寻请避贤路,帝不许。进拜太尉、尚书令,改授尚书、左丞相,谕之曰:“丞相之位不可虚旷,须用老成人,故复以卿处之,卿宜悉此。”未几,复乞致仕,帝曰:“以卿先朝勋臣之后,特委以三公重任,自秉政以来,效竭忠勤,朕甚嘉之。今引年求退,甚得宰相体,然未得代卿者,以是难从,汝勉之哉。”二十五年（1185），坐擅支东宫诸皇孙食廪，夺官一阶。寻改兼太子太师，特录其子珪袭谋克，充符宝祇候。章宗为原王，诏习骑鞠，守道谏曰："哀制中未可。"帝曰："此习武备耳，自为之则不可，从朕之命，庸何伤乎？然亦不可数也。"二十六年（1186），恳求致仕，优诏许之，特赐宴于庆春殿，帝手饮以卮酒，锡与甚厚，以其子珪侍行，又赐次子璋进士第。明昌四年（1193）卒，年七十四。上闻之震悼，遣其弟点检司判官蒲带致祭，赙银千两、重彩五十端、绢五百疋。太常议谥曰简宪，上改曰简靖，盖重其能全终始云。

四、《金史·完颜守贞传》

守贞（约1125—1200），本名左靥，贞元二年（1154），袭祖谷神谋克。大定改元，收充符宝祗候，授通进，除彰德军节度副使，迁北京留守，移上京。坐安置契丹户民部内娶妻，杖一百，除名。二十五年（1185），起为西京警巡使。世宗爱其刚直，授中都左警巡使，迁大兴府治中，进同知，改同知西京留守事。御史台奏守贞治有善状，世宗因谓侍臣曰："守贞勋臣子，又有材能，全胜其兄守道，它日可用也。"

章宗即位，召为刑部尚书，兼右谏议大夫。守贞与修起居注，张暐奏言："唐中书门下入阁，谏官随之，欲其预闻政事，有所开说。又起居郎、起居舍人，每皇帝视朝，左右对立，有命则临阶俯听，退而书之，以为起居注。缘侍从官每遇视朝，正合侍立。自来左司上殿，谏官、修起居注不避，或侍从官除授及议便遣，始令避之。比来一例令臣等回避，及香阁奏陈言文字，亦不令臣等侍立。则凡有圣训及所议政事，臣等无缘得知，何所记录，何所开说，似非本设官之义。若漏泄政事，自有不密罪。"上从之。寻为贺宋生日使，还拜参知政事。时上新即政，颇锐意于治，尝问："汉宣帝综核名实之道，其施行之实果何如？"守贞诵"枢机周密，品式详备"以对，上曰："行之果何始？"守贞曰："在陛下厉精无倦耳。"久之，进尚书左丞，授上京，世袭谋克。

明昌三年（1192）夏，旱，天子下诏罪己。守贞惶恐，表乞解职。诏曰："天啬时雨，荐岁为灾，所以警惧不逮。方与二三辅弼图回遗阙，宜思有以助朕修政。上答天戒，消沴召和，以康百姓。卿达机务，朕所亲倚，而引咎求去，其如思助何？”守贞恳辞，乃出知东平府事。命参知政事夹谷衡谕之曰：“卿勋臣之裔，早登膴仕，才用声绩，朕所素知。故嗣位之初，擢任政府，于今数载，毗赞实多。既久任繁剧，宜均适逸安，矧内外之职，亦当更治，今特授卿是命。东平素号雄藩，兼比年饥歉，正赖经画，卿其为朕往绥抚之。”仍赐金币、厩马，以宠其行。它日，上问宰臣：“守贞治东平如何？”对曰：“亦不劳力。”上曰：“以彼之才，治一路诚有余矣。”右丞刘玮曰：“方今人材无出守贞者，淹留于外，诚可惜也。”上默然。寻改西京留守。

监察御史蒲剌都劾奏守贞前宴赐北部有取受事，不报。右拾遗路铎上章辩之。四年(1193)，召拜平章政事，封萧国公。上御后阁，召守贞曰：“朕以卿乃太师所举，故特加委用。然比者行事多太过，门下人少慎择，复与丞相不协，以是令卿补外。载念我昭祖、太祖开创以来，乃祖佐命，积有勋劳，兹故召用。卿其勉尽乃心，与丞相议事宜相和谐，率循旧章，无轻改革。”因赐玉带，并以蒲剌都所弹事与之，曰：“朕度卿必不尔，故以示卿。”

旧制，监宗御史凡八员，汉人四员皆进士，而女直四员则文资右职参注。守贞曰：“监察乃清要之职，流品自异，俱宜一体纯用进士。”一日奏事次，上问司吏移转事。守贞曰：“今吏权重而积弊深，移转为便。”上尝叹文士卒无如党怀英者，守贞奏进士中若赵沨、王庭筠甚有时誉。上曰：“出伦者难得耳。”守贞曰：“间世之才，自古所难。然国家培养久，则人材将自出矣。”守贞因言：“国家选举之法，惟女直、汉人进士得人居多，此举更宜增取。其诸司局承应人旧无出身，大定后才许叙使。经童之科，古不常设，唐以诸道表荐，或取五人至十人。近代以为无补，罢之。本朝皇统间，取及五十人，因为常选。天德间，寻以停罢。陛下即位，复立是科，朝廷宽大，放及百数，诚恐积久不胜铨拟。宜稍裁减，以清流品。”又言节用省费之道，并嘉纳焉。

先是，郑王允蹈等伏诛，上以其家产均给诸王，户部郎中李敬义言恐因之生事，上又以董寿为宫籍监都管勾，并下尚书省议。守贞奏：“陛下欲以允蹈等家产分赐懿亲，恩命已出，恐不可改。今已减诸王弓矢，府尉司其出入，臣以为赐之无害。如董寿罪人也，特恩释之，已为幸矣，不宜更加爵赏。”上是守贞所言。

自明昌初(1190),北边屡有警,或请出兵击之。上曰:“今方南议塞河,而复用兵于北,可乎?”守贞曰:“彼屡突轶吾圉,今一惩之,后当不复来,明年可以见矣。”上因论守御之法。守贞曰:“惟有皇统以前故事,舍此无法耳。”

守贞读书,通法律,明习国朝故事。时金有国七十年,礼乐刑政因辽、宋旧制,杂乱无贯。章宗即位,乃更定修正,为一代法。其仪式条约,多守贞裁订,故明昌之治,号称清明。又喜推毂善类,接援后进,朝廷正人,多出入门下。

先是,上以疑忌诛郑王允蹈,后张汝弼妻高陀斡狱起,意又若在镐王允中。时右谏议大夫贾守谦上疏陈时事,思有以宽解上意。右拾遗路铎继之,言尤切直。帝不悦。守贞持其事,狱久不决。帝疑有党,乃出守贞知济南府事,仍命即辞,前举守贞者董师中、路铎等皆补外,上语宰臣曰:“守贞固有才力,至其读书,方之真儒则未也。然太邀权誉,以彼之才而能平心守正,朝廷岂可少离。今兹令出,盖思之熟矣。”俄以在政府日尝与近侍窃语宫掖事,而妄称奏下,上命有司鞫问,守贞款伏,夺官一阶,解职。遣中使持诏责谕之曰:“挟奸罔上,古有常刑,结援养交,臣之大戒。孰谓予相,乃蹈厥辜。尔本出勋门,浸登膴仕。朕初嗣位,亟欲用卿。未阅岁时,升为宰辅,每期纳诲,共致太平。盖求所长,不考其素,拔擢不为不峻,任用不为不专。曾报效之弗思,辄私权之自树,交通近侍,密问起居,窥测上心,预图趋向。繇患失之心重,故欺君之罪彰,指所无之事而妄以肆诬,实未始有言而谓之尝谏。义岂知于归美,意专在于要君。其饰诈之若然,岂为臣之当耳。复观弹奏,益见私情,求亲识之援而列布宫中,纵罪废之余而出入门下。而又凡有官使,敛为己恩,谓皆涉于回邪,不宜任之中外。质之清议,固所不容,揆之乃心,乌得无愧。姑从轻典,庸示薄惩。”仍以守贞不公事,宣谕百官于尚书省。

承安元年(1196),降授河中防御使。五年(1200),改部罗火扎石合节度使。过阙,上赐手诏责谕之,令赴职。久之,迁知都府事。时南鄙用兵,上以山东重地,须大臣安抚,乃移知济南府,卒。上闻而悼之。敕有司致祭,赙赠礼物依故平章政事蒲察通例。谥曰肃。

守贞刚直明亮,凡朝廷论议及上有所问,皆传经以对。竟以直罢。后赵秉文由外官入翰林,遽上书言:“愿陛下进君子退小人。”上问："君子小人谓谁？"秉文对："君子故相完颜守贞，小人今参知政事胥持国。"其为天下推重如此。

五、《金史·完颜守能传》

守能，本名胡刺，累官商州刺史。正隆末，宋人陷商州，守能被执。大定五年(1165)，宋人请和，誓书曰："俘虏之人，尽数发还。"完颜仲为报问国信使，求守能及新息县令完颜按辰于宋，遂与俱归。守能等至京师，入见，诏给旧官之俸。

大定十九年(1179)，为西北路招讨使。是时，诏徙窝斡余党于临潢、泰州。押剌民列尝从窝斡，其弟闸敌也当徙，伪称身亡，以马赂守能，固匿不遣。及受赇补赛也蕃部通事，事觉。是时，乌古里石垒部族节度副使奚沙阿补杖杀无罪镇边猛安，尚书省俱奏其事。上曰："守能由刺史超擢至此，敢恣贪墨。向者招讨司官多进良马、橐驼、鹰鹘等物，盖假此以率敛尔，自今并罢之。"因责其兄守道曰："守能自刺史躐迁招讨，外官之尊，无以逾此。前招讨哲典以贪墨伏诛，守能岂不知，乃敢如此，其意安在。尔之亲弟，何不先训戒之也。"上谓宰臣曰："监察专任纠弹。宗州节度使阿思懑初之官，途中侵扰百姓，到官举动皆违法度。完颜守能为招讨使，贪冒狼籍。凡达官贵人，皆未尝举劾。斡睹只群牧副使仆散那也取部人球杖两枝，即便弹奏。自今，监察御史职事修举，然后迁除。不举职者，大则降罚，小则决责，仍不得去职。"尚书省奏，守能两赃俱不至五十贯，抵罪。奚沙阿补解见居官，并解世袭谋克。上曰："此旧制之误。居官犯除名者，与世袭并罢之，非犯除名者勿罢。"遂著于令。特诏守能杖二百，除名。

六、《陈王悟室加恩制》

词曰：

贵贵尊贤，式重仪刑之望；亲亲尚齿，亦优宗族之恩。朕俯迫群情，祗膺显号。爰第景风之赏，孰居台曜之先。凡尔在廷，听予作命：

具官属为诸父，身相累朝。蹈五常九德之规，为四辅三公之冠。当艰难创业之际，藉左右宅师之勤。如献兆之信蓍龟，如济川之待舟楫。迪我高后，格于皇天。属正统之有归，赖嘉谋之先定。缉熙百度，董正六官。雍容以折肘腋之奸，指顾以定朔南之地。德业并茂，古今罕伦。

迨兹庆赐之颁，询及佥谐之论，谓：'上公之加命有九，而天下之达尊者三。'既已兼全，无可增益。乃敷求于载籍，仍自断于朕心。杖以造朝，前已加于异数；坐于论道，今复举于旧章。萧相国赐诏不名，安平王肩舆升殿。并兹优渥，以奖耆英。

於戏！建无穷之基，则必享无穷之福；锡非常之礼，所以报非常之功。钦承体貌之隆，并对邦家之祉。（南宋洪皓《松漠纪闻续》）

七、《大金国志·兀室传》

兀室，一名悟室，一名希尹，武元帝疏族，于属为子也。武元起兵时，兀室同为谋主，为人深密多智。目睛黄而夜有光，顾视如虎。灭辽国，为先锋，径进入新川州，节度使王从辅诣降。又从破东京、上京，屡战有功。武元割燕六州与南宋，时索百万租赋，方交割城子。宋使赵良嗣请以十万之数，兀室笑而不答。复云："二十万。"兀室曰："此一小县之数也。皇帝已与两府议，不须论租赋，止于岁币外增一百万缗。倘有难色，不如且画契丹旧疆。"良嗣力争不胜，自此国中有背盟意。

天会二年（1124），辽主天祚率诸军出夹山，南下武州，遇兀室军，战于奄遏下水。兀室率山西汉儿乡兵为前驱，以国兵千余骑伏山间，辽兵惊溃，天祚奔山金司。与小胡鲁谋南归，精兵五千人，兀室遣娄室勃堇领五百骑击之，歼焉，遂禽天祚。其后余睹谋反，兀室自云中闻其事，见二人交马议事，余睹事觉，伏诛。

兀室尝副粘罕用事，虽为诸将所忌，而尝以智得免，故粘罕以下皆不能及。吴矢之反，诸王连坐，兀室时为右丞相，建谋伏兵宫内，因其朝会悉禽杀之，挞懒亦诛死。兀室遂迁左丞相，萧庆右丞迁左丞。然熙宗畏其智数，深切忌之。

初，客星守鲁。兀室占之，太史曰："不在我分野，外方小灾，无伤。"未几，七月，宋、兖、鲁、虞、滕诸王同日诛死。至九月，客星守陈。太史以告宇文，宇文语之，兀室不以为怪。是月，果同萧庆诛，其应天道如此。诏略曰："希尹心在无君，言不近道。逮燕居而窃议，问神器以何归。"诛萧庆曰："迷国罔悛，欺天相济。既致于理，咸伏厥辜。赖天之灵，诛于两观。”

悟室第三子挞挞，劲勇有智，力兼百人。悟室常与之谋国。蒲路虎（宗磐）之死，挞挞承诏召入，后执其手而杀之。为明威将军，会元夕挟奴仆十余辈入寡婶家，烝焉。兀室在阙下，其长子以告，命械击于家。挞挞惧法而惊，遂失心，归室不能坐。呼曰：“我将死。”人问之，曰：“适蒲路虎来。”后旬日死，兀室哭之恸，曰：‘折我左手。’是年，兀室亦被诛。

八、《大金国志·骨舍传》

骨舍，武元从叔祖泼刺淑之孙，于武元为从堂弟也。胡目多髯，雄杰有谋略。少时射，命中，能越长堑。初起兵时，骨舍以为必胜，其后宁江、渤海之捷秘计居多。骨舍与粘罕至相欢，而骨舍才尤高。武元在位，二人用事，未尝中覆，每有所为，皆许自专。抚其背曰：“儿辈作事，必不错也。”以至命相、命官亦专决，国中事非此二人不行。

骨舍刚毅忍杀，粘罕兄事骨舍而甚重之，与斡离不不相下。天会初，封镐国王。

参考文献

〔清〕阮元校刻:《十三经注疏》,中华书局1980年版。

〔西汉〕司马迁:《史记》,中华书局1959年版。

〔东汉〕班固:《汉书》,中华书局1962年版。

〔南朝宋〕范晔:《后汉书》,中华书局1965年版。

〔唐〕房玄龄:《晋书》,中华书局1974年版。

〔唐〕瞿昙悉达编:《开元占经》,岳麓书社1994年版。

〔北宋〕欧阳修:《新五代史》,中华书局1974年版。

〔南宋〕洪皓:《松漠纪闻》,《长白丛书》本,吉林文史出版社1986年版。

〔南宋〕徐梦莘:《三朝北盟会编》,大化书局1979年版。

〔南宋〕叶隆礼:《契丹国志》,上海古籍出版社1985年版。

〔元〕脱脱等:《宋史》,中华书局1985年版。

〔元〕脱脱等:《辽史》,中华书局1983年版。

〔元〕脱脱等:《金史》,中华书局1975年版。

〔清〕杨宾:《柳边纪略》,商务印书馆1936年版。

〔清〕萨英额:《吉林外纪》,见《吉林志略》,吉林文史出版社1986年版。

〔清〕郝懿行:《山海经笺疏》,中国书店1991年版。

〔清〕毕沅:《续资治通鉴》,中华书局1957年版。

金毓黻:《辽海丛书》,辽沈书社1985年版。

罗福颐:《满洲金石志》,艺文印书馆1976年版。

金毓黻:《东北通史》,五十年代出版社1943年版。

顾迁译注:《淮南子》,中华书局2009年版。

袁珂:《山海经校注》,上海古籍出版社1980年版。

尹达:《新石器时代》,生活·读书·新知三联书店1955年版。

崔文印:《大金国志校证》,中华书局1986年版。

吉林省文物志编修委员会:《舒兰县文物志》(内部资料),1985年印行。

尹国兴:《老子秘语》,齐鲁书社2006年版。

王则:《完颜守道述评》,载《博物馆研究》2006年第4期。

孙机:《中国古代物质文化》,中华书局2014年版。

袁庆清:《完颜希尹碑释文》,1930年印行。

穆崟臣、穆洪利:《金完颜希尹神道碑研究述略》,载《北方文物》2010年第2期。

王仁富:《〈大金得胜陀颂〉汉字碑文新考》,载《文物》1986年第11期。

陈相伟:《完颜希尹神道碑校勘记》,吉林省文物考古研究所1985年印行。

王禹浪、王宏北:《论完颜宗翰——兼谈金朝初年的金、宋关系》,载《哈尔滨学院学报》2005年第1期。

杨铸:《金·完颜希尹碑拓本简介》,载《兰台世界》1993年第9期。

顾聆博:《完颜希尹家族墓地研究》,吉林大学2012年硕士学位论文。

孟宪涛:《完颜希尹家族与金朝政治》,哈尔滨师范大学2014年硕士学位论文。

吉林省地方志编纂委员会:《吉林省志·文物志》,吉林人民出版社1991年版。

吴克尧、张丹:《北疆少数民族碑刻述略》,载《满语研究》1999年第1期。

陈春霞:《金完颜希尹碑建碑年代补证》,载《学习与探索》1998年第1期。

王久宇:《金源郡王神道碑与金朝大定年间的文化导向》,载《辽宁工程技术大学学报(社会科学版)》2012年第5期。

秦明:《金〈完颜希尹神道碑〉拓本考略》,载《故宫博物院院刊》2007年第4期。

叶舒宪:《鲧禹启化熊的神话通释——四重证据的立体释古方法》,载《兴大中文学报》2008年第23期。

许子荣、曲守成:《完颜希尹诸子考》,载《北方文物》1994年第4期。

刘晓溪:《完颜希尹家族新证》,载《东北史地》2013年第6期。

庞志国、王则:《完颜希尹家族考》,载《北方文物》1991第1期。

张博泉:《完颜希尹家族考略》,载《史学集刊》1986年第4期。

王孝华、高少宇:《完颜希尹萨满身份考》,载《北方文物》2012年第4期。

张博泉:《金完颜希尹碑史事考辨》,载《吉林大学社会科学学报》1987年第4期。

王可宾:《完颜希尹新解》,载《北方文物》1996年第4期。

王孝华:《浅论完颜希尹》,载《北方文物》2006年第3期。

姚媛、熊艺钧:《浅议"贞宪王完颜公神道碑"撰文之特点》,载《黑河学刊》2010年第6期。

庞志国:《1979—1980年间完颜希尹家族墓地的调查与发掘》,载《东北史地》2010年第4期。

穆鸿利:《完颜希尹本事略论稿》,内蒙古大学蒙古史研究室1979年印行。

冯恩学:《对完颜希尹墓地出土"铁券"性质的新认识》,载《边疆考古研究》2010年第1期。

赵媛:《完颜希尹与金代的图书收藏》,载《北方文物》2014第2期。

吴敬、顾聆博、梁娜、谢浩、宋佳、刘辉:《吉林省舒兰市金代完颜希尹家族墓地及其私城的复查》,载《边疆考古研究》2012年第1期。

叶舒宪、萧兵、郑在书:《山海经的文化寻踪——"想象地理学"与东西文化碰触》,湖北人民出版社2004年版。

庞志国:《略论东北地区金代石函葬》,载《北方文物》1984年第4期。

《吉林省人民政府关于小城林场擅自在省级重点文物保护单位内修筑林道破坏文物的通报》,载《吉林政报》1984年第2期。

李玉君:《金朝"郎君"非宗室子弟之专称》,载《史学月刊》2012年第2期。

吴敬:《金代女真贵族墓汉化的再探索》,载《考古》2012年第10期。

尹国兴:《揭秘雷台汉墓》,齐鲁书社2009年版。

尹国兴:《雷台汉墓民俗典故》,齐鲁书社2010年版。

尹国兴:《西高穴密码》,齐鲁书社2013年版。

尹国兴:《红山密码》,齐鲁书社2014年版。

黄斌、刘厚生:《大金国史话》,吉林人民出版社2002年版。

赵志忠:《"萨满"词考》,载《中央民族大学学报(哲学社会科学版)》2002年第3期。

冯时:《中国天文考古学》,社会科学文献出版社2010年版。

张鹏:《金代衍庆宫功臣像研究》,载《美术研究》2010年第1期。

刘红宇:《长春近郊的金代完颜娄室墓》,载《北方文物》1986年第4期。

马新、贾艳红、李浩等:《中国古代民间信仰(远古—隋唐五代)》,上海人民出版社2010年版。

栗杨:《黑龙江省阿城市发现金源郡王完颜公神道残碑》,载《黑龙江民族丛刊》2004年第1期。

张泰湘、仇伟:《阿城金源郡王神道残碑的初步研究》,载《黑龙江民族丛刊》2004年第4期。

陈相伟校注:《完颜希尹神道碑》,见李澍田主编《金碑汇释》,吉林文史出版社1989年版。

陈相伟:《燕京悲剧——关于完颜希尹之死》,吉林省文物考古研究所1987年印行。

辽宁省文物考古研究所、朝阳市文化局:《牛河梁遗址》,学苑出版社2004年版。

王增永:《神话学概论》,中国社会科学出版社2007年版。

中国《山海经》学术讨论会:《〈山海经〉新探》,四川省社会科学院出版社1986年版。

辽宁省文物考古研究所：《牛河梁红山文化遗址发掘报告（1983—2003年度）》，文物出版社2012年版。

赵评春、迟本毅：《金代服饰——金齐国王墓出土服饰研究》，文物出版社1998年版。

赵武新、那国安：《金源郡王完颜希尹》，中国戏剧出版社2003年版。

〔英〕希瑟·库珀、〔英〕奈杰尔·亨贝斯特：《图解天文学史》，湖南科学技术出版社2010年版。

张英：《金代完颜娄室碑文考——兼谈娄室葬地》，载《北方文物》1988年第1期。

吴晓东：《占星古籍——从〈大荒经〉中的二十八座山与天空中的二十八星宿对应来解读〈山海经〉》，载《民族艺术》2007年第3期。

李丕华：《金代东北路招讨司辖区内七段长城的功用》，载《东北史地》2012年第1期。

陶亚兵：《试论金代女真族音乐文化》，载《北方论丛》1989年第4期。

王久宇、孙田：《完颜希尹神道碑碑文的史料价值》，载《古籍整理研究学刊》2015年第4期。

刘宗迪：《失落的天书：〈山海经〉与古代华夏世界观》，商务印书馆2006年版。

王禹浪：《金源文化研究》，黑龙江人民出版社2014年版。

后记

古时所谓“四夷”，分处于四个方位，即东夷、西狄、南蛮、北戎者也。历史上处于我国北方的女真族，属于北戎，也被笼统地称为“夷狄”，是“夷狄中至贱者”（《大金国志》），被列在了不开化之列。但是，调查表明，这个曾被歧视的民族，不仅直接参与创造了悠久的中华文明，而且一直是一个很好的继承者和传播者。

女真族有悠久的历史，继承发扬了中华民族的传统美德。他们不甘落后，吃苦耐劳，积极进取，并以此伐辽灭宋，建立了盛极一时的金王朝，书写了中华民族史中闪光的一页。

中华民族是崇拜英雄的，每一个英雄人物都能唤起人们神圣的情感。然而，长恨英雄不长在，英雄的生命历程总是迅疾而短暂的。人死了就是不在了吗？只有骨灰了就是不在了吗？连骨灰也没有了，就是不在了吗？幸运的是，在吉林舒兰仍然保留着一块金代的山水墓园，昂然于喧嚣世外，承载着对逝去英雄的回忆，解答了这一切的疑问。这里是金代完颜希尹的墓园，埋葬着他的遗物和骨灰。人生荏苒，犹如大梦长别，面对他的坟茔，即使心若铁石，亦将为之涕下。因曰：满腔热血，惟仁义存道德，英名敢同诸天上下；一门清风，以忠勇见觉悟，事业应与先贤比肩。

历史，并非虚无。斯人已去，精神永存。完颜希尹的生命虽然已告一段落，但他已成为天宇中的巨星，指引着人们的言行。他的墓园与浩淼的天宇辉映为一体，昭示了他永恒的存在。他曾经的那些对手，经过大浪淘沙，经过历史车轮的碾压，无不流于浅薄，在浩淼的星空中没有了踪影。平庸是一种病，是“遗传病”，也是“传染病”，会在人群中传播蔓延。完颜希尹正是这一剂良药，可以根除民族体内的顽疾，带来健康向上的信息。

屈原《楚辞·卜居》有言：“黄钟毁弃，瓦釜雷鸣。”笔者爨下之材，涉猎金史本非着意，只因生于北方吉林，属辽金故国，受熏染而已。余之老家在蛟河乡下，与舒兰小城实只有一山之隔。然而，笔者于行色匆匆之间，走过童年、少年，又步入青年、壮年，直至中年，蓦然回首之间，才看懂了这山川。去岁夏，笔者回蛟河乡下，舒兰完颜希尹研究会李士军先生得知后反复约请，要求到舒兰考察金代完颜希尹墓地，叮嘱无论如何务必成行。初秋时分，承蒙其与舒兰完颜希尹博物馆馆长王福安先生热心向导，笔者于完颜希尹家族墓地盘桓一天，面对一座座青山，一件件遗物，深为其历史文化底蕴震撼折服。笔者之于山川地理、故国家园有一念之得，窃以为，由此发端为著述之由，亦可传完颜希尹之往事。从此，完颜希尹便时时炫耀于脑际，遂发心愿，矢志完成，是以成书。

本书能够完成，首先得益于舒兰完颜希尹研究会李士军先生盛情相邀。若无其力荐，也就不会有舒兰小城完颜希尹之缘。他还提供了很多研究资料，是完颜希尹家族墓地的挖掘资料和早期研究，很多内容还没有公开出版，对本书助力匪浅；同时，也得益于舒兰完颜希尹博物馆王福安馆长的热情陪伴和耐心讲解，他提供了完颜希尹家族墓地现场和文物的照片，增强了文本的可读性，尤其是完颜守宁墓志的照片，为首次面世。

本书涉及了多处人形山。感谢韩冬、郝金芳、常虹、路春、高坤、张丽、齐东霞、王冬辉等好友现场拍摄并提供照片。确定为数众多的人形山的神主身份，是一项长远的历史课题，错漏之处亦在所难免，故书中所提及的人形山的神主身份，如有张冠李戴，仍请贤者海涵。另一方面，本书出版经费承蒙赵仁才、徐贵今、常虹、张守峰、崔岩、韩冬、纪广玉、徐天骄、薛惠斌、张运鑫、兰海涛、宋玉、王长振、刘丽霞、江思海等亲友多方筹措。况且，诸君之德非在于一书，而在于提升东北人文境界，惠及普罗大众，实非小补，故此深表谢忱。

《白山秘境——吉林舒兰完颜希尹家族墓地研究》一书，是一项多学科参与介入的系统工程，承载了学界多年的期盼。因与上一本书

《红山密码》体例上有某些相近，尤其是历史地理学的部分，可看作是《红山密码》的续编。值此书成付梓之际，忆及往昔，感慨系之，乃诗以记之曰：

检点旧作整六编，两百万字二十年。
字字原来皆心血，滴滴洒落在眼前。
当年头顶青丝卷，已成秃瓢朝老天。
当年对镜何自恋，而今不敢窥容颜。
常慕鸳鸯又羡仙，恨有人间此老男。
前后差迟因何故？世事苍茫多尘烟。

尹国兴
写于2015年10月9日
是年四十四岁

图书在版编目(CIP)数据

白山秘境:吉林舒兰完颜希尹家族墓地研究/尹国兴著.—济南:齐鲁书社,2018.5
ISBN 978-7-5333-3772-8

Ⅰ.①白… Ⅱ.①尹… Ⅲ.①完颜希尹—家族—墓群—研究—舒兰 Ⅳ.①K878.85

中国版本图书馆 CIP 数据核字(2017)第 111881 号

白 山 秘 境
——吉林舒兰完颜希尹家族墓地研究
尹国兴 著

主管单位	山东出版传媒股份有限公司
出版发行	齊魯書社
社　　址	济南市英雄山路 189 号
邮　　编	250002
网　　址	www.qlss.com.cn
电子邮箱	qilupress@126.com
营销中心	(0531)82098521　82098519
印　　刷	山东新华印务有限责任公司
开　　本	720mm×1020mm　1/16
印　　张	22.25
插　　页	2
字　　数	398 千
印　　数	1—800
版　　次	2018 年 5 月第 1 版
印　　次	2018 年 5 月第 1 次印刷
标准书号	ISBN 978-7-5333-3772-8
定　　价	**75.00 元**